交通运输信息化科技丛书

Network Security Assurance of Transportation
交通运输网络安全保障

戴 明 等 编著

内 容 提 要

本书从世界主要国家网络安全发展态势入手,第一篇分析了欧美以及亚洲各国网络安全发展态势及网络安全面临的严峻形势,系统地介绍了我国网络安全政策及标准以及我国等级保护工作和风险评估工作有关情况。第二篇以较多笔墨阐释交通运输信息化和网络安全的发展情况,网络安全等级保护工作的组织体系、工作方法和流程,网络安全风险评估技术体系和行业态势感知体系。第三篇介绍了交通运输行业网络安全等级保护工作实践,风险评估工作实践,以及行业网络安全技术研究,为交通运输行业网络安全保障工作提供借鉴和参考。

本书适用于交通运输行业网络安全和信息化从业人员。

图书在版编目(CIP)数据

交通运输网络安全保障/戴明等编著. — 北京:
人民交通出版社股份有限公司,2019.1
ISBN 978-7-114-13405-0

Ⅰ.①交… Ⅱ.①戴… Ⅲ.①交通运输网—网络安全
Ⅳ.①U113

中国版本图书馆 CIP 数据核字(2019)第 236141 号

Jiaotong Yunshu Wangluo Anquan Baozhang
书　　名:交通运输网络安全保障
著 作 者:戴　明　等
责任编辑:郑蕉林　潘艳霞
责任校对:赵媛媛
责任印制:张　凯
出版发行:人民交通出版社股份有限公司
地　　址:(100011)北京市朝阳区安定门外外馆斜街 3 号
网　　址:http://www.ccpcl.com.cn
销售电话:(010)85285857
总 经 销:人民交通出版社股份有限公司发行部
经　　销:各地新华书店
印　　刷:北京虎彩文化传播有限公司
开　　本:720×960　1/16
印　　张:23.5
字　　数:405 千
版　　次:2019 年 1 月　第 1 版
印　　次:2025 年 4 月　第 4 次印刷
书　　号:ISBN 978-7-114-13405-0
定　　价:75.00 元

(有印刷、装订质量问题的图书,由本公司负责调换)

前 言
Preface

当今,网络空间已经与人类生活融为一体,是继陆、海、空、天之后的第五空间。网络空间治理和安全是影响世界和平与发展的重大问题,已成为世界各国国家战略的重要组成部分,是维护国家安全的重要领域之一。2016年10月9日,习近平在中共中央政治局第三十六次会议集体学习时强调要加快推进网络信息技术自主创新,朝着建设网络强国目标不懈努力。我国网络安全工作面临着前所未有的重大机遇和历史使命。

交通运输在推动国民经济和社会发展方面发挥了基础性、先导性、服务性作用,随着与信息技术的深度融合,关键信息基础设施已经成为行业发展的重要支撑。交通运输行业的网络安全形势严峻,安全事件时有发生,大量网络和信息系统安全隐患和风险普遍存在。在新的历史形势下,行业网络安全工作事关国家经济运行、公共利益、社会秩序乃至国家安全。

多年来,交通运输行业多次提出加强行业人才队伍建设,建立适合行业需求的人才培养机制,大力普及网络安全基础知识和实用技能,建立起行业网络安全专业化人才队伍。作者多年从事交通运输行业信息化和网络安全工作,了解到行业从事信息化和网络安全工作的部分人员缺乏系统、全面的网络安全专业知识与专业技能,而目前网络信息安全领域出版物没有针对交通运输行业网络安全知识和实践的相关内容。基于这样的需求,规划了这本书的结构,希望读者在了解国家网络安全发展态势、政策标准和保障体系的同时,对交通运输行业网络安全保障技术体系以及工作实践有一个较为系统的了解,从而更好地开展交通运输行业的网络安全保障工作。

网络安全工作的重要性和紧迫性已成为共识,加强网络安全工作是交通运输转型升级、提质增效和实现"综合交通、智慧交通、绿色交通、平安交通"的重要保障。如何破解网络安全的管理和技术难题是行业切实提升安全保障能力面临的挑战。作者从网络时代与网络安全的严峻形势入手,分析了美洲、欧洲以及亚洲各国的发展态势,分析了我国网络安全发展态势和严峻形势,系统地介绍我国网络安全政策及标准、国家等级保护和风险评估工作有关情况。书中以较多笔墨阐释交通运输行业全面开展网络安全等级保护和风险评估工作内容、工作实践和案例,以及行业网络安全技术研究的有关情况,为交通运输网络安全保障工作提供借鉴和参考,以推进落实国家网络安全保障工作。

全书以实用性和全面性为原则,涵盖网络安全保障技术、工程、管理、法律法规、标准规范等多个领域知识,力争为交通运输行业从事信息化管理、技术研究、规划设计、建设实施、运维保障等人员解决实际工作问题提供参考,也适用于其他行业、科研院所及企事业单位从事网络安全管理、技术、服务等方面的技术人员以及相关的研究人员。

本书作者戴明同志,博士,交通信息工程及控制专业,成绩优异的高级工程师,现任职于交通运输部所属中国交通通信信息中心交通运输信息安全中心。长期致力于交通运输行业信息化及网络安全政策、标准以及相关理论技术研究等工作。本书浓缩了作者在交通运输网络安全保障领域的工作经验,历时两年多撰写完成。作者参与编写了多部交通运输行业网络安全标准规范,其参与和主持的多项省部级信息化和网络信息安全科研项目,多次荣获省部级科学技术奖项。

戴明、李晓琳、王鹤负责第一章的编写,关丽敏负责第二章的编写,陈阳怀负责第三章的编写,戴明负责第四、五、七、九、十一章的编写,杜渐负责第

六、十章编写,戴明、杨薇、曾俊宏、田仁贵负责第八章的编写。刘天宇负责出版的日常联系工作。

书中汲取了大量网络安全领域国内外文献的精华,参考和应用了大量的国内外有关书籍和论文的研究成果,在此,谨向书中提到和参考文献中列出的作者表示感谢。本书的编写参考和借鉴了中国交通交通信息中心、交通运输信息安全中心有限公司承担的相关交通运输部科相关技项目的部分研究成果,在此,向相关科研项目的参研人员表示感谢。特别感谢交通运输部科技司在网络安全政策、标准、关键技术研究等方面给予的大力支持和指导,特别感谢中国交通通信信息中心殷林副主任、李璐瑶研究员等给予的大力支持和大量的帮助。

信息科技日新月异地飞速发展,网络安全保障的理念、技术与实践在不断进步,新技术、新方法、新思路推陈出新。书稿虽经过多次修改,仍面临如何更加贴近和总结交通运输行业网络安全工作特点等问题,书中难免存在不妥和错误之处,恳请广大读者批评指正。我们的联系方式是 daim@cttic.cn,微信公众号"交通运输信息安全中心"。

作　者

2017 年 12 月于北京

目录
Contents

第一篇　国家网络安全发展

第1章　网络安全总体发展态势 3
1.1　国际网络安全发展态势 3
1.2　我国网络安全发展态势 9

第2章　我国网络安全保障概述 14
2.1　网络安全概述 15
2.2　我国网络安全保障体系 18
2.3　我国网络安全等级保护 27

第3章　我国网络安全政策及标准 35
3.1　网络安全管理机制 35
3.2　网络安全政策与法规 37
3.3　网络安全标准 46
3.4　网络安全等级保护标准 54

第4章　我国网络安全等级保护工作 69
4.1　信息系统定级与备案工作 69
4.2　等级保护安全建设整改工作 74
4.3　等级保护等级测评工作 78
4.4　等级保护实施流程 91

第 5 章　我国信息安全风险评估工作 ··· 95
　　5.1　信息安全风险评估概述 ·· 96
　　5.2　信息安全风险评估方法 ·· 101
　　5.3　信息安全风险评估流程 ·· 104
　　5.4　全生命周期风险评估 ··· 131

第二篇　交通运输行业网络安全保障

第 6 章　交通运输行业网络安全发展 ·· 139
　　6.1　行业信息化发展 ··· 139
　　6.2　行业网络安全发展 ·· 146
　　6.3　行业网络安全态势 ·· 152

第 7 章　行业网络安全等级保护体系 ·· 155
　　7.1　行业等级保护工作组织 ·· 155
　　7.2　行业等级保护定级 ·· 158
　　7.3　行业等级保护基本要求 ·· 174
　　7.4　行业等级保护工作实施 ·· 187

第 8 章　行业信息安全风险评估体系 ·· 191
　　8.1　信息安全资产评估 ·· 191
　　8.2　网络安全威胁评估 ·· 195
　　8.3　网络安全脆弱性评估 ··· 200
　　8.4　网络安全风险计算 ·· 227
　　8.5　风险评估文件记录 ·· 230

第三篇　交通运输行业网络安全实践

第 9 章　行业网络安全等级保护测评实践 ······································ 235
　　9.1　行业等级保护定级 ·· 235
　　9.2　网络安全等级测评 ·· 246

第 10 章　行业网络安全风险评估实践 ··· 263
10.1　风险评估准备 ··· 263
10.2　资产识别与分析 ··· 267
10.3　威胁识别与分析 ··· 272
10.4　综合评价与分析 ··· 282
10.5　安全整改意见 ··· 287

第 11 章　行业网络安全技术研究 ··· 290
11.1　可信安全技术 ··· 290
11.2　跨域身份认证技术 ··· 309
11.3　一体化安全基线技术 ··· 324
11.4　安全功能符合性检测技术 ··· 341

参考文献 ··· 359

第一篇

国家网络安全发展

第1章 网络安全总体发展态势

网络空间被公认为是继陆、海、空、天之外的第五大空间,同时也是人类社会发展的"第二类空间",与国家主权、国家安全、国家统一、社会稳定和经济发展等国家核心利益密不可分。网络空间以其"无国界性"和"超领土"的虚拟形式存在,已全面渗透到现实世界的各方面和各领域,日益成为政治、经济、文化和社会活动的基础平台和整个社会赖以正常运转的神经系统。

随着社交网络、移动互联网、云计算、大数据、物联网、区块链网络等新技术新应用的发展,网络安全新问题新挑战日益增多,特别是"震网""火焰"等网络武器级病毒的出现以及"棱镜"等网络监控计划曝光,更加显示出网络安全态势的日益严峻。全球网络空间安全格局不断重构和整合,特别是大国间网络空间竞争更加激烈和复杂,信任与防范并存,对抗与合作交织。网络安全已成为国家安全的重要组成部分,直接关系一个国家的发展和生存,成为世界各国的重大战略性问题。

1.1 国际网络安全发展态势

随着各项新技术的深入应用和各种攻击手段的不断发展变化,国家网络安全边界已经超越了地理区域和物理空间的限制。近年来,全球重大网络攻击和信息泄密事件层出不穷,网络空间安全已成为超越其他传统安全意义的国际性的安全挑战。被认为可能是"某个国家专门开发的网络战武器"威力强大的"火焰"病毒在中东地区大范围传播;意大利 Hacking Team 软件公司被攻击,包含多个零日漏洞、入侵工具和大量工作邮件及客户名单的 400G 数据被传到网上任意下载;震惊世界的"棱镜门"事件披露了美国国家安全局监控包括电邮、即时消息、视频、照片、存储数据等涉及用户隐私,隐藏在互联网背后的国家力量和无所不在的"监控"之手,引起民众舆论哗然,掀起轩然大波;美国人事管理局 2700 万政府雇员及申请人信息泄露;Apple、Facebook、Twitter、Samsung、Sony 等科技巨头相继被入侵,造成用户数据大量泄漏。频发的信息安全事件导致网络安全议题在国家安全和国际关系中迅速升温。

近年来的网络安全事件显示关键信息基础设施以及大型信息系统和数据中心已成为攻击目标的现状,网络空间安全已事关国家安全,网络空间治理和保障工作任重而道远。美国和欧洲、亚洲等国家高度重视维护国家网络空间安全,纷纷加快推进网络安全战略部署和调整。围绕网络空间主导权的争夺持续升温,网络空间国际战略博弈日趋激烈。

1.1.1 美国网络安全发展态势

美国是世界上信息化建设起步最早,网络信息技术最发达、应用最广,信息技术实力和网络安全综合能力最强的国家之一,同时也是对信息网络依赖程度最高,对网络安全战略最为重视,国家战略体系和支持保障体系最为完整、最为先进的国家。近年来,美国继续在网络安全的战略深化、政府实践、产业协调和国际合作等方面密集部署,加快了网络安全战略、关键基础设施保护法案、网络安全审查等法律、法规的立法进程。本节对美国近年来发布的国家网络安全战略文件、网络安全法律体系和组织管理体系进行了梳理,对产业技术层面优势进行分析。

美国高度重视网络安全的顶层设计和战略规划,国家网络安全战略由总统直接领导,网络安全战略领域硕果累累。美国近年来相继出台一系列网络空间安全战略级文件,基本形成了以《国家网络空间安全战略》《网络空间国际战略》《网络空间行动战略》等为核心的所组成的国家网络安全战略体系,见表1-1。

美国主要网络安全战略规划文件列表　　　　表 1-1

序号	发 布 时 间	战略文件名称
1	1998 年 5 月	保护美国的关键基础设施
2	2003 年 2 月	国家网络安全战略
3	2008 年 1 月	国家网络安全综合计划
4	2009 年 5 月	网络空间政策评估
5	2010 年 4 月	国家网络空间安全教育计划
6	2010 年 6 月	网络空间可信身份国家战略
7	2010 年 9 月	国家网络应急响应计划
8	2011 年 5 月	网络空间国际战略
9	2011 年 7 月	网络空间行动战略
10	2011 年 12 月	网络安全研发项目战略规划

续上表

序号	发布时间	战略文件名称
11	2012年1月	美国网络行动策略
12	2012年12月	信息共享与保护国家战略
13	2014年2月	改善关键基础设施网络安全框架
14	2015年4月	国防部网络空间战略

美国从法律法规的制定完善到基础设施建设维护,从网络安全防护部署,到大规模网络安全技术研发,已建立起完备的国家网络安全战略体系。可以看出,美国国家网络战略目标日益清晰,"网络威慑、先发制人"的安全战略特点明显突出,以维护美国国家安全和利益为核心,构建了一个由美国主导的、符合美国国家利益的网络空间的战略意图。

美国从司法、经费、人员、技术等多方面对网络战进行紧密筹备部署。《美国网络空间作战联合条令》对网络战与信息战、海陆空部队联合作战做出了司法解释,公开宣扬美国网络空间威慑战略的恰当性、可行性以及有效性,为进攻性网络作战行动提供了政策与法律支持。2015年4月,美国五角大楼发布新版网络安全战略,首次公开表示美军在与敌人发生冲突时,将把网络战作为选项之一。

美国对网络空间领域立法非常重视,从20世纪70年代起步至今,其法律体系已经比较完善,涉及关键基础设施保护、数据资源安全保护、打击网络恐怖主义、打击网络欺诈等网络空间治理的各个方面。立法数量之多,内容涵盖范围之广,走在世界各国的前列,成为很多国家学习的范本。表1-2列出了美国历年影响深远的网络安全相关法案。

美国网络安全相关法律列表　　　　表1-2

阶　　段	颁布年份	法　案　名　称
起步阶段	1977年	联邦计算机系统保护法
	1978年	外国情报监听法
	1984年	计算机欺诈与滥用法
	1986年	电子通信隐私法
	1987年	计算机安全法
发展阶段	1995年	信息技术管理改革法
	1996年	国家信息基础设施保护法
	1997年	公共网络安全法;加强计算机安全法

续上表

阶 段	颁 布 年 份	法 案 名 称
发展阶段	1998 年	儿童网络隐私保护法
	1999 年	网络电子安全法
	2000 年	政府信息安全改革法
成熟阶段	2001 年	网络安全研究与开发法;关键基础设施保护法
	2002 年	联邦信息安全管理法;国土安全法
	2003 年	反垃圾邮件法
	2004 年	情报改革和反恐怖主义法
	2010 年	网络安全法;网络安全加强法
	2013 年	网络安全与美国网络竞争力法; 网络勇士法; 网络安全教育加强法; 网络情报共享和保护法; 网络安全研发法; 推进美国网络和信息技术研发法
	2014 年	网络安全人员评估法;网络安全保护法; 联邦信息安全管理法;网络安全促进法

为应对日益严峻的网络安全形势,2013 年以来美国再次加紧制定和完善立法工作的步伐,仅 2013 年就颁布实行了 6 部法律:网络安全与美国网络竞争力法、网络勇士法、网络安全教育加强法、网络情报共享和保护法、网络安全研发法、推进美国网络和信息技术研发法。2014 年,美国政府连续签署了包括《网络安全人员评估法案》在内的一系列涉及网络安全的法案。2015 年国会审议了《网络情报共享和保护法案》《保护网络法案》《2015 网络威胁共享法案》《2015 网络安全信息共享法案》五部关于网络安全相关的法案。

美国对国内外的网络监听和情报活动不断加强,构筑的情报网络日益庞大。据斯诺登公开的有关材料显示,美国情报体系共有 16 家情报机构,现有雇员多达十余万名,美国每年用于情报体系的财务预算高达 526 亿美元。这些情报网络为保障美国国家安全提供了强力保障。主要负责保护关键网络和重要信息系统,其覆盖电力、交通运输、金融、电信、公共卫生、急难救助、供水以及化学、国防、食品和农业等领域。

美国在网络空间的霸主地位是建立在强大的技术实力基础上的。回顾美国的信息化发展历程,可以发现美国信息化关键技术的成功有其内在的必然规律,其一就是注重网络安全技术的研究和创新。早在2001年美国就制定了《网络安全研究与开发法》，通过立法加大联邦政府在网络安全研究方面的投入，鼓励网络安全研究。

根据美国公开的2016财年的预算，美国国防部机构在网络安全方面的资金达到55亿美元，"研究、开发、测试和评估"资金达10亿美元。通过立法保障和政府资助，加强了网络安全保障关键技术的研发，推动美国在安全技术领域的保持领先地位。

美国在《可信网络空间：联邦网络空间安全研发战略规划》中提出一项重要举措，结合各应用领域行业特色，将研发的新技术融合到国家重点领域，着力解决交通运输、医疗保健、能源、金融和国防等领域的重大网络空间安全问题。

美国国防部《国防战略报告》将网络空间和海、陆、空、太空定义为维护美国安全的五大战略空间，并据此提出了网络战的概念。近年来，为检验应对网络突发事件的快速反应能力和协调能力，美国组织多次大规模网络空间安全演习。国土安全部自2006年起每两年组织一次"网络风暴"演习，联邦政府网络安全职能部门共同参与，对美国计算机网络的安全态势和防御措施、政府部门与私营机构应对网络攻击及处置能力进行评估。2016年美军举行了为期两周的"网络盾"演习，国民警卫队、陆军、预备役以及海军陆战队网络作战人员共同参与此次军演。在军演中强调应对针对基础设施的潜在威胁，特别是工业控制系统，特别是能源、电力以及水处理等公共事业领域，注重系统中涉及各类阀门、开关的被远程控制等潜在威胁。美国利用其在网络和信息技术优势，通过大量的实战和演练不断验证、调整、优化，提升自身网络空间攻防实力，通过技术支撑确保其网络空间领先地位。

1.1.2 欧洲网络安全发展态势

欧洲作为世界上经济最发达的地区之一，各国在技术和资金等方面都制定了相应的战略以指导本国的网络安全工作。各国在保护本国网络安全基础的同时，积极与区域内各国开展技术合作和情报共享，采取合作共赢的方针，共同应对网络安全挑战。2015年12月，欧盟成员国就首个网络安全法达成协议，新的《网络与信息安全法》要求关键领域，如交通、能源、医疗和金融领域需要向欧盟汇报涉及网络安全的活动。网络公司、航空、石油管道运营商也将面临更为严格的监管。2016年7月，欧盟就网络安全事务颁行了首部统一规范《网络与信息安全指令》。在网络安全形势日益严峻的今天，欧洲各国纷纷发布国家网络安全战略,显示了其抢抓未来网络秩序主导权的雄心。

英国的战略与美国谋求网络空间的主导权不同,更加注重提升网络安全产业国际竞争力,创造网络安全商业机遇,以及在产业技术层面,鼓励技术研发和创新。英国频发的网络安全事件,如电信运营商被入侵,包括电子邮件、名字和电话号码,以及数万银行账户等敏感信息的 400 万用户信息泄露,无疑对英国网络安全敲响了警钟。英国政府近年来注重提升网络空间执法及监管能力,增强基本控制设施安全;鼓励技术研发和创新,确保信息技术和产品供应链安全。推进技术研发是英国网络安全战略的重点之一,为减少对他国技术产品的过度依赖,英国提出一系列具体措施鼓励技术研发和创新,鼓励网络安全科研成果转化。

法国的网络与信息化建设水平处于欧洲国家前列,但在网络安全保障方面却不及美英德等西方大国,法国面临的网络安全问题日益突出。尤其在 2015 年 4 月覆盖全球 200 多个国家、2.6 亿家庭的法国电视五台旗下的电视频道、官方网站和社交媒体账号遭到黑客攻击,造成电视转播信号中断达数小时,官方网站和社交媒体被篡改,添加了大量"圣战"标语、图片和视频。法国政府充分认识到网络安全形势的严峻性,显著加大了对国家网络安全保障工作的重视程度,将网络安全视为体现国家主权、展现国家实力的重要方面,并积极从国家战略、政府、产业和国际合作等各个层面进行谋划部署。

德国是欧洲信息化程度最高的国家之一,也是世界上信息技术水平最高的国家之一。随着信息化和信息技术的快速发展,德国社会对网络信息系统的依赖日益加深,约 80% 的关键信息基础设施掌握在私营企业手中。德国前内政部部长托马斯·德迈齐埃曾指出:"互联网已成为关键的基础设施,网络一旦瘫痪对国家而言将是灾难性的。正如能源供应和供水系统一样,我们的社会依赖互联网的正常运转。"近年来,德国面临的网络安全问题日益凸显,网络犯罪大量增加,网络恐怖主义威胁不断上升。为此,德国政府不断从国家层面加强顶层设计,出台网络安全国家战略,调整健全组织机构,制定完善法律法规,加大监督管理力度,逐步构建起较为完备的国家网络安全保障体系。

俄罗斯是欧洲互联网用户最多的国家之一。由于近年来网络安全问题日益突出,俄罗斯意识到信息安全建设的重要性,不断加大信息安全保障的工作力度,从立法、行政、机构建设、技术开发和国际合作等多方面采取了措施,让网络建设服务于俄罗斯国家政权的安全、实现国家复兴的整体战略目标,力求缩小与欧美等发达国家在信息化建设上的差距,也是受到网络攻击、网络窃密、网络突发事件的侵害较多国家之一。俄罗斯加快网络空间军事力量建设,2013 年组建了在国防部组建了网络司令部,负责遏制境外的网络攻击。在网络空间治理、规则制定等问题上,俄罗斯积极争取网络空间发言权,主张网络治理的国际化,支持各国有平等的权利参与这一进程,并主张重新修订国际网络空间的行为准则。

1.2 我国网络安全发展态势

我国面临的网络安全形势与欧洲各国相比更加严峻、更加复杂,党的十八大以来,我国更加注重网络空间的治理和体系建设工作,随着技术和研发能力的快速发展和提升,面临的机遇与挑战并存。

从外部看,西方国家不断渲染"中国网络威胁论",企图抹黑我国的国际形象,削弱我国在网络空间的话语权。境外非政府组织和境外反华势力不断在网络和媒体推演"网络颜色革命",多次在涉华问题上煽动网络舆论。有的国家更是利用其网络信息技术方面的优势,通过其信息技术产品大肆窃取、搜集我国重要信息和各类基础数据,且有愈演愈烈之趋势。

从内部看,我国网络安全潜在风险持续增加。基础信息网络和重要信息系统自身潜在脆弱性和安全风险始终存在,有可能对我国民经济运行和社会稳定造成重大隐患。据我国有关技术检测机构提供的数据显示,在对我国政府部门、金融、电信、电力、能源、邮政、证券、铁路、军工企业等200多个单位(机构)的信息系统进行的抽查检测中,发现各类漏洞数万个,各网络和信息系统均不同程度地存在着安全脆弱性,系统漏洞、后门、弱口令等隐患普遍存在。在我国广泛应用的进口工控设备和系统,已成为大规模、持续性网络攻击的首选目标,网络攻击成倍增长,因进口设备的技术依赖性,部分设备存在发现安全漏洞难以修复的现象。我国信息基础的网络安全保障工作与美欧等发达国家相比起步稍晚,总体处于相对弱势的地位,但我们的发展和追赶步伐很快,也具自身独特的特点和优势,加强网络安全建设是一项长期性工作,任重而道远。

1.2.1 我国网络安全发展战略

近年来,世界主要国家相继制定出台网络安全国家战略,旨在加强国家层面对网络安全的统筹谋划和综合协调,世界范围内进入了一个网络安全战略完善和调整的密集期。

党的十八大报告明确指出,"要高度关注网络安全,健全信息安全保障体系",十八届三中全会再次强调"加快完善互联网管理领导体制,确保国家网络和信息安全"。2014年,中央网络安全和信息化领导小组正式成立;2017年6月,《中华人民共和国网络安全法》正式施行,以立法形式明确"国家制定网络安全战略",是我国加强网络安全领域顶层设计的一项重大举措,2018年中央网络安全和信息化委员会成立,我国网络安全保障工作进入一个全新的历史阶段,进入高速发展的战略性历史机遇期。

我国网络安全的发展要立足国情,遵循网络空间发展和自身规律,从国家安全战略、组织管理体系、法规标准体系、监管防护体系、科技研发体系、合作体系以及人才支撑体系等方面综合施策,举全国之力,全面应对来自网络空间的安全威胁,构建起多层次、立体化的纵深防御网络安全综合保障体系。

我国网络安全的发展要加强统一领导和综合协调,全面优化和建设的网络安全组织管理体系,建立科技研发、产业发展、人才培养、教育培训等联动机制,强化中央网络安全和信息化领导委员会办公室的统筹协调职能,加强公安部、国家安全部、工业和信息化部等部门之间的沟通协调与资源共享机制,进一步明确各行业主管和职能部门的网络安全管理职责与分工。各地区、各行业以及重点企业(金融、能源、交通运输等大型和龙头企业)、重点科研机构、高校等应全面纳入统一的国家网络空间安全治理体系。

我国网络安全的发展要特别重视网络空间安全人才的培养,人才已经成为世界各国网络空间建设的核心和竞争性资源,我国专业技术队伍的数量、质量、结构直接关乎我国网络空间安全保障能力。我国网络安全学科建设自2000年前后正式起步,制定了国家网络安全人才发展规划,目前已经有几十所院校建立了相关学科,依托高等学校、科研院所学历教育平台正在快速发展,未来要进一步完善政府部门主导培养、安全企业和用人单位自主培养、高校学历教育、专业机构社会化培训的综合人才培养体系,满足国家战略发展需要。

1.2.2 我国电子政务系统网络安全态势

随着电子政务的网络化,我国电子政务面临的网络安全形势不容乐观,网站遭受篡改、拒绝服务攻击、后门攻击、病毒木马植入等安全事件频繁发生。国家计算机病毒应急处理中心近年的某一次安全检查中,被抽查的2700多个政府网站中,有50.4%的网站存在安全隐患,平均每个网站存在各类安全隐患和漏洞12个。电子政务系统本身存在安全管理体系不健全、自主支撑技术缺乏、安全技术防护体系不完善等诸多问题。近年来,云计算、大数据、智慧城市等新技术和新应用不断涌现,由于研究和应对措施准备不足,使得安全问题进一步突出。国家电子政务系统大多关系国家安全、社会公众利益以及人民群众的个人以及敏感信息,信息安全保障建设和能力提升刻不容缓。

目前,我国信息技术核心能力与美欧等发达国家仍存在一定差距。一方面,我国的电子政务各种信息系统建设过程中,使用的操作系统、基础软件、关键芯片和大型数据库等大部分使用进口产品,重要信息系统和基础信息网络大量使用国外设备,开展网络监控和数据窃取。另一方面,西方国家利用技术产业优势,研发和定制各种网络武器,借助高市场占有率、事实性技术标准等构建技术壁垒,甚至制定对其有利的国际标准,以维持其网络空间主导权。我国也存在自身的不少问题,比如自主可控的软硬件产品的长期"缺席"是也是电子政务领域安全问题的重要根源之一。

1.2.3 我国互联网安全态势

在全球互联网安全态势日益严峻的情况下,我国互联网安全也难以独善其身,来自国内外威胁来源的数量呈快速增长趋势,加上网络防护相对薄弱等因素,总体安全趋势不容乐观。

据《2015年中国互联网站安全报告》监测抽样数据显示:我国765万个互联网站中,共检出安全漏洞近千万个,其中发现可被远程攻击与控制的存在高危漏洞站点占监测站点总数的5.3%;高危漏洞占发现漏洞发现总数的8%;金融行业网站安全态势总体好于政务和企业网站,但发现的高危、紧急漏洞占漏洞总数的比例高达3%。与此同时,来自境外的针对我国政府与重要企事业单位的高度有组织、针对性APT(高级持续性威胁)攻击检出次数也有所增加,海莲花、白象、蔓灵花、DarkHotel等已有成功渗透入我国相关重要信息系统案例。同时,连续两年发生的乌克兰大面积电力系统被攻击事件,对我国也极具警示作用,关键基础设施已逐渐成为网络攻击的重点对象。国家互联网有关管理部门的监测分析表明,大量境外组织机构持续对我国关键基础设施的工控系统进行渗透和扫描,工业互联网形势严峻,可能危及国家安全、社会稳定、重要行业的安全发展。

移动互联网发展已成为网络空间快速发展方向。当前我国已是第一网络大国、移动互联网和终端数量世界第一,但广大网民的安全意识相对薄弱,随意注册和填写个人信息,允许应用访问手机存储、地理位置及照片等信息,导致大量泄漏个人隐私。据《我国公众网络安全意识调查报告(2015)》显示,我国81%的网民不注意定期更换密码,75%的网民存在多账户使用同一密码问题;44%的网民使用生日、电话号码或姓名等设置密码。XCodeGhost病毒事件显示被植入恶意程序的App可以在iPhone手机App Store正常下载并安装使用,恶意程序具有信息窃取并进行恶意远程控制的功能,这意味着感染病毒的手机随时随地存在远程遥控的巨大风险。安卓手机的 App 也同样存在问题,曾出现一个"WormHole(虫洞)"的安全漏洞,只要设备连接网络,无论是否 Root,黑客都能对设备实现远程操控,安装指定应用。我国在互联网运行的基础网络、工业控制系统、重要信息系统、移动终端等面临较大的安全风险,形势不容乐观。

1.2.4 我国网络安全产业发展

当今,我国正处在信息化建设的高速发展时期,信息技术已与金融、能源、交通运输、科研、国防军事等重要领域以及人民日常生活的方方面面高度融合,随之产生的安全问题已成为各国关注的重点。我国网络安全产业与相对成熟的欧美国家相比,从安全体系到标准,从安全产品到技术,均存在一定差距。

我国信息技术产品和技术在一定程度上还无法全面满足当前需要,大量关乎国家安全、国计民生的行业大量使用国外信息技术产品及信息技术服务。"棱镜门"公开的有关资料显示,美国的微软、甲骨文、Intel、思科等公司参与了美国政府的全球网络监控活动。从某种程度上说,一旦产品级安全问题大量出现或者供应链出现问题,将严重威胁我国的国家安全。

当前形势下,国家高度重视网络安全产业发展,为我国的安全企业提供了良好的发展机遇,我国网络信息安全产业呈现高速发展的良好态势。当前国内安全产业规模和企业数量持续增长,产品类型不断丰富。近年来,我国网络与信息安全产业规模年增长率均超过 10%,在国内注册的安全相关企业数量已超过 2000 家,业务年收入超亿元的企业达到 50 余家,并出现一大批上市企业。信息安全产品种类不断丰富,密码产品、防火墙、病毒防护、网络隔离、安全审计、备份恢复等技术领域新理念、新产品研发取得显著进展,完整覆盖了网络安全领域,产品功能趋向集成化、系统化、小型化,性能、处理能力与国际主流产品处于同一水平。

目前,主流的信息安全产品已被各行各业广泛采用,在网络安全的市场份额占比较高。除传统的防火墙、IDS/IPS、防病毒等产品外,对 UTM、WEB 安全、安全审计、内网安全管理、网络隔离、身份认证、VPN 等产品的需求日益增大,NG-FW、云计算安全产品、移动安全相关产品等也成为近几年的热点。随着移动互联网、下一代互联网、云计算和大数据等新兴技术的广泛应用,移动互联网安全、云计算安全、应用安全等也日益受到人们重视。

国际上通常将网络与信息安全产业分为安全硬件、安全软件及安全服务三部分。我国安全硬件购置经费投入约占 60%,安全软件略有下降,安全服务的市场份额逐年趋于上升,产业结构正在逐步自我调整和完善中,随着人们观念的转变,安全服务正逐步得到重视。

近年来,国家有关部门相继出台了一系列法律法规和鼓励行业发展的产业政策,为行业的发展营造了良好的政策环境;国家通过多种方式,从科研、产业化等多个层面对网络安全产业进行宏观调控,逐年加大扶持力度,有力地促进了我国网络安全产业的蓬勃发展。

第 2 章 我国网络安全保障概述

21 世纪网络空间安全上升到国家战略层面已受到各国高度重视,网络空间安全上升到世界各国的国家战略层面。对我国而言,网络空间安全形势尤为复杂严峻,面临来自国内外的诸多挑战。2014 年 2 月 27 日,中央成立了网络安全和信息化领导小组,习近平总书记担任组长并提出建设网络强国的战略部署,我国网络空间安全研究面临前所未有的重大机遇和历史使命。

随着信息技术的发展,特别是计算机和通信技术相结合的网络技术的发展,使得社会对信息系统的依赖越来越强。应当说,网络和信息系统已经是现代社会运转的重要基础设施,离开了这样一个基础设施,整个社会将会产生诸多不稳定情况。我国信息技术飞速发展,网络安全问题没有得到足够的重视,近几年情况才有所好转。

对于一个机构来说,一方面它的信息与网络安全是国家信息安全的组成部分,另一方面,也是它内部安全的重要组成部分,甚至,对于一些机构来说,信息与网络安全是这个机构的生命线。所以,如何解决机构的信息与网络安全问题,是机构面临重大挑战,甚至成为生存与发展的重要问题。构建合理的网络安全保障体系,对于一些单位和机构来说是头等重要的大事。

我国于 1994 年颁布了《计算机信息系统安全保护条例》(国务院 147 号令)从而使信息系统安全的保护工作纳入了法制化的轨道。2004 年又正式地启动了信息安全等级保护工作,形成了我国的信息系统安全保护的基本制度和基本方法。2017 年 6 月 1 日《中华人民共和国网络安全法》(以下简称"《网络安全法》")正式实施,将"信息安全等级保护制度"更名为"网络安全等级保护制度"并将其上升为法律制度,网络安全等级保护制度的实施有力地促进了我国信息与网络安全保障水平的提升。

近年来,关于各类网络安全事件层出不穷,计算机病毒、网络攻击等造成的损失每年都以百亿美元计,而且这一定是不完全的统计,可以说网络安全问题已经是涉及国家安全、社会稳定和经济建设和安全的重大问题。

近年来,我国网络安全顶层设计取得重大突破,移动互联网、云计算、物联网及大数据等新技术新应用发展使我国网络空间系统性风险加剧,我国网络信息产业正被逐步纳入安全可控发展轨道。2017年6月1日《网络安全法》的颁布实施宣誓了网络空间的国家主权,维护了网络空间的国家安全,保护了公共利益和公民、法人和其他组织在网络空间的合法权益,中国正逐步登上全球网络空间治理的舞台。

2.1 网络安全概述

2.1.1 网络安全发展历程

网络安全的发展与信息技术的发展和用户的需求密不可分,在不同的时代也体现出不同的特征,大体来讲,信息与网络安全经历了通信安全→计算机安全→信息系统安全→信息安全保障→网络空间安全的发展阶段。信息与网络安全发展历程如表2-1所示。

信息与网络安全发展历程　　　　　表2-1

阶　　段	年　　代	安全威胁	安全措施
通信安全	20世纪40~70年代	搭线窃听、密码学分析	保证物理安全,针对信息保密性,主要序列密码为主的加密措施
计算机安全	20世纪70~90年代	非法访问、恶意代码、脆弱口令等	杀毒软件、个人防火墙
信息系统安全	20世纪90年代后	网络入侵、病毒破坏、信息对抗等	防火墙、防病毒、漏洞扫描、入侵检测、PKI、VPN等
信息安全保障	21世纪初期	黑客、恐怖分子、信息战、自然灾难、电力中断等	技术安全保障体系、安全管理体系、人员意识/培训/教育、认证和认可
网络空间安全	2008年开始	国家安全的高度	网络安全防御、网络威慑与攻击、情报与网络利用、访问控制、身份认证

2.1.2 网络安全相关概念

"网络"一词来源于希腊语,指的是控制或操纵的技能。从历史发展的角度看,信息安全的出现早于网络安全,网络安全通常作为信息安全的一个附属概念使用。随着互联网的全球普及和网络信息技术的飞速发展,"网络安全"一词越来越多地出现在各国战略文件中,日益发展成一个具有鲜明时代特征和丰富内涵的概念。信息安全、信息系统安全、网络安全等概念存在很大的区别与不同,容易混淆,下文做了简单的梳理。

1) 信息安全

信息安全是一个广泛和抽象的概念。长期以来,当人们谈及与计算机网络(或因特网)有关的信息系统的安全时,往往笼统地称为信息安全。一般来说,当谈到与信息内容安全、计算机通信安全、网络安全和因特网接入安全等问题时,都会用信息安全来说明其中的部分问题。

国际标准化组织(International Organization for Standardization,ISO)给出的信息安全的定义是:"为数据处理系统建立和采取的技术的和管理的安全保护。保护计算机硬件、软件、数据不因偶然的或恶意的原因而遭受破坏、更改、泄露。"

信息安全有着更广泛、更普遍的意义,它涵盖了人工和自动信息处理的安全,网络化和非网络化的信息系统安全,泛指一切以声光电信号、磁信号、语音以及约定形式等为载体的信息的安全,一般也包括以纸介质、磁介质、胶片、有线信道以及无线信道为媒体的信息,在获取(包括信息转换)、分类、排序、检索、传递和共享过程中的安全。

2) 通信安全

通信安全是指通过各种计算机、网络、密码技术和信息安全技术,确保在通信网络中传输、交换和存储的信息完整、真实和保密,并对信息的传播及内容具有控制能力,可分为四个相互交织的部分:保密、鉴别、抗抵赖以及完整性控制。通信安全是信息安全的基础,为信息的正确、可靠传输提供了物理保障。

3) 计算机系统安全

直到 20 世纪 80 年代,以美国国防部 DoD 发布的《可信计算机系统评测准则》(Trusted Computer System Evaluation Criteria,TCSEC)和 DES 算法的发布为标志,以及后来的欧洲四国制定的《信息技术安全评估准则》(Information Technology security Evaluation Criteria,ITSEC),表明人们对信息安全的关注程度得到了极大的提高。TCSEC 以信息安全的机密性为主,ITSEC 则强调保障信息的机密性、完整性、可用性。其后,由于社会管理以及电子商务、电子政务等的网上应用的开展,人们又逐步认识到还应关注信息的可控性和不可抵赖性,至 90 年代中期为止,这个时期可以大体归结为计算机安全阶段。

4)信息系统安全

我国的信息系统的安全,通常是指"计算机的硬件、软件、数据受到保护,不因偶然的或恶意的原因受到破坏、更改、泄露,以及系统连续正常运行"。1994 年国务院 147 号令《中华人民共和国计算机信息系统安全保护条例》第三条指出:"计算机信息系统的安全保护,应当保障计算机及其相关的和配套的设备、设施(含网络)的安全,运行环境的安全,保障信息的安全,保障计算机功能的正常发挥,以维护计算机信息系统的安全运行。"这里明确了信息系统安全所涵盖的内容。

5)信息安全保障

互联网实现了异构的计算机系统的互联互通。互联网跨越了时间和空间的限制,也给信息安全带来了新的挑战,安全不再局限于对信息的静态保护,而需要对整个信息和信息系统进行保护和防御(深层防御)。在新的形势下出现了信息保障(IA)的要求,信息保障的概念最早源自美国,美国国防部(DoD)在国防部令 S-600.1 中对信息保障作了如下定义:保护和防御信息及信息系统,确保其可用性、完整性、保密性、可认证性、不可否认性等特性。这包括在信息系统中融入保护(P,protection)、检测(D,detection)、反应功能(R,reaction),并提供信息系统的恢复功能(R,Recovery)。

当前信息安全保障已经成为美国等发达国家的国家战略,美国国家安全局(NSA)的《信息保障技术框架》提出了主动防护、深度防御等策略等。纵深防护、主动防护和 PDRR 模型是信息安全保障体系(IA)的重要标志。

6)网络空间安全

在美国推动下世界各国信息安全政策、技术和实践等发生重大变革,各个国家形成了网络安全的共识,网络安全问题上升到国家安全。在网络安全阶段,网络安全从传统防御的信息保障发展到了以"威慑"为主的防御、攻击和情报三位一体的网络空间安全。从而真正意义上体现了网络空间安全作为"人类第二大空间"的重要性。

我国《网络安全法》的一大亮点就是明确了我国网络空间的主权原则,在我国境内建设、运营、维护和使用网络以及网络空间施行监督管理,构建和平、安全、开放、合作的网络空间,建立多边民主、透明的网络治理体系。我国《网络安全法》第七章附则第76条对网络安全做了明确的定义,通过采取必要措施,防范对网络的攻击、入侵、干扰、破坏和非法使用以及意外事故,使网络处于稳定可靠运行的状态,以及保障网络存储、传输、处理信息的完整性、保密性、可用性的能力。

2.2 我国网络安全保障体系

2.2.1 网络安全保障工作原则

网络安全保障体系的建设,从不同角度出发可能会有不同的原则,也可以提出若干项原则来,从总体宏观的角度应遵循四项原则。

1) 个性化原则

一个机构的网络信息系统,相对其他机构来讲,肯定有许多共性的部分,但总有自己独特的东西,而这些独特就决定了其安全需求与其他机构不尽相同。虽然可能采用了与其他机构相同的产品和技术,但是安全策略不一定相同,在安全管理方面也应该有自己的特殊性,从而满足其独特的安全需求,真正做到一对一的安全解决方案,实现应有的安全目标。

2) 保证应用、利于发展的原则

信息系统建设,安全是一个重要内容,但不能追求绝对的安全,对于信息系统来说应用是第一位的,安全应该服务于应用,保证应用,找到安全与应用之间合理的平衡点是很重要的。保障网络安全的同时,要利于有序发展。安全和发展是一体之两翼、驱动之双轮,安全是发展的保障,发展是安全的目的,两者相辅相成、相互促进。所以,我们必须秉承保证应用、利于发展的原则开展网络安全保障工作。

3) 动态性的原则

安全是一个过程,应该从以下几方面来理解信息系统安全的动态性:
(1) 信息安全本身的动态性
① 从整体和宏观的角度上看,信息安全本身是动态的。首先信息系统的建

设不是一劳永逸的,由于各种因素的变化可能会带来信息系统本身升级、改版等系列的变动,从风险评估角度来看,资产的变动会带来资产价值的变化,相应的资产相关属性的价值也发生了变化。

②资产脆弱性的动态性。一方面是信息系统的变动引起的;另一方面,一些原来没有发现的脆弱性被发现,如操作系统的漏洞,这样变动必然导致安全需求发生变化。

③威胁源的动态性。这也包括两个方面:一方面是信息系统的变动引起的,如与互联网的新连接;另一方面是客观存在的威胁源本身就是动态的。

④信息技术与信息安全技术是发展的。信息技术的发展必然使人们对信息安全有新的需求,同时由于人们对信息系统存在的安全需求不断地变化,人们对信息安全技术的研究也是在不断进步的,新的应用产品也不断地推出。

⑤人们对信息安全的认识是与时俱进的。如前面所提到的,从只考虑信息的机密性到现在认识到了应该从五个方面来认识信息安全,目前又有人提出了信息安全的七个属性。

(2) 安全事件是动态的过程

从具体安全事件的角度上看,机构对于安全事件应该动态响应。信息系统具有生命周期,一般分为启动、设计规划、集成实施、使用及运行维护、废弃五个阶段。这本身是一个工程过程,也决定了信息系统是动态的。对于一个安全事件的动态过程就是:事前保护(P,Protection)和准备、事中的检测(D,Detection)与响应(R,Reaction)、事后的审计追查和总结恢复(R,Recovery)。对于一个机构的信息系统,必须在发生安全事件前给予很好的保护,这种保护应该是技术的和非技术的。但任何好的保护措施都是被动的,不可能完全消除安全事件,安全事件的发生是不可避免的,我们的保护是尽可能地降低安全事件发生的可能性。但在事件发生前和发生的过程中,应该有完善的检测手段和及时的响应措施如能够及时地检测系统的脆弱性,对正在发生的事件,能准确地定性分析、全程跟踪取证、完整地审计记录等,并且有良好的应对措施,如对入侵的阻断、隔离等。

4) 适度风险的原则

这一原则是从两方面来考虑的。一方面,对于信息系统的安全需求来说,零风险是不存在的,也没有必要去追求。根据我国实行的等级保护制度首先根据等级保护的思想,确定信息及信息系统的安全基线,按照这一安全基线的要求进行保护,对残余风险进行控制就可以。安全是需要投入的,投入就要有成本效益分析,应该花最少的钱解决最主要的安全问题。另一方面,安全和应用之间总是存在矛盾的,所以要在安全和应用之间找到合理、合适的平衡点,这样才能与保证应用、利于发展的原则不冲突。

综上所述,网络安全问题是整体的而不是割裂的,它不单是一个技术问题、一个业务问题,也不仅是信息化本身的问题,而是上升为事关国家政治安全、经济安全、社会稳定的全局性战略问题;网络安全风险是动态的而不是静态的,解决网络安全问题,不存在一成不变的模式,不存在普遍适用的解决方案,不存在一劳永逸的技术和产品;网络安全是开放的而不是封闭的,加强信息安全保障工作,要以保障和促进信息化发展为宗旨,而不是管得更严、更紧,靠关起门来搞安全。因此,加强网络安全保障体系的建设,应依照以上四项原则,构建综合的、动态的网络安全防御体系。

2.2.2 网络安全保障体系

在介绍信息系统安全保障体系架构之前,首先介绍信息系统安全保障模型,其主要内容是:以风险和策略为基础和出发点(即从信息系统所面临的风险和信息系统所处的环境出发),制定组织机构信息系统安全保障策略体系,通过在信息系统生命周期中的技术、管理、工程和人员等方面实施保障措施,确保信息的保密性、完整性和可用性特征,从而实现和贯彻组织机构策略并将风险降低到可接受的程度,达到保护组织机构信息和信息系统资产,从而保障组织机构实现其使命的最终目的。如图 2-1 所示描述了信息系统安全保障模型。

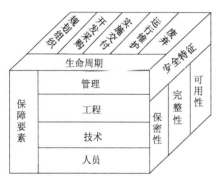

图 2-1 信息系统安全保障模型

1) 技术保障框架

(1) 安全技术保障概述

信息技术系统作为信息系统一部分的执行组织机构信息功能的用于采集、创建、通信、计算、分发、处理、存储和/或控制数据或信息的计算机硬件、软件和/或固件的任何组合。

在信息系统安全保障评估框架安全技术保障中,它的评估对象(TOE)是构成信息系统的所有计算机硬件、软件和/或固件的任何组合。信息系统安全保障评估框架安全技术保障,首先要求信息系统的用户为其评估对象(即信息技术系统)建立和完善其安全技术体系架构;在完成其信息技术系统安全技术体系架构后,基于此再对信息技术系统进行高层分析、确定相关安全目的;最后用规范化的安全技术保障控制组件类进行描述。

(2)安全技术体系架构能力

构建安全技术体系架构,首先组织机构根据其系统安全风险评估的结果和系统安全策略的要求,并参考相关安全技术体系架构的标准和最佳实践,结合组织机构信息技术系统的具体现状和需求,最终建立符合组织机构信息技术系统安全战略发展规划的整体安全技术体系框架。此架构是组织机构信息系统安全战略管理的体现。安全技术体系架构能力是组织机构执行系统安全技术能力的整体反映,是组织机构在进行信息安全技术体系框架管理并达到预定成本、功能和质量目标方面的度量体现。

2)信息安全管理保障

信息安全管理保障框架是信息系统安全保障框架的一个重要组成部分,它充分反映了以风险和策略为核心,覆盖信息系统整个生命周期的信息安全保障框架的核心思想,同时也结合了信息安全管理保障的特殊内容和要求,建立了信息安全管理保障的能力成熟度模型。

信息安全管理保障能力成熟度模型包含了两个相互依赖的维度,即"安全管理保障控制"和"安全管理保障能力成熟度",它反映了信息安全管理保障要求中的信息安全管理保障控制和信息安全管理能力成熟度这两个方面的要求。

(1)"安全管理保障控制"维度由信息安全管理保障控制组成,它建立了组织机构信息安全管理保障框架的内容和工作范围。信息安全管理保障控制使用类—子类—组件的层次化结构,每个信息安全管理保障控制类反映了信息安全管理保障特定领域工作的范围和内容,是信息安全管理保障特定领域工作最佳实践的总结。

(2)"安全管理保障能力成熟度"维度由六级能力成熟度级别组成,它代表了组织机构实施信息安全管理保障控制的能力。安全管理保障能力成熟度级同特定的安全管理保障控制类相结合,解决了信息安全管理保障中"做得如何好"这个关于能力的问题,同时能力成熟度的持续改进机制也为组织机构提供了可以持续改进的长效机制。

通过设置这两个相互依赖的维度,信息安全管理保障框架在各个能力级别上覆盖了整个安全活动范围。重要的是,信息安全管理保障框架并不意味着一个组织在其信息系统生命周期的安全管理实践中必须执行这个模型中所描述的所有过程,也不意味着执行通用实践的要求。一个组织机构一般可依据其自身特点选择合适的方式和次序来计划、跟踪、定义、控制和改进它们的过程。然而,由于一些较高级别的通用实践依赖于较低级别的通用实践,因此组织机构应在试图达到较高级别之前,应首先实现较低级别通用实践。

3) 信息安全工程保障

信息安全工程划分为三个基本过程域(即信息系统安全工程保障控制类):风险、工程及保障。虽然这些域不是互相独立的,但可以分开考虑它们。在最简单的级别中,风险过程识别并优先级排序对开发出的产品或系统的内在危险。安全工程过程与其他工程学科共同作用来决定和实施危险引起的问题的解决方案。最后,保障过程建立对安全解决方案的信心并将这种信心传递给用户。

信息安全更强调在整个生命周期中融入安全并强调动态可持续改进的能力发展。在信息系统安全工程过程中,主要是基于信息系统安全工程的生命周期思想有效地提炼出信息系统安全工程生命周期中一些关键的过程域,通过对这些过程域基本实施的要求,覆盖信息系统安全工程的整个生命周期,再通过每个过程域中执行通用实践的能力实践、改进每个过程域的执行能力。这样才能真正有效、科学、可重复、可不断改进地、动态发展地实现信息系统安全保障的目标。

信息安全工程全生命周期根据信息流向划分为六个安全工程阶段:挖掘安全需求、定义安全要求、设计体系结构、详细安全设计、实现系统安全和有效性评估,其中有效性评估贯穿整个信息系统工程过程的所有阶段,以确保系统能够满足用户需求。图2-2反映了工程过程中各活动之间的关系,箭头表明各活动之间的信息流向,而不是活动的顺序或时限。

安全工程生命周期和过程域对应关系如表2-2所示。

信息系统安全工程能力成熟度级别

在工程过程组件中,给出了信息安全工程过程所涉及的过程域,它是信息安全工程过程中提炼出来的实践的最佳反映。工程过程能力是遵循一个工程过程所能达到的可量化范围,通过对组织机构执行安全工程每个过程域能力反映了组织机构在执行信息安全工程达到预定的成本、功能和质量目标上的度量。

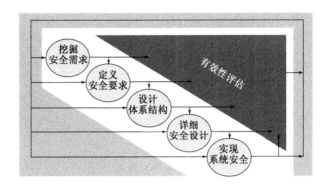

图 2-2 安全工程过程生命周期

安全工程生命周期和过程域对应表 表 2-2

生命周期	描 述		相关安全工程保障控制子类
挖掘安全需求	本阶段建立项目组织，了解系统的上下文环境，决定开始进行安全工程，制定初步计划和预算等。本阶段帮助用户挖掘并理解完成系统的任务和业务所需的信息保护需求。信息保护需求的确定建立在对系统的安全风险分析的基础上	风险过程（PRM）	系统定义（PRM_SDF）
			评估威胁（PRM_ATT）
			评估脆弱性（PRM_AVL）
			评估影响（PRM_AIM）
			评估安全风险（PRM_ASR）
定义安全要求	本阶段将已识别出来的信息保护需求落实到各子系统中，包括开发系统安全上下文，初步的系统安全运行设想和安全要求基线等	工程过程（PEN）	确定安全要求（PEN_ISR）
设计体系结构	本阶段进行分析候选体系结构、分配安全服务和选择安全机制，从而完成安全功能分析和落实，选择适用的组件或元件，并把安全功能分配给这些元件，同时描述这些元件之间的关系		提供安全输入（PEN_PSI）
			高层安全设计（PEN_HSD）
详细安全设计	本阶段分析设计的约束条件，分析折中办法，进行详细的系统和安全设计并考虑生命周期支持，检查所有系统安全需求落实到了组件。最终的详细安全设计结果为实现系统提供充分的组件和接口描述信息		详细安全设计（PEN_DSD）

续上表

生命周期	描　述	相关安全工程保障控制子类	
实现系统安全	本阶段把系统设计转移到运行,参与对所有系统的多学科综合分析,并为认证认可活动提供输入。例如验证系统已经实现了对抗威胁评估中识别出的威胁;追踪与系统实现和测试活动相关的信息保护保障机制;为系统生命周期支持计划、运行规程、培训材料维护输入。本阶段信息系统已到位并开始运行,通过定期的评估和不断监视系统的安全状况,确定如何获得更高的安全性能和效率等来满足用户变化安全需求,进行软硬件升级和修改并进行相应的测试	工程过程（PEN）	安全工程实施(PEN_SEE)
			协调安全(PEN_COS)
			监视安全态势(PEN_MSP)
			管理安全控制(PEN_MSC)
有效性评估	本阶段关注信息保护的有效性——系统是能够保证其处理的信息的保密性、完整性、可用性、鉴别和不可否认性,确保成功完成使命	保障过程（PAS）	验证和确认安全(PAS_VVS)
			建立保障论据(PAS_EAE)

在工程保障中,安全工程过程能力模型将列出并描述安全工程过程的各个能力级别,这样通过对安全工程过程域的执行范围和每个相应安全工程过程域的执行能力的综合,就可以更完善地对组织机构信息安全工程过程进行科学、公正、可度量、分级的评估。

2.2.3　网络安全保障工作内容

1) 法律、政策及相应的监管体系

信息安全保障离不开法律的保障,离不开执法机关对信息安全的监管。1994年2月18日,国务院第147号令发布了《中华人民共和国计算机信息系统安全保护条例》,这是我国首部关于信息安全保障方面的法规。这部法规中规定了我国信息安全方面的监管部门,由公安部主管全国的信息系统的安全保护工作,同时规定了国家安全部、国家保密部门和国务院其他的有关部门在各自的范围做好自己的工作。1997年修改后的刑法对计算机犯罪进行了规定,刑法的第285条侵入国家重要的信息系统罪和第286条破坏计算机信息系统罪,及其他的一些相关的犯罪与计算机信息系统相关的内容,如破坏通信设备罪、扰乱公共秩序罪、传授犯罪方法罪等。后来各相关部门又出台了一些相关的法规和部门规章,如《计算机病毒防治管理办法》《计算机信息系统专用安全产品许可证管理办法》《中华人民共和国秘密法》《中华人民共和国海关法》《涉及国家秘密的计算机信息系统集成资质管理办法》《商用密码管理办法》《中华人民共和国计算机网络国际联网安全保护管理办法》等。人大常委会发布了《加强互联网安全管理的决定》,2017年6月1日《中华人民共和国网络安全法》正式实施。

除了立法之外,相应的政策也是信息安全工作的重要保证。法律和政策需要有一支强有力的监管队伍。信息安全的组织管理是信息安全保障工作中的核心要素,它涉及国家、地区、行业、单位和个人的各个层面的综合协调、协同配合。只有科学有效的管理机制才能把信息系统中人的因素和技术因素合理地组织起来。目前我国已经形成了以网信部门、公安部门、保密管理部门、密码管理等组成的执法监管队伍。

2) 基础网络设施安全保障体系

一个国家的基础信息网络是最重要的国家基础设施,保障它的可靠、安全,对国家整体安全、对社会政治稳定、经济建设是极为重要。特别是全国性的公众网络,许多组织、许多行业的生存与发展都要依托于这样的网络,网络的安全可靠运行直接关系到社会公众利益、经济建设和国家的安全。如2016年10月,一群拥有黑客技术的维基解密支持者,利用感染了Mirai的摄像头等物联网设备,有组织有计划地发起了一波针对美国最大DNS服务提供商之一Dyn的DDoS攻击,导致诸多网站停止服务,最终影响了小半个美国互联网,给整个国家的经济带来了极大的影响。

3) 信任体系

由于网络技术特别是互联网的发展,商务、政务等传统社会活动借助网络进行开展,产生了电子商务、电子政务等体系,为整个社会活动注入了极大的活力。但是传统社会中以"白纸黑字"为基础的信任体系也随之被打破,信任危机、信息抵赖等的问题日益突出。所以,建立以密码技术为支撑的网上信任体系是极为重要的,它是保证网络发展、网络应用的必要条件。

网络信任体系是国家信息安全的支撑性基础设施,信息安全基础设施是信息安全保障的关键技术依托,随着信息技术发展和应用的深入,越来越需要信息安全基础设施为社会化的大规模应用提供安全的平台和安全的技术环境。

4) 应急响应体系

网络的发展,特别是互联网的发展,也必然导致各种网络事件的大量出现,特别是一些突发的、恶性的事件,会直接危害国家、组织的安全,如果不能及时地响应和处置,后果极为严重。应急响应体系是国家网络安全保障体系中的重要组成部分。

5) 信息监控体系

由于互联网的特点,近年来文化入侵、意识形态的入侵以及各种危害国家安全和社会稳定的有害信息也通过利用互联网传播,进行宣传甚至是煽动,所以对互联网有害信息内容的监督管理以及控制是必需的,目前美、欧、俄、日与世界发达国家均采取相关措施,我国也在积极努力确保健康清朗的互联网空间。

6) 技术标准体系

全国信息安全标准化技术委员会(编号 TC260)是国家标准化管理委员会的直属标委会,负责全国信息安全技术、安全机制、安全管理、安全评估等领域的标准化工作;负责统一、协调、申报信息安全国家标准项目。

信息安全国家标准体系从 1997 年开始,经过十几年的发展已经日趋完善,现已正式发布的国家标准有 147 项,另外有 153 项标准还在制定的过程中,其中发布的信息安全保障技术国家标准可分为七大类:基础标准、技术与机制标准、管理标准、测评标准、密码标准、保密标准、通信安全标准。在每一大类的基础上,按照标准所涉及的主要内容进行细分,又形成各项分项标准。

7) 人才教育培养体系

网络安全离不开人才,人才队伍是信息安全保障中最关键的要素。信息网络系统是一个复杂的人机系统,系统由人创建、为人服务、受人控制。信息安全保障的人才战略需要在不同层次实施,通过宣传培训不断提高公众的信息安全意识、道德、素质和能力,专门培养骨干技术人员和安全专家。

应该建立各类技术支撑队伍,各种从事信息安全的组织,这是人才体系中的重要组成部分。技术支撑体系应该考虑有从事基础理论研究的队伍、新技术研究的队伍、产品研发的队伍、各种从事服务的队伍。

通过各种教育培养渠道进行各种层次的人才教育和培训是极为重要的。首先应该是学历教育,同时也要考虑其他的教育和培训。特别是对特殊的人才,如"黑客",应该有一个特殊教育培训政策。一些"黑客"人才,并不一定是高学历的,他们在其他学科的成绩往往是很差的,研究如何加强对这部分人的培养,把他们纳入国家的人才队伍中去,对国家是大有好处的。

8)产业体系

信息产业的发展不断为信息安全保障提供所需要的装备和技术服务。坚实的自主信息技术产业基础是实现国家信息安全保障的有力支撑。

9)技术研究体系

信息安全技术是信息安全保障的基础。它涉及密码技术、安全协议、安全系统、安全芯片、电磁辐射防护、安全监管、恶意代码检查过滤、安全漏洞分析、安全检测及评估、应急处理和恢复、犯罪取证与保存等许多方面。

我国信息安全技术能力近几年得到了快速发展,但部分核心技术处于受制于人的状态,当前的紧迫形势要求我们大力开展信息安全自主理论和关键技术,跟上国际技术发展的大趋势,形成适合我国国情的自主可控的信息安全保障的技术体系。

2.3 我国网络安全等级保护

网络安全等级保护是指对国家秘密信息、法人和其他组织及公民的专有信息以及公开信息和存储、传输、处理这些信息的信息系统分等级实行安全保护,对信息系统中使用的信息安全产品实行分级管理,对信息系统中发生的网络安全事件分等级进行响应、处置。

2.3.1 等级保护工作意义

网络安全等级保护制度是我国提高信息安全保障能力和水平,维护国家安全、社会稳定和公共利益,保障和促进信息化建设健康发展的一项基本制度。实行网络安全等级保护制度,能够增强安全保护的整体性、针对性及实效性,使信息系统安全建设更加突出重点、统一规范、科学合理,对促进我国信息与网络安全的发展将起到重要的推动作用。

开展网络安全等级保护工作对有效提升我国网络和信息系统安全保障水平具有重要意义。有利于在信息化建设过程中同步建设信息与网络安全设施,保障信息与网络安全与信息化建设相协调;有利于为信息与网络安全建设和管理提供系统性、针对性、可行性的指导和服务,有效控制信息与网络安全建设成本;有利于优化信息与网络安全资源的配置,对信息系统分级实施保护,重点保障国家关键信息基础设施和关系国家安全、经济命脉、社会稳定的重要信息系统的安全;有利于明确国家、法人和其他机构、公民的信息安全责任,加强信息安全管理;有利于推动信息安全产业的发展,逐步探索出一个适应社会主义市场经济的信息安全模式。

2.3.2 等级保护制度发展

1994年国务院《计算机信息系统安全保护条例》规定:"计算机信息系统实行安全等级保护,等级划分标准和等级管理办法由公安部会同有关部门制定"。

1999年,公安部组织有关单位和专家起草了安全保护等级管理的重要基础性国制性标准:《计算机信息系统安全保护等级划分准则》,并于1999年9月13日经国家质量技术监督局审查通过并正式批准发布。该标准将计算机信息系统安全保护划分为五个等级,为开展我国计算机信息系统安全保护等级工作确定了划分原则。

2000年11月10日,国家正式批准公安部申报的"计算机信息网络安全等级保护评估认证体系建设"项目,我国的信息安全等级保护工作由此拉开了序幕。

2003年7月,国家信息化领导小组审议通过《国家信息化领导小组关于加强信息安全保障工作的意见》,提出今后一段时期我国信息安全工作的总体要求和主要原则,首次明确了信息安全等级保护制度是我国信息安全保障的基本制度。

2004年9月,公安部、国家保密局、国家密码管理局和国务院信息化办公室联合下发《信息安全等级保护实施意见》,标志着在我国信息安全等级保护工作的正式启动,信息安全等级保护成为我国在信息与信息系统安全保护方面的基本制度和基本方法。

2007年6月,公安部、国家保密局、国家密码委和国务院信息化办公室联合下发《信息安全等级保护管理办法》,意味着信息安全等级保护制度已经纳入了法制化的轨道,形成了长效工作机制,并在全国范围内全面开展该项工作。

2007年下发《关于开展全国重要信息系统安全等级保护定级工作的通知》,全面开展定级备案工作。

2009年下发《关于开展信息系统等级保护安全建设整改工作的指导意见》,部署开展等级测评和建设整改工作。

2010年下发了《关于开展信息安全等级保护专项监督检查工作的通知》。

2012年国务院公布了《国务院关于大力推进信息化发展和切实保障信息安

全的若干意见》为新环境下我国信息化发展及信息安全工作提出了方向性的指导意见。

2014年公安部、发改委和财政部联合印发了《关于加强国家级重要信息系统安全保障工作有关事项的通知》。

2014年中央综治办印发《2014年综治工作(平安建设)考核评价实施细则》,将"信息安全保障工作"纳入对政府的考核。

2016年11月7日中华人民共和国第十二届全国人民代表大会常务委员会第二十四次会议通过了《中华人民共和国网络安全法》,并于2017年6月1日正式实施,将"信息安全等级保护制度"更名为"网络安全等级保护制度"并上升至法律层面。

网络安全等级保护制度是国家信息安全的基本制度,是信息化社会的信息安全等级化、范围化、法制化的管理制度。只有实行网络安全等级保护,才能确保重要信息系统安全,并有效地提高我国信息安全建设的整体水平。

2.3.3 等级保护制度分工及内容

1)分工

信息安全等级保护工作职责分工如下:

公安机关负责信息安全等级保护工作的监督、检查、指导。国家保密工作部门负责等级保护工作中有关保密工作的监督、检查、指导。国家密码管理部门负责等级保护工作中有关密码工作的监督、检查、指导。

在信息安全等级保护工作中,涉及其他职能部门管辖范围的事项,由有关职能部门依照国家法律法规的规定进行管理。

信息和信息系统的主管部门及运营、使用单位按照等级保护的管理规范和技术标准进行信息安全建设和管理。

国家网信部门负责统筹协调网络安全工作和相关监督管理工作。

2)对信息系统分等级进行安全保护和监管

根据信息和信息系统在国家安全、经济建设、社会生活中的重要程度;遭到破坏后对国家安全、社会秩序、公共利益以及公民、法人和其他组织的合法权益的危害程度;针对信息的保密性、完整性和可用性要求及信息系统必须要达到的基本的安全保护水平等因素,信息和信息系统的安全保护等级共分五级:

(1)第一级为自主保护级,适用于一般的信息和信息系统,其受到破坏后,会对公民、法人和其他组织的权益有一定影响,但不危害国家安全、社会秩序、经济建设和公共利益。

（2）第二级为指导保护级，适用于一定程度上涉及国家安全、社会秩序、经济建设和公共利益的一般信息和信息系统，其受到破坏后，会对国家安全、社会秩序、经济建设和公共利益造成一定损害。

（3）第三级为监督保护级，适用于涉及国家安全、社会秩序、经济建设和公共利益的信息和信息系统，其受到破坏后，会对国家安全、社会秩序、经济建设和公共利益造成较大损害。

（4）第四级为强制保护级，适用于涉及国家安全、社会秩序、经济建设和公共利益的重要信息和信息系统，其受到破坏后，会对国家安全、社会秩序、经济建设和公共利益造成严重损害。

（5）第五级为专控保护级，适用于多国家安全造成特别严重损害的重要信息系统。

国家通过制定统一的管理规范和技术标准，组织行政机关、公民、法人和其他组织根据信息和信息系统的重要程度开展有针对性的保护工作。国家对不同安全保护级别的信息和信息系统实行不同强度的监管政策。第一级依照国家管理规范和技术标准进行自主保护；第二级在信息安全监管职能部门指导下依照国家管理规范和技术标准进行自主保护；第三级依照国家管理规范和技术标准进行自主保护，信息安全监管职能部门对其进行监督、检查；第四级依照国家管理规范和技术标准进行自主保护，信息安全监管职能部门对其进行强制监督、检查；第五级依照国家管理规范和技术标准进行专控保护，国家指定专门部门、专门机构进行专门监督。

3）国家对信息安全产品的使用实行分等级管理

按照信息安全产品的可控性、可靠性、安全性和可监督性的要求确定相应的等级。不同安全保护等级的信息系统和网络应使用与其安全等级相适应的信息产品。

信息安全产品是指与信息网络或者信息系统安全相关的以计算机硬件和或者软件的形态集成的，实现信息系统运行中的特定功能的，构建信息系统并使其正常运行的软硬件设备。不同安全保护等级的信息系统和网络应使用与其安全等级相适应的信息安全产品。

可控性是指国家或用户对产品的技术可控。可控性的主要内容包括：产品具有自主知识产权、产品源代码可由国家或用户掌握、用户可控制产品的配置等。

可靠性是指生产信息安全产品的单位和人员稳定可靠。可靠性的主要内容包括：生产信息安全产品单位和人员的背景、规模、流动性、社会关系、经济状况、法律能力、特许授权、专业能力和有关资质认证等。

安全性是指不会因使用该信息安全产品而给信息系统引入安全隐患。安全性的主要内容包括：信息安全产品是否有漏洞、后门，远程控制功能用户是否可知、可控等。

可监督性是指产品的研发生产和检测过程可监督。可监督性的内容主要包括：产品的研发生产和检测过程各环节的方式、结果的真实性可验证，产品的源代码可托管等。

4) 信息安全事件实行分等级响应、处置

信息安全事件是指由于自然或者人为以及软硬件本身缺陷或故障的原因，对信息系统造成危害或对社会造成负面影响的事件。

依据信息安全事件对信息和信息系统的破坏程度、所造成的社会影响以及涉及的范围，确定事件等级。根据不同安全保护等级的信息系统中发生的不同等级事件制定相应的预案，确定事件响应和处置的范围、程度以及适用的管理制度等。信息安全事件发生后，分等级按照预案进行响应和处置。

一是根据信息安全事件的危害程度和所发生事件的信息系统的安全级别，划定信息安全事件的等级。

二是根据不同等级的安全事件，制定相应的响应和处置预案。

三是一旦发生信息安全事件，根据其危害和发生的部位，迅速确定事件等级，并根据等级启动相应的响应和处置预案。

关于等级保护管理要求的详尽介绍，可以参阅《信息安全等级保护管理办法》（公通字〔2007〕43号）。

2.3.4　等级保护原则与方法

1) 基本原则

信息安全等级保护的核心是对信息安全分等级、按标准进行建设、管理和监督。信息安全等级保护制度遵循以下基本原则：

（1）明确责任，共同保护

通过等级保护，组织和动员国家、法人和其他组织、公民共同参与信息安全保护工作；各方主体按照管理规范和技术标准分别承担相应的、明确具体的信息安全保护责任。

(2)依照标准,自行保护

国家运用强制性的管理规范和技术标准,要求信息和信息系统按照相应的建设和管理要求,进行自行定级、自行保护。

(3)同步建设,动态保护

信息系统在新建、改建、扩建时应当同步建设信息安全设施,保障信息安全与信息化建设相适应。因信息和信息系统的应用、范围等条件的变化及其他原因,安全保护等级需要变更的,应当根据等级保护的管理规范和技术标准的要求,重新确定信息系统的安全保护等级。等级保护的管理规范和技术标准应按照等级保护工作开展的实际情况适时进行修订。

(4)指导监督,重点保护

国家指定信息安全监管职能部门通过备案、指导、检查、督促整改等方式,对重要信息和信息系统的信息安全保护工作进行指导监督。国家重点保护涉及国家安全、经济命脉、社会稳定的基础信息网络和重要信息系统,主要包括:财政、金融、税务、海关、教育、审计、工商、社会保障、能源、交通运输、国防工业、电力、电信、广播电视通信等关系到国计民生和社会经济发展的信息系统。

2) 基本保护方法

信息系统运营、使用单位及个人依据相关法律、法规和技术标准对信息系统进行保护,国家有关信息安全职能部门对其信息安全等级保护工作进行监督管理。

(1)第一级信息系统运营、使用单位或者个人可以依据国家管理规范和技术标准进行保护。

(2)第二级信息系统运营、使用单位应当依据国家管理规范和技术标准进行保护。必要时,国家有关信息安全职能部门可以对其信息安全等级保护工作进行指导。

(3)第三级信息系统运营、使用单位应当依据国家管理规范和技术标准进行保护,国家有关信息安全职能部门对其信息安全等级保护工作进行监督、检查。

(4)第四级信息系统运营、使用单位应当依据国家管理规范和技术标准进行保护,国家有关信息安全职能部门对其信息安全等级保护工作进行强制监督、检查。

(5)第五级信息系统运营、使用单位应当依据国家管理规范和技术标准进行保护,国家指定的专门部门或者专门机构对其信息安全等级保护工作进行专门监督、检查。

2.3.5 行业等级保护情况

1) 税务行业

国家税务总局按照国家有关等级保护工作整体部署，紧密结合税务系统实际，把等级保护国家标准与税务系统自身特点相结合，形成了《税务系统信息安全等级保护基本要求》等系列规范，作为税务系统内各单位建设整改的依据，有效促进税务行业等级保护工作的开展。在等级测评过程中，提出了"7+X"的层面划分思路，7是指公共层面，即1物理、2网络、3存储、4终端、5信息安全管理制度、6信息安全管理组织、7集中管理的安全(Security Operations Center)安全管理中心即"集中管理的安全"；X是业务层面，根据业务系统特性，确定安全基线要求，即1主机设备、2应用程序安全、3数据保护、4密码技术。

税务行业按照循序渐进、分步开展的思路，开发了等级保护测评工具，涵盖等级测评各个阶段，以通用接口为信息系统安全测评提供支撑，降低了等级测评难度，提高了等级测评效率，提升了测评机构等级测评工作处理能力，规避了现场测评过程中测评数据泄露的风险，为逐步建立起挥舞行业全国范围内分等级安全保护制度起到推动作用，有力地促进了等级保护标准的行业化工作的开展。

2) 广播电视行业

国家广播电视总局出台了《广播电视相关信息系统安全等级保护定级指南》和《广播电视相关信息系统安全等级保护基本要求》等行业标准，确定了定级工作的范围为广电行业各级电台、电视台、有线电视网络公司、集成平台等单位与生产业务相关的信息系统。办公系统、网站发布系统以及其他与广播电视生产业务无关的信息系统参照国家等级保护要求执行，广播电视业务信息进行采集、加工、存储、传输、检索等处理的系统参照广电行业要求执行。

在广电行业的等级保护基本要求中，对国家基本要求中提到的主机安全进行了细化，分成了终端系统安全和服务器端系统安全；对国标基本要求中提到的网络安全，细分成了基础网络安全和边界安全。在国家基本要求的基础上，对某些检测对象新增了建设要求和细化了测评粒度，如在安全审计的基本要求中，新增了保存审计记录90天，并为安全管理中心提供集中接口，审计粒度需要包括日期、时间、类型、用户名、访问对象、结果等要求。

目前广电行业的等级保护的定级、建设、整改、测评等相关工作正在有序推进。

3）林业行业

国家林业局针对林业行业等级保护工作的特点，着手编制了《林业行业信息系统安全评估准则》，针对不同安全保护等级信息系统应该具有的安全保护能力提出了相应的基本安全要求及应对措施，在依据评估准则分层面采取各种安全措施时，还应考虑构建纵深的防御体系、采取互补的安全措施、保证一致的安全强度、建立统一的支撑平台、进行集中的安全管理等总体性要求，保证信息系统的整体安全保护能力。

在评估准则的数据安全及备份恢复的要求中，明确规定了每年应对备份数据至少进行一次抽样性恢复测试；主机安全的要求中，指出原则上所有主机应安装防恶意代码软件，系统不支持该功能的除外；未安装防恶意代码软件的主机，应采取有效措施进行恶意代码防范。

国家林业局围绕建立全行业等级保护管理体系开展了国家林业局信息安全等级保护建设项目，出台林业信息系统等级保护定级工作指导意见，开展省级及地市级单位的信息安全、等级保护监督检查工作和林业行业信息系统安全及等级保护培训工作，实现等级保护工作制度化、常态化。

4）教育行业

根据国家信息安全等级保护的相关政策和规定，教育部对教育信息安全等级保护工作高度重视，教育部科技司于 2007 年下发《关于开展重要业务系统安全等级保护定级工作的通知》（教技司〔2007〕232 号），对教育部部机关、直属事业单位、部属高校重要业务系统进行了安全等级保护定级和登记工作。

为推动整个教育系统的信息安全等级保护工作，教育部办公厅于 2009 年 11 月印发了《关于开展信息系统安全等级保护工作的通知》（教办厅函〔2009〕80 号）。文件进一步明确了教育信息安全等级保护工作的目标、内容和具体工作安全，是教育系统今后开展信息安全等级保护工作的重要指导性文件。文件中还规定，教育部教育管理信息中心负责教育系统信息安全等级保护工作的组织实施，并配合公安部门在教育系统内开展监督检查工作。

教育部等级保护测评中心的成立，为教育系统信息安全等级保护工作的实施提供了技术支撑，组织实施教育行业三级及以上信息系统的测评工作。

第3章 我国网络安全政策及标准

近几年,为组织各单位、各部门开展信息安全等级保护工作,公安部根据法律授权,会同国家保密局、国家密码管理局等相关部门组织开展了基础调查、等级保护试点、信息系统定级备案、安全建设整改等重要工作,出台了一系列政策文件,构成了信息安全等级保护政策体系,为指导各单位、各部门开展等级保护工作提供了政策保障。同时,在国内有关部门、专家、企业的共同努力下,公安部和标准化工作部门组织制定了信息安全等级保护工作的一系列标准,形成了信息安全等级保护标准体系,为开展信息安全等级保护工作提供了标准保障。

本章系统介绍了信息安全等级保护的有关政策和标准,并对有关政策文件和标准的应用进行了简要的说明。

3.1 网络安全管理机制

在学习、建立和完善组织机构自己的信息安全管理体系前,我们首先需要了解国家整个信息安全管理体制,将组织机构的信息安全管理体系放在国家信息安全管理体制环境中加以考虑。

1) 国家信息安全管理政策背景

国家高度重视信息安全保障工作,并将信息安全保障工作提高到国家安全的层面,下面列出国家近几年信息安全保障的重要政策:

(1) 2003年底,国家信息化领导小组第三次会议通过《关于加强信息安全保障工作的意见》(中办发〔2003〕27号),为我国信息安全保障工作提供了政策指导。

(2) 2004年初,召开全国信息安全工作会议,全面部署重点保障信息网络和重要信息系统安全、创建安全健康的网络环境的各项工作。

(3) 2004年秋,十六届四中全会将信息安全提高到关乎执政的认识高度。

(4) 2005年,全面启动信息安全保障体系建设的准备工作。

(5)2014年2月27日,中央网络安全和信息化领导小组成立,习近平总书记任组长。翻开了国家网络安全保障工作的崭新一页。

(6)2015年7月,十二届全国人大常委会第十五次会议审议通过的《中华人民共和国国家安全法》第一次提出"网络空间主权"的概念,这体现了国家主权在网络空间的拓展和延伸,表明网络安全与国家安全密不可分。

(7)2015年8月,十二届全国人大常委会第十六次会议审议通过刑法修正案(九),在维护信息网络安全方面做出重要修改,针对网络违法犯罪行为的新情况,进一步完善了刑法有关网络犯罪的规定。

(8)2016年11月,第十二届全国人民代表大会常务委员会第二十四次会议通过网络安全的基础性法律《中华人民共和国网络安全法》,将于2017年6月1日起正式施行。

(9)2017年2月17日,习近平总书记主持召开国家安全工作座谈会并发表重要讲话,会议强调,要强化关键信息基础设施防护,实现全天候、全方位感知和有效防护,加强网络安全预警监测,确保大数据安全,提高网络安全保障水平,筑牢网络安全防线。

(10)2017年6月,《中华人民共和国网络安全法》正式颁布实施。

2)我国信息安全管理体制

党和政府高度重视信息安全保障工作,目前我国形成了相关部门各司其职、相互配合,综合利用法律、管理和技术手段,共同维护国家信息安全的信息安全管理体系。

(1)中央网络安全和信息化领导办公室:2014年2月27日,中央网络安全和信息化领导小组成立,由中共中央总书记、国家主席、中央军委主席习近平亲自担任组长。该领导小组将着眼国家安全和长远发展,统筹协调涉及经济、政治、文化、社会及军事等各个领域的网络安全和信息化重大问题,研究制定网络安全和信息化发展战略、宏观规划和重大政策,推动国家网络安全和信息化法治建设,不断增强安全保障能力。

(2)国家安全部:依据《中华人民共和国国家安全法》的规定,国家安全机关是国家安全工作的主管机关,在计算机网络信息安全管理工作中,负责对计算机网络上危害国家安全的事件进行侦查,打击利用计算机网络进行反政府、分裂国家、推翻社会主义制度的犯罪行为。

(3)保密局:根据《中华人民共和国保守国家秘密法》的授权,主管全国保守国家秘密的工作。

(4)国家密码管理局:根据国家密码管理局公告(第1号),原国家密码管理委员会办公室更名为国家密码管理局,履行对全国的密码管理职能,《商用密码管理条例》和相关法规赋予原国家密码管理委员会办公室的各项管理职能由国家密码管理局行使。国家密码管理局主要负责实施由中央统一制定的国家密码管理政策,密码算法的审批和商用密码产品许可证的管理,全国密码产品的研制、生产、销售与使用的管理。

(5)公安部:1994年国务院147号令规定,公安部负责管理计算机信息系统安全保护工作;公安机关负责防范和打击计算机犯罪;1997年经国务院批准,公安部发布第33号部长令:公安部负责计算机网络国际联网的安全保护管理工作;1998年国务院规定公安机关负责公共信息网络安全监察。

(6)工业和信息化部:工业和信息化部是根据据第十一届全国人民代表大会第一次会议批准的国务院机构改革方案和《国务院关于机构设置的通知》(国发〔2008〕11号)所设立的国务院组成部门。根据《国务院办公厅关于印发工业和信息化部主要职责内设机构和人员编制规定的通知》(国办发〔2008〕72号),国家发展和改革委员会的工业行业管理和信息化有关职责、原国防科学技术工业委员会除核电管理以外的职责、原信息产业部和原国务院信息化工作办公室的职责划给新设立的工业和信息化部。其同信息安全相关机构和职责包括:

①通信保障局。组织研究国家通信网络及相关信息安全问题并提出政策措施;协调管理电信网、互联网网络信息安全平台;组织开展网络环境和信息治理,配合处理网上有害信息;拟订电信网络安全防护政策并组织实施;负责网络安全应急管理和处置;负责特殊通信管理,拟定通信管制和网络管制政策措施;管理党政专用通信工作。

②信息安全协调司。协调国家信息安全保障体系建设;协调推进信息安全等级保护等基础性工作;指导监督政府部门、重点行业的重要信息系统与基础信息网络的安全保障工作;承担信息安全应急协调工作,协调处理重大事件。

3.2 网络安全政策与法规

3.2.1 信息安全政策

我国政府在信息安全领域提出了全面加强国家信息安全保障体系,大力增强国家信息安全保障能力的战略目标。2003年,中共中央办公厅发布了《国家信息化领导小组关于加强信息安全保障工作的意见》(中办发〔2003〕27号),它是我国信息安全保障工作的纲领性文件,对我国信息安全保障体系的总体建设起着重要指导作用。该文明确了我国信息安全保障工作的总体方针和要求,加强信息安全保障工作的主要原则,以及需要重点开展的信息安全保障工作。近年来,立足国情,我国政府出台了一系列政策,有力地加强了信息安全保障体系的建设,促进了信息安全工作的顺利实施。

1)《关于开展信息安全风险评估工作的意见》

2006年,国家网络与信息安全协调小组发布了《关于开展信息安全风险评估工作的意见》(国信办〔2006〕5号),明确了信息安全风险评估工作的基本内容和原则、工作要求和工作安排。信息安全风险评估就是从风险管理的角度,运用科学的方法和手段,系统地分析网络与信息系统所面临的威胁及其存在的脆弱性,评估安全事件一旦发生可能造成的危害,提出有针对性的抵御威胁防护对策和整改措施,防范和化解信息安全风险,或者将风险控制在可接受的水平,从而最大限度地保障网络和信息安全。信息安全风险评估分自评估和检查评估两种形式,应以自评估为主,自评估和检查评估相互结合、互为补充。信息安全风险评估工作要按照"严密组织、规范操作、讲求科学、注重实效"的原则开展。

此意见明确提出信息安全风险评估作为信息安全保障工作的基础性工作和重要环节,应贯穿于网络和信息系统建设运行的全过程。在网络与信息系统的设计、验收及运行维护阶段均应当进行信息安全风险评估。

2)《关于加强政府信息系统安全和保密管理工作的通知》

2008年,国务院办公厅发布了《关于加强政府信息系统安全和保密管理工作的通知》(国办发〔2008〕17号),该通知对加强政府信息系统安全和保密管理工作提出了四点要求:

(1)加强组织领导,明确安全责任。要把信息安全和保密工作列入重要议事日程,明确一名主管领导;要按照"谁主管谁负责,谁运行谁负责,谁使用谁负责"的原则,健全信息安全和保密责任制,把责任落实到具体部门、岗位和个人。

(2)强化教育培训,提高安全意识和防护技能。要求组织信息安全和保密基本技能培训,开展信息安全和保密形势分析。深入学习宣传信息安全"五禁止"规矩:禁止将涉密信息系统接入国际互联网及其他公共信息网络;禁止在涉密计算机与非涉密计算机之间交叉使用U盘等移动存储设备;禁止在没有防护措施的情况下将国际互联网公共信息网络上的数据复制到涉密信息系统;禁止涉密计算机、涉密移动存储设备与非涉密计算机、非涉密移动存储设备混用;禁止使用具有无线互联功能的设备处理涉密信息。

(3)建立健全安全管理制度,完善安全措施和手段,从管理制度要求和技术手段控制两方面加强系统安全。

(4)做好信息安全检查工作,依法追究责任。

3)《关于加强国家电子政务工程建设项目信息安全风险评估工作的通知》

为了贯彻落实中办发〔2003〕27号文件,加强基础信息网络和重要信息系统安全保障,规范国家电子政务工程建设项目信息安全风险评估工作,2008年8月6日,国家发改委、公安部、保密局共同发布了该通知(发改高技〔2008〕2071号)。此通知明确了电子政务项目信息安全风险评估的主要内容,包括分析信息系统资产的重要程度,评估信息系统面临的安全威胁、存在的脆弱性,已有的安全措施和残余风险影响等。

涉密信息系统的风险评估应按照《涉及国家秘密的信息系统分级保护管理办法》等国家有关保密规定和标准进行系统测评并履行审批手续。非涉密信息系统的风险评估应按照《信息安全等级保护管理办法》等有关要求,委托同一专业测评机构完成等级测评和风险评估工作,并形成等级测评报告和风险评估报告。

4)《关于印发〈政府信息系统安全检查办法〉的通知》

2009年,国务院办公厅发布《关于印发〈政府信息系统安全检查办法〉的通知》(国办发〔2009〕28号),该通知是依据《关于加强政府信息系统安全和保密管理工作的通知》(国办发〔2008〕17号)制定的,明确了政府信息系统安全检查的范围、检查重点和检查方式。

检查范围包括各级政府及其部门自行运行和维护管理,以及委托其他机构运行和维护管理的办公系统、业务系统和网站系统等。检查重点是国务院各部门和地方政府的办公系统、重要业务系统、门户网站以及重要新闻网站。检查采取自查与抽查相结合的方式,如果需要,可以委托相应部门进行安全检测来参与检查工作。工信部负责协调、指导、监督,公安、安全、保密和密码等部门按职责分工参与安全检查工作。

5)《国务院关于大力推进信息化发展和切实保障信息安全的若干意见》

2012年,国务院发布该意见(国发〔2012〕23号),指出大力推进信息化发展和切实保障信息安全,对调整经济结构、转变发展方式,保障和改善民生,维护国家安全具有重大意义,要加快建设下一代信息基础设施,进一步健全信息安全保障体系,以切实增强信息安全保障能力,维护国家信息安全。

该意见提出要健全安全防护和管理,确保能源、交通和金融等领域重要信息系统和电信网、广播电视网、互联网等基础信息网络安全,切实提高安全防护能力;要加强政府和涉密信息系统安全管理,加强安全和保密防护监测;要保障核设施、航空航天、先进制造、石油石化、油气管网、电力系统、交通运输、水利枢纽和城市设施等重要领域工业控制系统安全,定期开展安全检查和风险评估,实行安全风险和漏洞通报制度;强化信息资源和个人信息保护,保障信息系统互联互通和部门间信息资源共享安全,并加强个人信息保护。

同时,该意见还提出要加快能力建设,提升网络与信息安全保障水平,具体措施包括研究制定国家信息安全战略和规划,落实信息安全等级保护,强化网络与信息安全应急处置工作,完善信息安全认证体系,加强网络信任体系建设,强化密码保障支撑作用,提升网络与信息安全监管能力,加强网络与信息安全专业骨干队伍建设,健全网络与信息安全信息通报机制,加大网络与信息安全技术研发力度,大力支持和促进信息安全产业发展。

6)《国家信息化战略发展纲要》

2016年7月,中共中央办公厅、国务院办公厅印发《国家信息化发展战略纲要》(以下简称《纲要》),要求将信息化贯穿我国现代化进程始终,加快释放信息化发展的巨大潜能,以信息化驱动现代化,加快建设网络强国。《纲要》是规范和指导未来10年国家信息化发展的纲领性文件。

《纲要》指出,当今世界,信息技术创新日新月异,以数字化、网络化、智能化为特征的信息化浪潮蓬勃兴起。全球信息化进入全面渗透、跨界融合、加速创新、引领发展的新阶段。谁在信息化上占据制高点,谁就能够掌握先机、赢得优势、赢得安全、赢得未来。

《纲要》强调,要围绕"五位一体"总体布局和"四个全面"战略布局,牢固树立创新、协调、绿色、开放、共享的发展理念,贯彻以人民为中心的发展思想,以信息化驱动现代化为主线,以建设网络强国为目标,着力增强国家信息化发展能力,着力提高信息化应用水平,着力优化信息化发展环境,让信息化造福社会、造福人民,为实现中华民族伟大复兴的中国梦奠定坚实基础。

《纲要》要求,坚持"统筹推进、创新引领、驱动发展、惠及民生、合作共赢、确保安全"的基本方针,提出网络强国"三步走"的战略目标,主要是:到2020年,核心关键技术部分领域达到国际先进水平,信息产业国际竞争力大幅提升,信息化成为驱动现代化建设的先导力量;到2025年,建成国际领先的移动通信网络,根本改变核心关键技术受制于人的局面,实现技术先进、产业发达、应用领先、网络安全坚不可摧的战略目标,涌现一批具有强大国际竞争力的大型跨国网信企业;到21世纪中叶,信息化全面支撑富强民主文明和谐的社会主义现代化国家建设,网络强国地位日益巩固,在引领全球信息化发展方面有更大作为。

《纲要》指出,增强发展能力、提升应用水平、优化发展环境,是国家信息化发展的三大战略任务,包括14项具体工作内容。增强发展能力,重点是发展核心技术、夯实基础设施、开发信息资源、优化人才队伍、深化合作交流。提升应用水平,主要是落实"五位一体"总体布局,对培育信息经济、深化电子政务、繁荣网络文化、创新公共服务、服务生态文明建设作出了安排,并首次将信息强军的内容纳入信息化战略。优化发展环境,强调要保障信息化有序健康安全发展,明确了信息化法治建设、网络生态治理和维护网络空间安全的主要任务。

《纲要》强调,必须坚持中央网络安全和信息化领导小组对国家信息化发展的集中统一领导,信息化领域重大政策和事项须经领导小组审定。要求各地区各部门强化组织领导、健全工作机制、完善配套政策、加强督促落实,将各项战略任务落到实处,确保战略目标如期实现。

7) 网信办发布规章制度

2014年5月,中央网络安全和信息化领导小组办公室发布《关于加强党政机关网站安全管理的通知》(中网办发文〔2014〕1号),对加强党政机关网站安全管理,提高党政机关网站安全防护水平,保障和促进党政机关网站建设提出具体要求。

2015年2月5日,公安部、国家互联网信息办公室、工业和信息化部、环境保护部、国家工商行政管理总局、国家安全生产监督管理总局联合制定了《互联网危险物品信息发布管理规定》。该规定旨在进一步加强对互联网危险物品信息的管理,规范危险物品从业单位信息发布行为,依法查处、打击涉及危险物品违法犯罪活动,净化网络环境,保障公共安全。

2016年8月12日,中央网信办、国家质检总局、国家标准化管理委员会联合印发《关于加强网络安全标准化工作的若干意见》(中网办发文〔2016〕5号),提出要建立统筹协调、分工协作的工作机制,加强标准体系建设,提升标准质量和基础能力,强化标准宣传实施,加强国际标准化工作,抓好标准化人才队伍建设,做好资金保障。

3.2.2 信息安全法规

法律是指国家制定或认可的,由国家强制力保证实施的,以规定当事人权利和义务为内容的具有普遍约束力的社会规范。我国实行多级立法的法律体系,法律、行政法规、地方性法规、部门规章和地方规章，共同构成了以《中华人民共和国宪法》(以下简称《宪法》)为基础的统一的法律体系，如图 3-1 所示。

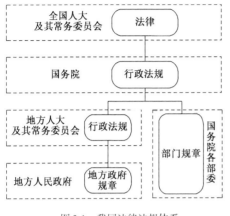

图 3-1 我国法律法规体系

法律环境的建设是我国信息安全保障体系建设中至关重要的一环，信息安全的基本原则和基本制度、相关行为规范、各方权利义务以及违反信息安全行为的处罚等都是通过相关法律、法规予以明确的。我国有关信息安全方面的立法始于 20 世纪 90 年代初，为了适应新形势下信息安全保障的需要，一方面，国家修改了一些现有法律、法规，颁布了一些司法解释；另一方面，也制定了很多与信息安全相关的法律、法规。经过 20 多年的发展，目前我国现行法律、法规及规章中，与信息安全有关的法律、法规已有近百部。在文件形式上，分为法律、行政法规、部门规章及规范性文件三个层面。我国信息安全相关法律如表 3-1 所示。

我国信息安全相关法律列表　　　　　　　　　表 3-1

序号	法律名称	发布机构
1	《中华人民共和国宪法》	全国人大
2	《中华人民共和国刑法》	全国人大
3	《中华人民共和国国家安全法》	全国人大
4	《中华人民共和国保守国家秘密法》	全国人大
5	《全国人民代表大会常务委员会关于维护互联网安全的决定》	全国人大
6	《中华人民共和国电子签名法》	全国人大
7	《中华人民共和国网络安全法》	全国人大
8	《计算机信息系统安全保护条例》	国务院
9	《商用密码管理条例》	国务院
10	《计算机信息网络国际联网安全保护管理办法》	国务院
11	《中华人民共和国计算机信息网络国际联网管理暂行规定》	国务院
12	《关于加强信息安全保障工作的意见》	国务院
13	《计算机信息系统安全专用产品检测和销售许可证管理办法》	公安部

续上表

序　号	法　律　名　称	发　布　机　构
14	《计算机病毒防治管理办法》	公安部
15	《金融机构计算机信息系统安全保护工作暂行规定》	公安部、中国人民银行
16	《计算机信息系统保密管理暂行规定》	国家保密局
17	《计算机信息系统国际联网保密管理规定》	国家保密局
18	《涉及国家秘密的通信、办公自动化和计算机信息系统审批暂行办法》	国家保密局
19	《涉密计算机信息系统建设资质审查和管理暂行办法》	国家保密局
20	《电子认证服务密码管理办法》	国家密码管理局
21	《商用密码产品使用管理规定》	国家密码管理局
22	《中国教育和科研计算机网暂行管理办法》	教育部
23	《教育网站和校网暂行管理办法》	教育部
24	《电子出版物管理规定》	新闻出版署
25	《网上证券委托暂行管理办法》	中国证监会
26	《关于审理扰乱电信市场管理秩序案件具体应用法律若干问题的解释》	最高人民法院
27	《关于审理涉及计算机网络域名民事纠纷案件适用法律若干问题的解释》	最高人民法院

1）法律

由全国人民代表大会及其常委会通过的法律,包括《中华人民共和国宪法》《中华人民共和国刑法》《中华人民共和国国家安全法》《中华人民共和国保守国家秘密法》《中华人民共和国电子签名法》《全国人大常委会关于维护互联网安全的决定》等。

（1）《中华人民共和国宪法》第 40 条规定:"中华人民共和国公民通信秘密及通信自由受法律保护,除因国家安全或者追究刑事犯罪需要,由公安机关或检察机关依据法律规定的程序对通信进行检查外,任何组织或个人不得以任何理由侵犯公民的通信自由及通信的秘密。"

（2）《中华人民共和国刑法》第 285 条规定:"违反国家规定,侵入国家事务、国防建设、尖端科学技术领域的计算机信息系统的,处三年以下有期徒刑或者拘役。"第 286 条规定:"违反国家规定,对计算机信息系统功能进行删除、修改、增加、干扰,造成计算机信息系统不能正常运行,后果严重的,处五年以下有期徒刑或者拘役;后果特别严重的,处五年以上有期徒刑。违反国家规定,对计算机信息系统中存储、处理或者传输的数据和应用程序进行删除、修改、增加的操作,后果严重的,依照前款的规定处罚。故意制作、传播计算机病毒等破坏性程序,影响计算机系统正常运行,后果严重的,依照第一款的规定处罚。"第 286 条规定:"利用计算机实施金融诈骗、盗窃、贪污、挪用公款、窃取国家秘密或者其他犯罪的,依照本法有关规定定罪处罚。"《中华人民共和国刑法修正案(七)》对刑法第 253 条内容作了增订,规定:"国家机关或者金融、电信、交通、教育、医疗等单位的工作人员,违反国家规定,将本单位在履行职责或者提供服务过程中获得公民个人信息,出售或者非法提供给他人,情节严重的,处三年以下有期徒刑或者拘役,并处或者单处罚金。""窃取或者以其他方法非法获取上述信息,情节严重的,依照前款的规定处罚。""单位犯前两款罪的,对单位判处罚金,并对其直接负责的主管人员和其他直接责任人员,依照各该款的规定处罚。"

(3)《中华人民共和国国家安全法》第 11 条规定:"国家安全机关为维护国家安全的需要,可以查验组织和个人电子通信工具、器材等设备、设施。"

(4)《中华人民共和国保守国家秘密法》第二章对国家秘密的范围和密级进行了明确规定。

(5)《中华人民共和国电子签名法》(简称《电子签名法》)是中国第一部信息化法律,被称为"中国首部真正意义上的信息化法律",自此电子签名与传统手写签名和盖章具有同等的法律效力。《电子签名法》是我国推进电子商务发展,扫除电子商务发展障碍的重要步骤。虽然舆论普遍认为《电子签名法》将会极大地促进电子商务在我国的快速发展,但在网络交易安全、相关法律衔接等"拦路虎"面前,有关专家认为,现阶段《电子签名法》的标志意义大于实际意义。

(6)《中华人民共和国网络安全法》(简称《网络安全法》)已由中华人民共和国第十二届全国人民代表大会常务委员会第二十四次会议于 2016 年 11 月 7 日通过,自 2017 年 6 月 1 日起施行,其目的在于保障网络安全,维护网络空间的国家主权,维护公共利益,保护公民、法人和其他组织的合法权益,促进经济社会信息化健康发展。《网络安全法》是我国第一部全面规范网络空间安全管理方面问题的基础性法律,是我国网络空间法治建设的重要里程碑,是依法治网、化解网络风险的法律重器,是让互联网在法治轨道上健康运行的重要保障。

2) 行政法规

由国务院颁布的信息安全相关的行政法规主要有《中华人民共和国计算机信息系统安全保护条例》《商用密码管理条例》《计算机信息网络国际联网安全

保护管理办法》《中华人民共和国计算机信息网络国际联网管理暂行规定》《关于加强信息安全保障工作的意见》等。

1994年2月,为了保护计算机信息系统的安全,促进计算机的应用和发展,国务院发布了《中华人民共和国计算机信息系统安全保护条例》(国务院147号令)。这是我国在信息系统安全保护方面最早制定的一部政策性法规,也是我国信息系统安全保护最基本的一部法规,为以后相关政策和法律的制定奠定了基础。该条例指出,由公安部主管全国计算机信息系统安全保护工作,本条例规定了安全等级保护制度、计算机机房安全保护制度、国际互联网备案制度、信息媒体出入境申报制度、信息安全管理负责制度、信息系统安全案件报告制度、计算机病毒防治研究制度以及信息系统安全产品销售许可证制度,说明了相关安全监督和法律责任方面的具体事项。

1997年12月,由国务院批准、公安部发布的《计算机信息网络国际联网安全保护管理办法》是我国第一部全面涉及互联网安全的行政法规,它规定的关于计算机信息网络国际联网安全保护的4条禁则和6项安全保护责任,不仅在我国互联网发展初期起到了重要的保护作用,而且为后续有关信息网络安全的法规或规章的出台起到重要的指导作用。

3) 部门规章和规范性文件

国务院各部委等根据法律和国务院的行政法规,在本部门权限范围内制定的规章或规范性文件,以及省、自治区、直辖市和较大的市人民政府,根据法律、行政法规和本省、自治区、直辖市的地方性法规制定的规章或规范性文件,与信息安全相关的文件如下:

(1) 公安部制定的《计算机信息系统安全专用产品检测和销售许可证管理办法》《计算机病毒防治管理办法》、公安部和中国人民银行联合制定的《金融机构计算机信息系统安全保护工作暂行规定》等。

(2) 国家保密局制定的《计算机信息系统保密管理暂行规定》《计算机信息系统国际联网保密管理规定》《涉及国家秘密的通信、办公自动化和计算机信息系统审批暂行办法》《涉密计算机信息系统建设资质审查和管理暂行办法》等。

(3) 教育部制定的《中国教育和科研计算机网暂行管理办法》《教育网站和校网暂行管理办法》和新闻出版署制定的《电子出版物管理规定》等。

(4) 中国证监会制定的《网上证券委托暂行管理办法》。

(5) 最高人民法院制定的《关于审理扰乱电信市场管理秩序案件具体应用法律若干问题的解释》《关于审理涉及计算机网络域名民事纠纷案件适用法律

若干问题的解释》等。

此外,一些省、自治区、直辖市根据本行政区域的具体情况和实际需要,还制定了10余部有关信息网络安全的地方性法规和规章。

总体来看,我国信息安全法律、法规体系已经初步建立,现有法律法规体现了国家安全、单位安全和个人安全相结合的原则,保障信息权利的原则,依法监管的原则,技术中立原则,权利与义务统一的原则;形成的信息安全基本工作制度主要包括统一领导与分工负责制度、等级保护制度、技术检测与风险评估制度、安全产品认证制度、生产销售许可制度、信息安全通报制度以及灾难备份制度等。与信息安全法律法规体系相配套的标准体系建设、应急处理体系建设、等级保护体系建设、电子认证体系建设、安全测评体系建设、计算机病毒疫情调查和控制体系建设以及违法和不良信息举报制度建设等,都得到较快的发展。

这些法律法规主要内容集中在物理环境要求、行政管理要求等方面,对于涉及信息安全的行为规范一般都规定得比较简单,在具体执行上指引性还不是很强,在处罚措施方面规定得不够具体,导致在信息安全领域实施处罚时法律依据不足。而且,在一些新兴信息化应用领域,信息安全规范相对欠缺,有待于进一步发展完善。

3.3 网络安全标准

标准是为了在一定范围内获得最佳秩序,对活动或其结果规定共同的、可重复使用的规则、导则或特性的文件,该文件经协商一致后由一个公认的机构批准发布。在《中华人民共和国标准化法条文解释》中,"标准"是指对重复性事物和概念所做的统一规定。它以科学、技术和实践经验的综合成果为基础,经有关方面协商一致,由权威机构批准,以特定形式发布,作为共同遵守的准则或依据。

标准化是国民经济和社会发展的重要技术基础性工作,它使标准在社会一定范围内得以推广,使各种活动由不标准状态转变成标准状态。同时,标准化是一个过程,其对象是共同的、可重复的事物,范围包括标准的制定、发布、实施和修改,它的最终产品是标准。

3.3.1 国外信息安全标准

本小节对国外的一些信息安全标准组织机构以及一些重要的信息安全标准的情况做简要介绍。

1)标准化组织

国际上的信息安全标准化工作,兴起于20世纪70年代中期,20世纪80年代有了较快发展,20世纪90年代引起世界各国的普遍关注。目前,世界上约有近300个国际和区域性组织在制定标准或技术规则,信息安全标准化组织主要有:国际标准化组织(International Organization for Standardization,ISO)、国际电工委员会(International Electrotechnical Commission,IEC)和Internet工程任务组(Internet Engineering Task Force,IETF)等。

(1)国际标准化组织

ISO成立于1947年,是一个全球性的非政府组织,成员包括162个会员国。ISO的最高权力机构是每年一次的"全体大会",其日常办事机构是中央秘书处,设在瑞士日内瓦。

ISO的宗旨是促进全球范围内的标准化及其相关活动,以利于国际间产品与服务的交流以及在知识、科学、技术和经济活动中发展国际间的相互合作。我国于1978年加入ISO,在2008年10月的第31届国际标准化组织大会上,中国正式成为ISO的常任理事国。

(2)国际电工委员会

IEC正式成立于1906年,是世界上成立最早的国际标准化机构,主要负责组织和发布有关电气工程和电子工程领域中的国际标准化工作。IEC中每个国家只能有一个机构作为其成员,每个成员国都是理事会成员。2011年,中国成为IEC常任理事国。

ISO和IEC有着密切的联系,在信息技术方面,两者共同成立联合技术委员会(Joint Technical Committee,JTC),称为JTC1(Joint Technical Committee 1),并在JTC1下成立了专门从事信息安全标准化的分技术委员会(Sub Committee 27,SC27),主要从事信息技术安全的一般方法和技术的标准化工作,是信息安全领域中最具代表性的国际标准化组织。SC27下设信息安全管理体系工作组(WG1)、密码与安全机制工作组(WG2)、安全评估准则工作组(WG3)、安全控制与服务工作组(WG4)和身份管理与隐私技术工作组(WG5)5个工作组,工作范围涵盖信息安全管理和技术领域,包括信息安全管理体系、密码学与安全机制、安全评价准则、安全控制与服务、身份管理与隐私保护技术等方面的标准化工作。

在信息安全标准化方面,除了与ISO成立了联合技术委员会外,IEC还在电信、电子系统、信息技术和电磁兼容等方面成立技术委员会。例如,可靠性技术委员会(TC56)、IT 设备安全和功效技术委员会(TC74)、电磁兼容技术委员会(TC77)、音频/视频技术委员会(TC108)、国际无线电干扰特别委员会(International Special Committee on Radio Interference, CISPR)、信息技术和通信技术电子设备的安全等,并制定了相关国际标准。

(3)Internet 工程任务组

IETF 始创于 1986 年,其主要任务是负责互联网相关技术规范的研发和制定,制定的规范以请求评论(Request For Comments, RFC)文件的形式发布,目前已经发布了 170 多个 RFC 文件,已经成为互联网界领域的大型技术研究组织。IETF 标准制定的具体工作由各个工作组承担,工作组分成 8 个领域,分别是 Internet 路由、传输、应用和安全领域等,IKE 和 IPsec 都在 RFC 系列之中,还有电子邮件、网络认证和密码标准,也包括了 TLS 标准和其他安全协议标准。

2)国外标准

国际和各国信息安全标准化组织制定了各自信息安全标准体系,陆续颁布并不断完善信息安全标准,下面将简要介绍信息安全评估与管理的相关标准。

(1)评估标准

以美国为首的西方发达国家,早在 20 世纪 50 年代即着手开发用于政府和军队的安全信息技术产品,相关安全评估标准和管理标准的制定也相应地开展起来。

①《可信计算机系统评估准则》。1985 年,美国国防部率先推出了《可信计算机系统评估准则》(Trusted Computer System Evaluation Criteria, TCSEC),该标准事实上成为美国国家信息安全评估标准,对世界各国产生了广泛的影响。它将计算机操作系统安全级别从高到低分为 A、B、C、D 四级,级下再分小类,即 A1、B3、B2、B1、C2、C1、D。TCSEC 的局限性主要在于考虑数据保密性,忽略了数据完整性、系统可用性等方面的问题。

②《信息技术安全评估准则》。1991 年英、法、德、荷等国家国防部门信息安全机构联合提出《信息技术安全评估准则》(Information Technology Security Evaluation Criteria, ITSEC)并成为欧盟各国使用的共同评估标准。ITSEC 将安全概念分为功能与功能评估两部分。功能准则在测定上分为 FI~F10 十类,评估准测分为 E1~E6 六级。

ITSEC 与 TCSEC 的不同之处在于,ITSEC 将安全定义为保密性、完整性、可用性,并将功能和质量保证分开考虑,对信息安全产品和系统评估都适用。

③《信息技术安全评估通用准则》。在欧洲四国出台 ITSEC 之后,美国立即

倡议欧美六国即美、英、法、德、荷、加拿大六国国防信息安全机构,加上 NSA 和 NIST,共同制定一个供欧美各国通用的信息安全评估标准。经过研究开发,最终产生了《信息技术安全评估通用准则》,即 Common Criteria for Information Technology Security Evaluation,简称 CC。CC 主要思想和框架取自 ITSEC 和 FC(Federal Criteria),充分突出"保护框架",将评估过程分"功能"和"保证"两部分。为了适应经济全球化的形势要求,国际标准组织于 1999 年批准 CC 以"ISO/IEC 15408-1999"编号正式列入国际标准系列,并不断对其进行修订,满足信息安全技术发展的需要。

CC 是国际上通行表达 IT 安全的体系结构,它是一组规则集、一种评估方法,其评估结果国际互认。目前已经有 17 个国家签署了互认协议,即一个信息技术产品在一个国家通过 CC 评估以后,在另外一个国家就不需要再进行评估了,反之亦然。

(2) 管理标准

近年来,国际 ISO/IEC 和西方一些国家开始发布并改版一系列信息安全管理标准,信息安全管理标准已经从零星指南性标准,逐渐变成具有层次化、体系化、覆盖信息安全管理全生命周期的安全管理标准体系。

目前,应用最广泛的国际信息安全管理标准是 ISO/IEC 27001、ISO/IEC 27002 及其标准系列。同时,还有与信息安全管理交叉的信息技术基础架构库(Information Technology Infrastructure Library,ITIL)、信息系统审计相关的信息和技术控制目标(Control Objectives for Information and related Technology,COBIT)以及信息安全管理系统、风险管理、业务持续性和灾难恢复等方面的国际信息安全管理标准。

2002 年,美国通过了联邦信息安全管理法案(The Federal Information Security Management Act,FISMA),根据此法案,NIST 负责为美国政府和商业机构提供信息安全管理相关的标准规范,NIST 的一系列 FIPS 标准和 NIST 特别出版物 800 系列(SP 800 系列)成为指导美国信息安全管理建设的主要标准和参考资料。在 NIST 的标准系列文件中,虽然 SP 并不作为正式法定标准,但在实际工作中,已成为美国和国际安全界认可的标准和权威指南。NIST SP 800-53 标准,从安全控制的层次化、结构化的安全控制措施要求,意识和培训、认证、认可和安全评估、配置管理、持续性规划、事件响应、维护、介质保护、物理和环境保护、规划、人员安全、风险评估、系统和服务采购、系统和信息完整性这 14 个安全管理和运营控制族以及 106 个具体控制措施。美国在计算机信息系统的分级存在多样性,但基本的思路是一致的,美国在推行系统分级开展的是较长,积累了一些成熟的经验,并形成了一套相对完整的体系,为我国推行等级保护提供了有效的经验。NIST SP 800-53 在信息安全领域已成为被世界各国广泛认可的网络安全的标准。

3.3.2 我国信息安全标准

信息安全标准是我国信息安全保障体系的重要组成部分,是政府进行宏观管理的重要依据。在信息安全方面,虽然国际上有很多标准化组织制定了许多的标准,但是信息安全标准事关国家安全利益,各个国家都在充分借鉴国际标准的前提下,制定和扩展本国的安全标准。

从 20 世纪 80 年代开始,本着积极采用国际标准的原则,我国转化了一部分国际信息安全基础技术标准,制定了一批符合中国国情的信息安全标准。同时一些重点行业还颁布了一批信息安全的行业标准。

我国信息安全标准从总体上划分为基础标准、技术与机制标准、管理标准、测评标准、密码技术标准和保密技术标准6 大类,每类按照标准所涉及的主要内容再细分为若干小类,如图 3-2 所示。根据我国信息安全等级保护的基本国策,在国家信息安全标准的基础上由公安部牵头制定的系列的等级保护国家标准,该标准是面向于国家信息安全保障与应用的标准体系,与国家总体信息安全标准既具有内涵上的相互支撑关系,又具有工作执行方面的相互独立的特性。信息安全等级保护的系列标准的介绍见 3.4 章节。

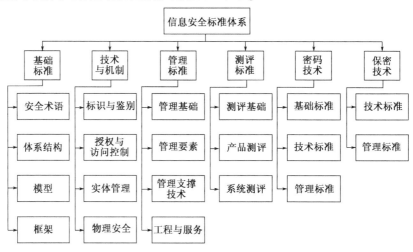

图 3-2 我国信息安全标准体系

基础标准是为其他标准制定提供支撑的公用标准,包括安全术语、体系结构、模型和框架标准4个子类;技术与机制标准包括标识与鉴别、授权与访问控制、实体管理和物理安全标准4个子类;管理标准包括管理基础、管理要素、管理支撑技术和工程与服务管理标准4个子类;测评标准包括测评基础、产品测评标准和系统测评标准3个子类;密码技术标准包括基础标准、技术标准和管理标准3个子类;保密技术标准包括技术标准和管理标准2个子类。下面,以测评标准和管理标准为主,简要介绍我国部分信息安全相关标准。

1)《信息技术安全性评估准则》(GB/T 18223—2001)

从2000年开始,我国有计划地研究制定信息安全评估标准。2001年将ISO/IEC 15408:1999转化为国家标准《信息技术安全性评估准则》(GB/T 18336—2001),并直接应用于我国的信息安全测评认证工作中。2005年ISO发布了国际标准ISO/IEC 15408—2005后,我国于2008年等同采用此标准为国家标准GB/T 18336—2008。目前我国正在使用的是GB/T 18336—2015版本。

2)《信息安全风险评估规范》(GB/T 20984—2007)

随着政府部门、金融机构、企事业单位、商业组织等对信息系统依赖程度的日益增强,信息安全问题受到普遍关注。运用风险评估去识别安全风险,解决信息安全问题得到了广泛的认可和应用。

信息安全风险评估就是从风险管理角度,运用科学的方法和手段,系统地分析信息系统所面临的威胁及其存在的脆弱性,评估安全事件一旦发生可能造成的危害程度,提出有针对性的抵御威胁的防护对策和整改措施,为防范和化解信息安全风险,将风险控制在可接受的水平,最大限度地保障信息安全提供科学依据。

信息安全风险评估作为信息安全保障工作的基础性工作和重要环节,要贯穿于信息系统的规划、设计、实施、运行维护以及废弃各个阶段,是信息安全等级保护制度建设的重要科学方法之一。

该规范提出了风险评估的基本概念、要素关系、分析原理、实施流程和评估方法,以及风险评估在信息系统生命周期不同阶段的实施要点和工作形式。

3)《信息安全管理体系要求》(GB/T 22080—2008)和《信息安全管理实用规则》(GB/T 22081—2008)

ISO 27000系列在我国被等同采用为国家标准。我国也于2008年6月等同采用ISO 27001:2005,命名为《信息安全管理体系要求》(GB/T 22080—2008),GB/T 22080等同采用ISO/IEC 27001 2013版本正在制定中,GB/T 22081—

2008 等同采用了 ISO/IEC 27002—2013。

《信息安全管理体系要求》用于为建立、实施、运行、监视、评审、保持和改进信息安全管理体系(Information Security Management System,ISMS)提供模型。采用 ISMS 应当是一个组织的一项战略性决策。一个组织的 ISMS 的设计和实施受其需要和目标、安全要求、所采用的过程以及组织的规模和结构的影响,上述因素及其支持系统会不断发生变化。

《信息安全管理实用规则》提出了一个组织启动、实施、保持和改进信息安全管理的指南和一般原则,该标准列出的目标为通常所接受的信息安全管理的目的提供了一般性指导,其控制目标和控制措施的实施旨在满足风险评估所识别的要求。本标准可作为建立组织的安全准则和有效安全管理实践的实用指南,并有助于在组织间的活动中构建互信。

4)《信息安全风险管理指南》(GB/Z 24364—2009)

一个机构要利用其拥有的资源来完成其使命。在信息时代,信息成为第一战略资源,更是起着至关重要的作用。信息资产的安全是关系到该机构能否完成其使命的大事。资产与风险是一对天生的矛盾,资产价值越高,面临的风险就越大。信息资产有着与传统资产不同的特性,面临着新型风险。信息安全风险管理的目的就是要缓解并平衡这一对矛盾,将风险控制到可接受的程度,保护信息及其相关资产,最终保证机构能够完成其使命。

《信息安全风险管理指南》规定了信息安全风险管理的内容和过程,提供了信息系统生命周期不同阶段的信息安全风险管理措施,包括背景建立、风险评估、风险处理、批准监督、监控审查和沟通咨询。信息安全风险管理是信息安全保障工作中的一项基础性工作,主要表现在以下几方面:

信息安全风险管理的思想和措施应体现在信息安全保障体系的技术、组织和管理等全方位工作中,由于在信息安全保障体系的技术、组织和管理等方面都存在着相关风险,因此,在信息安全保障体系中,技术、组织、管理中均应引入风险管理的思想,准确地评估风险并合理地处理风险,共同实现信息安全保障的目标。

信息安全风险管理的思想和措施应贯穿于信息系统生命周期的全部过程。信息系统生命周期包括规划、设计、实施、运维和废弃五个阶段。每个阶段都存在着相关风险,同样需要采用信息安全风险管理的思想和采用风险管理的措施加以控制。

信息安全风险管理的思想和措施是贯彻信息安全等级保护制度的有力支撑。信息安全风险管理依据信息安全等级保护的思想和原则,区分主次,平衡成本与效益,合理部署和利用信息安全的保护机制、信任体系、监控体系和应急处理等重要的基础设施,选择并确定合适的安全控制措施,从而保证机构具有完成其使命所需要的信息安全保障能力。

5)《信息安全事件管理指南》(GB/Z 20985—2007)

目前,没有任何一种具有代表性的信息安全策略或防护措施,能够对信息、信息系统、服务或网络提供绝对的保护。即使采取了防护措施,一个低级别的安全漏洞可能使安全防护变得无效,从而导致安全事件发生,并对组织的业务运行造成直接或间接的负面影响。此外,以前未被认识到的威胁也可能会发生。组织如果对这些事件没做好充分的应对准备,其任何实际响应措施的效率都会大打折扣,甚至还可能加大潜在的业务负面影响的程度。

《信息安全事件管理指南》为指导性技术文件,它描述了信息安全事件的管理过程,提供了规划和制定信息安全事件管理策略和方案的指南,给出了管理信息安全事件和开展后续工作相关过程和规程。对于任何一个重视信息安全的组织来说,采用一种结构严谨、计划周全的方法来处理以下工作十分必要:

(1)发现、报告和评估信息安全事件。

(2)对信息安全事件做出响应,包括启动适当的事件防护措施来预防和降低事件影响,以及从事件影响中恢复(例如,在支持和业务连续性规划方面)。

(3)从信息安全事件中吸取经验教训,制定预防措施,并且随着时间的变化,不断改进整个信息安全事件管理的方法。

6)《信息安全事件分类分级指南》(GB/Z 20986—2007)

信息安全事件的防范和处置是国家信息安全保障体系中的重要环节,也是重要的工作内容。信息安全事件的分类分级是快速有效处置信息安全事件的基础之一。《信息安全事件分类分级指南》为信息安全事件的分类、分级提供了指导,用于信息安全事件的防范与处理,为事前准备,事中应对和事后处理提供基础,可供信息系统和基础信息传输网络的运营、使用单位以及信息安全主管部门参考使用。《信息安全事件分类分级指南》的目的是:

(1)促进安全事件信息的交流和共享。

(2)提高安全事件通报和应急处理的自动化程度。

(3)提高安全事件通报和应急处理的效率和效果。

(4)利于安全事件的统计分析。

(5)利于安全事件严重程度的确定。

7)《信息系统灾难恢复规范》(GB/T 20988—2007)

《信息系统灾难恢复规范》参照和借鉴《信息技术信息安全管理实用规则》(GB/T 19716—2005)、《信息安全风险评估指南》(GB/T 20984)、DRI International(国际灾难恢复协会)《Professional Practices for Business Continuity Planners》和《Business Continuity Glossary》、ISACA(信息系统审计与控制协会)《COBIT Management Guidelines》、NIST(美国国家标准和技术学会)《SP 800-34 Contingency Planning Guide for Information Technology Systems》和在1992年SHARE78会议议题M028上提出的远程站点分级等的有关内容和思想,结合国家重要信息系统行业技术发展和实践经验制定而成。

《信息系统灾难恢复规范》规定了信息系统灾难恢复应遵循的基本要求。该规范适用于信息系统灾难恢复的规划、审批、实施和管理,包括灾难恢复工作流程、灾备中心等级划分以及灾难恢复预案制定等内容。

信息系统灾难恢复能力等级与恢复时间目标(Recovery Time Object,RTO)和恢复点目标(Recovery Point Objecties,RPO)具有一定的对应关系,各行业可根据行业特点和信息技术的应用情况制定相应的灾难恢复能力等级要求和指标体系。

3.4 网络安全等级保护标准

网络安全等级保护标准是信息安全等级保护在信息系统安全技术和安全管理方面的规范化的表示,是从技术和管理方面,以标准的形式,对信息安全等级保护的法律、法规、政策的规定进行的规范化描述。

为推动我国网络安全等级保护工作,十多年来,在公安部的领导和支持下,在国内有关专家、企业的共同努力下,全国信息安全标准化技术委员会和公安部信息系统安全标准化技术委员会组织制订了信息安全等级保护工作需要的一系列标准,形成了比较完整的信息安全等级保护标准体系,为开展信息安全等级保护工作提供了标准保障。

为保障网络安全等级保护制度的有效实施,经公安部会同有关部门组织专家制定了包括《计算机信息系统安全保护等级划分准则》《信息系统安全等级保护定级指南》《信息系统安全等级保护基本要求》(含通用要求和扩展要求)、《信息系统安全等级保护测评要求》等多个国家和行业标准、技术指导文件,初步形成了信息安全等级保护标准体系,基本能满足国家信息安全等级保护制度全面实施的需求。

3.4.1 等级保护标准分类

信息安全等级保护相关标准大致可以分为四类:基础类、应用类、产品类和其他类。

1)基础类标准

《计算机信息系统安全保护等级划分准则》(GB 17859—1999)。

2)应用类标准

(1)信息系统定级

《信息系统安全等级保护定级指南》(GB/T 22240—2008)。

(2)等级保护实施

《信息系统安全等级保护实施指南》(GB/T 25058—2010)。

(3)信息系统安全建设

《信息系统安全等级保护基本要求》(GB/T 22239—2008);

《信息系统通用安全技术要求》(GB/T 20271—2006);

《信息系统等级保护安全设计技术要求》(GB/T 25070—2010);

《信息系统安全管理要求》(GB/T 20269—2006);

《信息系统安全工程管理要求》(GB/T 20282—2006);

《信息系统物理安全技术要求》(GB/T 21052—2007);

《网络基础安全技术要求》(GB/T 20270—2006);

《信息系统安全等级保护体系框架》(GA/T 708—2007);

《信息系统安全等级保护基本模型》(GA/T 709—2007);

《信息系统安全等级保护基本配置》(GA/T 710—2007)。

(4)等级测评

《信息系统安全等级保护测评要求》(GB/T 28448—2012);

《信息系统安全等级保护测评过程指南》(GB/T 28449—2012);

《信息系统安全管理测评》(GA/T 713—2007)。

3)产品类标准

(1)操作系统

《操作系统安全技术要求》(GB/T 20272—2006);

《操作系统安全评估准则》(GB/T 20008—2005)。

(2)数据库

《数据库管理系统安全技术要求》（GB/T 20273—2006）；
《数据库管理系统安全评估准则》（GB/T 20009—2005）。

(3) 网络和终端

《网络和终端设备隔离部件技术要求》（GB/T 20279—2006）；
《网络和终端设备隔离部件测试评价方法》（GB/T 20277—2006）；
《网络脆弱性扫描产品技术要求》（GB/T 20278—2006）；
《网络脆弱性扫描产品测试评价方法》（GB/T 20280—2006）；
《网络交换机安全技术要求》（GA/T 21050—2007）；
《虚拟专用网安全技术要求》（GA/T 686—2007）；
《网络入侵防御产品安全技术要求和测试评价办法》（GB/T 20451—2012）；
《网络脆弱性扫描产品安全技术要求》（GB/T 20278—2013）；
《网络入侵检测系统安全技术要求和测试评价办法》（GB/T 20275—2013）；

(4) PKI

《公钥基础设施安全技术要求》（GA/T 687—2007）；
《PKI系统安全等级保护技术要求》（GB/T 21053—2007）；
《PKI系统安全等级保护评估准则》（GB/T 21054—2007）。

(5) 网关

《网关安全技术要求》（GA/T 681—2007）。

(6) 服务器

《服务器安全技术要求》（GB/T 21028—2007）。

(7) 防火墙

《防火墙安全技术要求》（GA/T 683—2007）；
《防火墙技术要求和测评方法》（GB/T 20281—2006）；
《包过滤防火墙评估准则》（GB/T 20010—2005）。

(8) 路由器

《路由器安全技术要求》（GB/T 18018—2007）；
《路由器安全评估准则》（GB/T 20011—2005）；
《路由器安全测评要求》（GA/T 682—2007）。

(9) 交换机

《网络交换机安全技术要求》（GB/T 21050—2007）；
《交换机安全测评要求》（GA/T 685—2007）。

(10) 其他产品

《终端计算机系统安全等级技术要求》（GA/T 671—2006）；

《终端计算机系统测评方法》(GA/T 671—2006);
《审计产品技术要求和测评方法》(GB/T 20945—2006);
《虹膜特征识别技术要求》(GB/T 20979—2007);
《虚拟专网安全技术要求》(GA/T 686—2007);
《应用软件系统安全等级保护通用技术指南》(GA/T 711—2007);
《应用软件系统安全等级保护通用测试指南》(GA/T 712—2007);
《网络和终端设备隔离部件测试评价方法》(GB/T 20277—2006);
《网络脆弱性扫描产品测评方法》(GB/T 20280—2006)。

4) 其他类标准

(1) 风险评估
《信息安全风险评估规范》(GB/T 20984—2007)。
(2) 事件管理
《信息安全事件管理指南》(GB/Z 20985—2007);
《信息安全事件分类分级指南》(GB/Z 20986—2007);
《信息系统灾难恢复规范》(GB/T 20988—2007)。

3.4.2 等级保护标准相互关系

相关标准与等级保护各工作环节的关系如图 3-3 所示。围绕信息安全等级保护安全建设整改工作,对有关标准进行说明。

1) 基础标准

《计算机信息系统安全保护等级划分准则》是强制性国家标准,是等级保护的基础性标准,在此基础上制定出《信息系统通用安全技术要求》等技术类标准,《信息系统安全管理要求》《信息系统安全工程管理要求》等管理类标准,《操作系统安全技术要求》等产品类标准,在相关标准的制定时起到了基础作用。

2) 安全要求类标准

《信息系统安全等级保护基本要求》(以下简称《基本要求》)以及行业标准规范和细则构成了信息系统安全建设整改的安全需求。

(1)《信息系统安全等级保护基本要求》。该标准是在《计算机信息系统安全保护等级划分准则》、技术类标准和管理类标准的基础上,总结几年的实践,结合当前信息技术发展的实际情况研究制定的,该标准提出了各级信息系统应当具备的安全保护能力,并从技术和管理两方面提出了相应的措施。

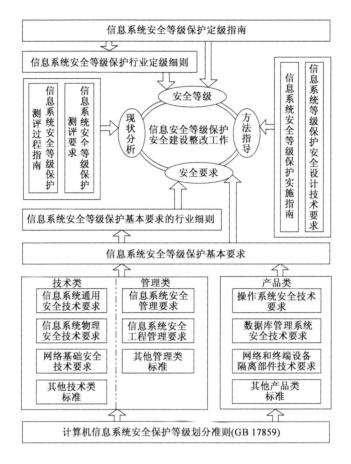

图 3-3 等级保护相关标准与等级保护各工作环节的关系

(2)信息系统安全等级保护基本要求的行业标准或细则。重点行业可按照《基本要求》等国家标准,结合行业特点,在公安部等有关部门指导下,确定《基本要求》的具体指标,在不低于《基本要求》的情况下,结合系统安全保护的特殊需求,制定行业标准规范或细则。

3) 定级类标准

《信息系统安全等级保护定级指南》(GB/T 22240—2008)和信息系统安全等级保护行业定级细则为确定信息系统安全保护等级提供支持。

(1)《信息系统安全等级保护定级指南》。该标准规定了定级的依据、对象、流程和方法以及等级变更等内容,用于指导开展信息系统定级工作。

(2)信息系统安全等级保护行业定级规范或细则。重点行业可以按照《信息系统安全等级保护定级指南》等国家标准,结合行业特点和信息系统的特殊性,在公安部等有关部门指导下,制定行业信息系统定级规范或细则。

4)方法指导类标准

《信息系统安全等级保护实施指南》和《信息系统等级保护安全设计技术要求》构成了指导信息系统安全建设整改的方法指导类标准。

(1)《信息系统安全等级保护实施指南》(信安字〔2007〕10号)。该标准阐述了等级保护实施的基本原则、参与角色和信息系统定级、总体安全规划、安全设计与实施、安全运行与维护、信息系统终止等工作阶段中如何按照信息安全等级保护政策、标准要求实施等级保护工作。

(2)《信息系统等级保护安全设计技术要求》(GB/T 24856—2009)。该标准提出了信息系统等级保护安全设计的技术要求,包括第一级至第五级信息系统安全保护环境的安全计算环境、安全区域边界、安全通信网络和安全管理中心等方面的设计技术要求以及定级系统互联的设计技术要求,明确了体现定级系统安全保护能力的整体控制机制。该标准用于指导信息系统运营使用单位、信息安全企业、信息安全服务机构等开展信息系统等级保护安全技术设计。

5)现状分析类标准

《信息系统安全等级保护测评要求》和《信息系统安全等级保护测评过程指南》构成了指导开展等级测评的标准规范。

(1)《信息系统安全等级保护测评要求》。该标准阐述了等级测评的原则、测评内容、测评强度、单元测评要求、整体测评要求、等级测评结论的产生方法等内容,用于规范和指导测评人员如何开展等级测评工作。

(2)《信息系统安全等级保护测评过程指南》。该标准阐述了信息系统等级测评的测评过程,明确了等级测评的工作任务、分析方法以及工作结果等,包括测评准备活动、方案编制活动、现场测评活动、分析与报告编制活动,用于规范测评机构的等级测评过程。

3.4.3 等级保护标准作用

现将信息安全等级保护标准体系中比较重要的《计算机信息系统安全保护等级划分准则》《信息系统安全等级保护定级指南》《信息系统安全等级保护基本要求》《信息系统安全等级保护实施指南》《信息系统安全等级保护测评要求》五个标准的主要作用作一简要说明。

1)《计算机信息系统安全保护等级划分准则》(GB 17859—1999)

(1)主要用途

本标准对计算机信息系统的安全保护能力划分了五个等级,并明确了各个保护级别的技术保护措施要求。本标准是国家强制性技术规范,其主要用途包括:一是用于规范和指导计算机信息系统安全保护有关标准的制定;二是为安全产品的研究开发提供技术支持;三是为计算机信息系统安全法规的制定和执法部门的监督检查提供依据。

(2)主要内容

本标准界定了计算机信息系统的基本概念:计算机信息系统是由计算机及其相关和配套的设备、设施(含网络)构成的,按照一定的应用目标和规则对信息进行采集、加工、存储、传输、检索等处理的人机系统。

信息系统安全保护能力五级划分。信息系统按照安全保护能力划分为五个等级:第一级用户自主保护级,第二级系统审计保护级,第三级安全标记保护级,第四级结构化保护级,第五级访问验证保护级。

准则从自主访问控制、强制访问控制、标记、身份鉴别、客体重用、审计、数据完整性、隐蔽信道分析、可信路径、可信恢复十个方面,采取逐级增强的方式提出了计算机信息系统的安全保护技术要求。

(3)使用说明

本标准是等级保护的基础性标准,其提出的某些安全保护技术要求受限于当前技术水平尚难以实现,但其构造的安全保护体系应随着科学技术的发展逐步落实。

2)《信息系统安全等级保护定级指南》(GB/T 22240—2008)

(1)主要用途

《信息安全等级保护管理办法》(以下简称《管理办法》)对信息系统的安全保护等级给出了明确定义。信息系统定级是等级保护工作的首要环节,是开展信息系统安全建设整改、等级测评、监督检查等后续工作的重要基础。《信息系统安全等级保护定级指南》(以下简称《定级指南》)依据《管理办法》,从信息系统对国家安全、经济建设、社会生活的重要作用,信息系统承载业务重要性以及业务对信息系统的依赖程度等方面,提出确定安全保护等级的方法。

(2)主要内容

《定级指南》包括了定级原理、定级方法以及定级变更等内容。

①定级原理

给出了信息系统五个安全保护等级的具体定义,将信息系统受到破坏时所侵害的客体和对客体造成侵害的程度两方面因素作为信息系统的定级要素,并给出了定级要素与信息系统安全保护等级的对应关系。

②定级方法

信息系统安全包括业务信息安全和系统服务安全,与之相关的受侵害客体和对客体的侵害程度可能不同,因此,信息系统定级可以分别确定业务信息安全保护等级和系统服务安全保护等级,并取二者中的较高者为信息系统的安全保护等级。

③定级变更

信息系统的安全保护等级会随着信息系统所处理信息或业务状态的变化而变化,当信息系统发生变化时应重新定级并备案。

(3)使用说明

应根据《关于开展全国重要信息系统安全等级保护定级工作的通知》(公信安〔2007〕861号)要求,参照《定级指南》开展定级工作。

①定级工作流程

可以参照以下步骤进行:

a. 摸底调查,掌握信息系统底数。

b. 确定定级对象。

c. 初步确定信息系统等级。

d. 专家评审。

e. 上级主管部门审批。

f. 到公安机关备案。

②定级范围

新建信息系统和已经投入运行的信息系统(包括网络)都要定级。新建信息系统应在规划设计阶段定级,同步建设安全设施、落实安全保护措施。

③等级确定

第一、二级信息系统为一般信息系统,第三、四、五级信息系统为重要信息系统。重要信息系统是国家和各部门保护的重点,国家在项目、经费、科研等方面将给予重点支持——信息系统的安全保护等级是信息系统的客观属性,在定级时,应站在维护国家信息安全的高度,综合考虑信息系统遭到破坏后对社会稳定的影响,确定信息系统安全保护等级。

行业主管部门可以根据《定级指南》,结合行业特点和信息系统实际情况,出台定级指导意见,保证同行业信息系统在不同地区等级的一致性,指导本行业信息系统定级工作的开展。

3)《信息系统安全等级保护基本要求》(GB/T 22239—2008)

(1)主要用途

根据《信息安全等级保护管理办法》的规定,信息系统按照重要性和被破坏后对国家安全、社会秩序、公共利益的危害性分为五个安全保护等级。不同安全保护等级的信息系统有着不同的安全需求,为此,针对不同等级的信息系统提出了相应的基本安全保护要求,各个级别信息系统的安全保护要求构成了《信息系统安全等级保护基本要求》(以下简称《基本要求》)。《基本要求》以《计算机信息系统安全保护等级划分准则》(GB 17859—1999)为基础研究制定,提出了各级信息系统应当具备的安全保护能力,并从技术和管理两方面提出了相应的措施,为信息系统建设单位和运营使用单位在系统安全建设中提供参照。

(2)主要内容

《基本要求》技术部分吸收和借鉴了 GB 17859—1999 及相关标准,采纳其中的身份鉴别、数据完整性、自主访问控制、强制访问控制、审计、客体重用(改为剩余信息保护)标记、可信路径 8 个安全机制,并将这些机制根据各级的安全目标,扩展到网络层、主机系统层、应用层和数据层,《基本要求》管理部分充分借鉴了 ISO/IEC 17799:2005 等国际上流行的信息安全管理方面的标准。

①总体框架

《基本要求》分为基本技术要求和基本管理要求两大类,其中技术要求又分为物理安全、网络安全、主机安全、应用安全、数据安全及其备份恢复五个方面,管理要求又分为安全管理制度、安全管理机构、人员安全管理、系统建设管理和系统运行维护管理五个方面。

技术要求主要包括身份鉴别、自主访问控制、强制访问控制、安全审计、完整性和保密性保护、边界防护、恶意代码防范、密码技术应用等,以及物理环境和设施安全保护要求。

管理要求主要包括确定安全策略,落实信息安全责任制,建立安全组织机构,加强人员管理、系统建设和运行维护的安全管理。提出了机房安全管理、网络安全管理、系统运行维护管理、系统安全风险管理、资产和设备管理、数据及信息安全管理、用户管理、安全监测、备份与恢复管理、应急处置管理、密码管理、安全审计管理等基本安全管理制度要求,提出了建立岗位和人员管理制度、安全教育培训制度、安全建设整改的监理制度、自行检查制度等要求。

②保护要求的分级方法

由于信息系统分为五个安全保护等级,其安全保护能力逐级增高,相应的安全保护要求和措施逐级增强,体现在两个方面:一是随着信息系统安全级别的提高,安全要求的项数增加;二是随着信息系统安全级别的提高,同一项安全要求的强度有所增加。例如,三级信息系统基本要求是在二级基本要求的基础上,在技术方面增加了网络恶意代码防范、剩余信息保护、抗抵赖等三项要求。同时,对身份鉴别、访问控制、安全审计、数据完整性及保密性方面的要求在强度上有所增加;在管理方面增加了监控管理和安全管理中心两项要求,同时对安全管理制度评审、人员安全和系统建设过程管理提出了进一步要求。安全要求的项数和强度的不同,综合体现出不同等级信息系统安全要求的级差。

③保护措施分类

技术类安全要求与信息系统提供的技术安全机制有关,主要通过在信息系统中部署软硬件并正确配置其安全功能来实现。根据保护侧重点的不同,技术类安全要求进一步细分为业务信息安全类要求(简记为S)、服务保证类要求(简记为A)及通用安全保护类要求(简记为G)。信息安全类要求是指保护数据在存储、传输、处理过程中不被泄漏、破坏和免受未授权的修改;服务保证类要求是指保护系统连续正常的运行,免受对系统的未授权修改、破坏而导致系统不可用。管理类安全要求与信息系统中各种角色参与的活动有关,主要通过控制各种角色的活动,从政策、制度、规范、流程以及记录等方面做出规定来实现。

(3) 使用说明

①《基本要求》对第一级信息系统的基本要求仅供用户参考,按照自主保护的原则采取必要的安全技术和管理措施。用户在进行信息系统安全建设整改时,可以在《基本要求》的基础上,根据行业和系统实际,提出特殊安全要求,开展安全建设整改。

②《基本要求》给出了各级信息系统每一保护方面需要达到的要求,不是具体的安全建设整改方案或作业指导书,所以,实现基本要求的措施或方式并不局限于《基本要求》给出的内容,要结合系统自身的特点,综合考虑采取的措施来达到基本要求提出的保护能力。

③《基本要求》中不包含安全设计和工程实施等内容,因此,在系统安全建设整改中,可以参照《信息系统安全等级保护实施指南》《信息系统等级保护安全设计技术要求》《信息系统安全工程管理要求》进行。《基本要求》是信息系统安全建设整改的目标,《信息系统等级保护安全设计技术要求》是实现该目标的方法和途径之一。

④《基本要求》综合了《信息系统物理安全技术要求》《信息系统通用安全技术要求》《信息系统安全管理要求》的有关内容,系统安全建设整改方案设计时可参考这三个标准。

⑤由于系统定级时是根据业务信息安全等级和系统服务安全等级确定的系统安全等级,因此,在进行系统安全建设时,应根据业务信息安全等级和系统服务安全等级确定《基本要求》中相应的安全保护要求,而通用安全保护要求要与系统等级对应。

⑥信息系统运营使用单位在根据《基本要求》进行安全建设整改方案设计时,按照整体安全原则,综合考虑安全保护措施,建立并完善系统安全保障体系,提高系统整体安全防护能力。

⑦对于《基本要求》中提出的基本安全要求无法实现或有更加有效的安全措施可以替代的,可以对基本安全要求进行调整,调整的原则是保证不降低整体安全保护能力。

业务信息安全类(S类)——关注的是保护数据在存储、传输、处理过程中不被泄漏、破坏和免受未授权的修改。如访问控制,该控制点主要关注的是防止未授权的访问系统,进而造成数据的修改或泄漏。至于对保证业务的正常连续运行并没有直接的影响。

系统服务安全类(A类)——关注的是保护系统连续正常的运行,避免因对系统的未授权修改、破坏而导致系统不可用。如资源控制,该控制点很好地体现了对业务正常运行的保护。通过对资源的使用限制、监视和预警等控制,保证了重要业务的正常运行。

通用安全保护类(G类)——既关注保护业务信息的安全性,同时也关注保护系统的连续可用性。大多数技术类安全要求都属于此类,保护的重点既是为了保证业务能够正常运行,同时数据要安全。如物理访问控制,该控制点主要是防止非授权人员物理访问系统主要工作环境,由于进入工作环境可能导致的后果既可能包括系统无法正常运行(如损坏某台重要服务器),也可能包括窃取某些重要数据。因此,它保护的重点二者兼而有之。

因此,在使用《基本要求》时,应该从信息系统的安全关注点出发,而信息系统的安全关注点可以从信息系统的定级结果中得到。有了定级结果,就可以选择和使用基本安全要求。举例来说,某信息系统定级结果为三级 S2A3G3,在选择和使用基本安全要求时应选择三级管理要求和 S2A3G3 的技术要求,可以分为以下过程:

一是选择《基本要求》中的第 7 章第三级基本要求,包括管理要求和技术要求。

二是根据定级结果 S2A3G3 进行调整。信息系统的业务信息安全保护等级为二级,系统服务安全保护等级为三级,因此,将第三级技术要求中的 S 类要求调整为第二级基本要求中的 S 类要求,第一步中已选择的 A 类和 G 类基本要求保持不变。

三是根据行业要求或系统自身特点,分析需要增强的安全保护能力,需要增强业务信息安全保护能力的从三、四级的 S 类基本要求中选择,需要增强系统服务安全保护能力的从四级的 A 类基本要求中选择,整体需要增强的,则从四级 G 类基本要求中选择。在现有技术条件下,基本要求中的某些要求可能无法实现,如"对信息资源设置敏感标记",信息系统运营、使用单位可以对基本要求进行调整,但是不能降低整体安全保护能力。

4)《信息系统安全等级保护实施指南》(信安〔2007〕10 号)

(1)主要用途

《信息安全等级保护管理办法》(公通字〔2007〕43 号)第九条规定,信息系统运营、使用单位应当按照《信息系统安全等级保护实施指南》具体实施等级保护工作。信息系统从规划设计到终止运行要经历几个阶段,《信息系统安全等级保护实施指南》(以下简称《实施指南》)用于指导信息系统运营使用单位,在信息系统从规划设计到终止运行的过程中如何按照信息安全等级保护政策、标准要求实施等级保护工作。

(2)主要内容

①总体框架

《实施指南》正文由 9 个章节构成:

第 1~3 章定义了标准范围、规范性引用文件和术语定义;第 4 章介绍了等级保护实施的基本原则、参与角色和几个主要工作阶段;第 5~9 章对于信息系统定级、总体安全规划、安全设计与实施、安全运行与维护和信息系统终止五个工作阶段进行了详细描述和说明。本标准以信息系统安全等级保护建设为主要线索,定义信息系统等级保护实施的主要阶段和过程,包括信息系统定级、总体安全规划、安全设计与实施、安全运行与维护、信息系统终止五个阶段,对于每一个阶段,介绍了主要的工作过程和相关活动的目标、参与角色、输入条件、活动内容、输出结果等。

②实施等级保护基本流程

对信息系统实施等级保护的基本流程如图 3-4 所示。

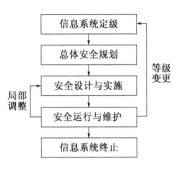

图 3-4　信息系统安全等级保护实施的基本流程

信息系统定级阶段内容。用于指导信息系统运营使用单位按照国家有关管理规范和《信息系统安全等级保护定级指南》，确定信息系统的安全保护等级。

总体安全规划阶段内容。用于指导信息系统运营使用单位根据信息系统定级情况，在分析信息系统安全需求的基础上，设计出科学、合理的信息系统总体安全方案，并确定安全建设项目规划，以指导后续的信息系统安全建设工程实施。

安全设计与实施阶段内容。用于指导信息系统运营使用单位按照信息系统安全总体方案的要求，结合信息系统安全建设项目计划，进行安全方案详细设计，实施安全建设工程，落实安全保护技术措施和安全管理措施。

安全运行与维护阶段内容。用于指导信息系统运营使用单位通过实施操作管理和控制、变更管理和控制、安全状态监控、安全事件处置和应急预案、安全评估和持续改进、等级测评以及监督检查等活动，进行系统运行的动态管理。

信息系统终止阶段内容。用于指导信息系统运营使用单位在信息系统被转移、终止或废弃时，正确处理系统内的重要信息，确保信息资产的安全。

另外，在安全运行与维护阶段，信息系统因需求变化等原因导致局部调整，而系统的安全保护等级并未改变，应从安全运行与维护阶段进入安全设计与实施阶段，进行重新设计、调整和实施安全保护措施，确保满足等级保护的要求；当信息系统发生重大变更导致系统安全保护等级变化时，应从安全运行与维护阶段进入信息系统定级阶段，开始新一轮信息安全等级保护的实施过程。

(3) 使用说明

本标准属于指南性标准，读者可通过该标准了解信息系统实施等级保护的过程、主要内容和脉络，不同角色在不同阶段的作用，不同活动的参与角色、活动内容等。

在实施等级保护的过程中除了参考本标准外，在不同阶段和环节中还需要参考和依据其他相关标准。例如在定级环节可参考《信息系统安全等级保护定级指南》。在系统建设环节可参考《计算机信息系统安全保护等级划分准则》《信息系统安全等级保护基本要求》《信息系统通用安全技术要求》《信息系统等级保护安全设计技术要求》等。在等级测评环节可参照《信息系统安全等级保护测评要求》《信息系统安全等级保护测评过程指南》等。

5)《信息系统安全等级保护测评要求》

(1) 主要用途

根据《信息安全等级保护管理办法》的规定,信息系统建设完成后。运营使用单位或者其主管部门应当选择符合规定条件的测评机构,依据《信息系统安全等级保护测评要求》等技术标准,定期对信息系统安全等级状况开展等级测评。《信息系统安全等级保护测评要求》(以下简称《测评要求》)依据《信息系统安全等级保护基本要求》规定了对信息系统安全等级保护进行安全测试评估的内容和方法,用于规范和指导测评人员的等级测评活动。

(2) 主要内容

① 总体框架

本标准第 4 章介绍了等级测评的原则、测评内容,测评力度、结果重用和使用方法。第 5~9 章分别规定了对五个等级信息系统进行等级测评的单元测评要求。第 10 章描述了整体测评的四个方面,即安全控制间安全测评、层面间安全测评、区域间安全测评和系统结构测评安全测评。第 11 章描述了等级测评结论的产生方法。

② 测评方法和测评强度

本标准中的测评方法主要包括访谈、检查和测试三种方法。测评机构对不同等级的信息系统需要实施相应强度的测试评估。测评强度反映在三种测评方法的广度和深度上。

③ 单元测评

单元测评是针对《基本要求》内容进行的逐项测评,包括物理安全,网络安全、主机系统安全、应用安全和数据安全及备份恢复五个安全技术层面以及安个管理机构、安全管理制度、人员安全管理、系统建设管理和系统运维管理五个安全管理方面的内容。单元测评从测评指标、测评实施和结果判定三个方面进行描述。

④ 整体测评

整体测评是在单元测评的基础上进行的进一步测评分析,在内容上主要包括安全控制间、层面间和区域间相互作用的安全测评以及系统结构的安全测评等。

(3) 使用说明

《测评要求》针对等级测评提出了单元测评要求和整体测评要求,但未涉及工作过程、任务以及工作产品等内容,相关内容请参考《信息系统安全等级保护测评过程指南》。

  测评人员在确定测评内容时,应依据被测信息系统的安全保护等级选择《测评要求》中对应的单元测评内容,并在相关测评结果的基础上实施整体测评。

  测评结论的产生不能仅依据单项测评结果,而是应该在整体测评基础上,结合被测系统的实际情况,综合评判信息系统是否具备对应等级的安全保护能力。

第4章 我国网络安全等级保护工作

网络安全等级保护制度是国家网络安全保障工作的基本制度、基本策略和基本方法,是促进信息化健康发展,维护国家安全、社会秩序和公共利益的根本保障。网络安全等级保护是当今主要国家保护关键信息基础设施、保障网络安全的通行做法,也是我国多年来网络安全工作经验的总结。网络安全等级保护工作不仅是保障重要信息系统安全的重要措施,也是一项事关国家安全、社会稳定、国家利益的重要任务。

4.1 信息系统定级与备案工作

信息系统定级工作应按照"自主定级、专家评审、主管部门审批、公安机关审核"的原则进行。定级工作的主要内容包括:确定定级对象、确定信息系统安全保护等级、组织专家评审、主管部门审批、公安机关审核,具体可按照《关于开展全国重要信息系统安全等级保护定级工作的通知》(公通字〔2007〕861号)要求执行。各信息系统运营使用单位和主管部门是网络安全等级保护的责任主体,根据所属信息系统的重要程度和遭到破坏后的危害程度,确定信息系统的安全保护等级。同时,按照所定等级,依照相应等级的管理规范和技术标准,建设网络安全保护设施,建立安全制度,落实安全责任,对信息系统进行保护。

在等级保护工作中,信息系统运营使用单位和主管部门按照"谁主管谁负责,谁运营谁负责"的原则开展工作,并接受网络安全监管部门对开展等级保护工作的监管。运营使用单位和主管部门是信息系统安全的第一责任人,负责组织开展定级工作;公安、网信、工信、保密、密码部门对运营使用单位和主管部门开展等级保护工作进行监督、检查、指导,对重要信息系统安全负监管责任。由于重要信息系统的安全运行不仅影响本行业、本单位的生产和工作秩序,也会影响国家安全、社会稳定、公共利益,因此,国家主管部门常态化对重要信息系统的安全开展监管检查工作。

信息系统的安全保护等级应当根据信息系统在国家安全、经济建设、社会生活中的重要程度,遭到破坏后对国家安全、社会秩序、公共利益以及公民、法人和其他组织的合法权益的危害程度等因素确定。信息系统的安全保护等级分为五级,从第一级到第五级逐级增高。

信息系统的安全保护等级由两个定级要素决定:等级保护对象受到破坏时所侵害的客体和对客体造成侵害的程度。

1) 受侵害的客体

等级保护对象受到破坏时所侵害的客体包括以下三个方面:一是公民、法人和其他组织的合法权益;二是社会秩序、公共利益;三是国家安全。

2) 对客体的侵害程度

对客体的侵害程度由客观方面的不同外在表现综合决定。由于对客体的侵害是通过对等级保护对象的破坏实现的,因此,对客体的侵害外在表现为对等级保护对象的破坏,通过危害方式、危害后果和危害程度加以描述。等级保护对象受到破坏后对客体造成侵害的程度有三种:一是造成一般损害;二是造成严重损害;三是造成特别严重损害。

信息系统运营、使用单位依据国家网络安全等级保护政策和相关技术标准对信息系统进行保护,国家网络安全监管部门对其网络安全等级保护工作进行监督管理。定级要素与信息系统安全保护等级的关系如表 4-1 所示。

定级要素与安全保护等级的关系　　　　表 4-1

等级	对象	侵害客体	侵害程度	监管强度
第一级	一般系统	合法权益	损害	自主保护
第二级		合法权益	严重损害	指导
		社会秩序和公共利益	损害	
第三级	重要系统	社会秩序和公共利益	严重损害	监督检查
		国家安全	损害	
第四级		社会秩序和公共利益	特别严重损害	强制监督检查
		国家安全	严重损害	
第五级	特别重要系统	国家安全	特别严重损害	专门监督检查

4.1.1　定级方法

信息系统定级是等级保护工作的首要环节和关键环节,是开展信息系统备案、建设整改、等级测评、监督检查等工作的重要基础。信息系统安全级别定级不准，系统备案、建设整改、等级测评等后续工作都会失去基础，信息系统安全就没有保证。定级工作可以按照下列步骤进行：

1) 开展摸底调查

按照《定级工作通知》确定的定级范围，各单位、各部门可以组织开展对所属信息系统进行摸底调查，摸清信息系统底数，掌握信息系统(包括信息网络)的业务类型、应用或服务范围、系统结构等基本情况，为下一步明确要求、落实责任奠定基础。

2) 确定定级对象

在全国重要信息系统安全等级保护定级工作(以下简称"定级工作")中，如何科学、合理地确定定级对象是最关键的问题。信息系统运营使用单位或主管部门按如下原则确定定级对象：

一是起支撑、传输作用的信息网络(包括专网、内网、外网、网管系统)要作为定级对象，但不是将整个网络作为一个定级对象，而是要从安全管理和安全责任的角度将基础信息网络划分成若干个最小安全域或最小单元去定级。

二是用于生产、调度、管理、作业、指挥、办公等目的的各类业务系统，要按照不同业务类别单独确定为定级对象，不以系统是否进行数据交换、是否独享设备为确定定级对象条件。不能将某一类信息系统作为一个定级对象去定级。

三是各单位网站要作为独立的定级对象。如果网站的后台数据库管理系统安全级别高，也要作为独立定级对象。网站上运行的信息系统(例如对社会服务的报名考试系统)也要作为独立定级对象。

四是确认负责定级的单位是否对所定级系统负有业务主管责任。也就是说，业务部门应主导对业务信息系统定级，运维部门(例如信息中心、托管方)可以协助定级并按照业务部门的要求开展后续安全保护工作。

五是具有信息系统的基本要素。作为定级对象的信息系统应该是由相关配套的设备、设施按照一定的应用目标和规则组合而成的有形实体。应避免将某个单一的系统组件(如服务器、终端、网络设备等)作为定级对象。

3) 初步确定信息系统等级

可以按照下列要求确定信息系统等级：

(1)定级责任主体。各信息系统运营使用单位和主管部门是信息系统定级的责任主体。

(2) 定级要素。信息系统的安全保护等级由两个定级要素决定：等级保护对象受到破坏时所侵害的客体和对客体造成侵害的程度。

(3) 对各类系统定级的处理方法。一是单位自建的信息系统（与上级单位无关），单位自主定级。二是跨省或者全国统一联网运行的信息系统，可以由主管部门统一确定安全保护等级。其中，由各行业统一规划、统一建设、统一安全保护策略的全国联网系统，应由行业主管部门统一对下各级系统分别确定等级；由各行业统一规划、分级建设、全国联网的信息系统，应由部、省、地市分别确定系统等级，但各行业主管部门应对该类系统提出定级意见，避免出现同类系统上下级不一致的现象。对于该类系统的等级，下级确定后需报上级主管部门审批。

(4) 新建系统的定级工作。对于新建系统，信息系统运营使用单位在规划设计时应确定信息系统安全保护按照信息系统等级，同步规划、同步设计、同步实施安全保护技术措施和管理措施。

4) 信息系统定级评审

信息系统运营使用单位或主管部门在初步确定信息系统安全保护等级后，为了保证定级合理、准确，可以聘请专家进行评审，并出具专家评审意见。

5) 信息系统等级的审批

信息系统运营使用单位参考专家定级评审意见，最终确定信息系统等级，形成《定级报告》。专家评审意见与运营使用单位意见不一致时，由运营使用单位自主决定系统等级，信息系统运营使用单位有上级主管部门的，应当经上级主管部门对安全保护等级进行审核批准。主管部门一般是指行业的上级主管部门或监管部门。如果是跨地域联网运营使用的信息系统，则必须由其上级主管部门审批，确保同类系统或分支系统在各地域分别定级的一致性。

6) 公安机关审核

公安机关收到信息系统运营使用单位备案材料后，应对信息系统定级的准确性进行审核。公安机关的审核是定级工作的最后一道防线，对此公安机关应予以高度重视，严格把关。信息系统定级基本准确的，公安机关颁发由公安部统一监制的《信息系统安全等级保护备案证明》（以下简称《备案证明》）。对于定级不准的，公安机关应向备案单位发整改通知，并建议备案单位组织专家进行重新定级评审，并报上级主管部门审批。备案单位仍然坚持原定等级的，公安机关可以受理其备案，但应当书面告知其承担由此引发的责任和后果，经上级公安机关同意后，同时通报备案单位上级主管部门。

4.1.2 备案工作

1）信息系统备案与受理

信息安全等级保护备案工作包括信息系统备案、受理、审核和备案信息管理等工作。信息系统运营使用单位和受理备案的公安机关应按照《信息安全等级保护备案实施细则》(公信安〔2007〕11360号)的要求办理信息系统备案工作。

(1) 备案

第二级及以上信息系统，在安全保护等级确定后30日内，由其运营使用单位或者其主管部门(以下简称"备案单位")到所在地设区的市级以上公安机关办理备案手续。办理备案手续时，应当首先在公安机关指定的网址下载并填写备案表，准备好备案文件，然后到指定的地点备案。

(2) 受理备案

地市级以上公安机关公共信息网络安全监察部门受理本辖区内备案单位的备案。隶属于省级的备案单位，其跨地(市)联网运行的信息系统，由省级公安机关公共信息网络安全监察部门受理备案。

隶属于中央的在京单位，其跨省或者全国统一联网运行并由主管部门统一定级系统，由公安部公共信息网络安全监察局受理备案，其他信息系统由北京市公共信息网络安全监察部门受理备案。

隶属于中央的非在京单位的信息系统，由当地省级公安机关公共信息网络安全监察部门(或其指定的地市级公安机关公共信息网络安全监察部门)受理备案。

跨省或者全国统一联网运行并由主管部门统一定级的信息系统在各地运行分支系统(包括由上级主管部门定级，在当地有应用的信息系统)，由所在地公安机关公共信息网络安全监察部门受理备案。

(3) 备案信息管理

公安部组织开发了重要信息系统安全监察管理系统，配发给各地，搭建一个部、省、市三级公安机关等级保护综合管理平台。各地公安机关要按照《关于部署开展等级保护安全监察管理系统建设的通知》要求，组织本地开展系统建设，及时将定级备案和相关数据录入系统，利用该系统开展等级保护工作。

2）公安机关受理备案要求

(1) 受理备案的公安机关公共信息网络安全监察部门应该设立专门的备案窗口，配备必要的设备和警力，专门负责受理备案工作，受理备案地点、时间、联系人和联系方式等应向社会公布。

(2)接收备案材料后,公安机关应当对下列内容进行审核:备案材料填写是否完整,是否符合要求,其纸质材料和电子文档是否一致;信息系统所定安全保护等级是否准确。

(3)公安机关收到备案单位提交的备案材料后,对属于本级公安机关受理范围且备案材料齐全的,应当向备案单位出具《信息系统安全等级保护备案材料接收回执》;备案材料不齐全的,应当当场或者在5个工作日内一次性告知其补正内容;对不属于本级公安机关受理范围的,应当书面告知备案单位到有管辖权的公安机关办理。

(4)经审核符合等级保护要求的,公安机关应当自收到备案材料之日起的10个工作日内,将加盖本级公安机关印章(或等级保护专用章)的《备案表》一份反馈备案单位,一份存档;对不符合等级保护要求的,公安机关公共信息网络安全监察部门应当在10个工作日内通知备案单位进行整改,并出具《信息系统安全等级保护备案审核结果通知》。

(5)《备案表》经审核合格的,公安机关出具《信息系统安全等级保护备案证明》。

(6)受理备案的公安机关公共信息网络安全监察部门应当建立管理制度,对备案材料按照等级进行严格管理,严格遵守保密制度,未经批准不得对外提供查询。

3)对定级不准以及不备案情况的处理

(1)公安机关对定级不准的备案单位,在通知整改的同时,应当建议备案单位组织专家进行重新定级评审,并报上级主管部门审批。

(2)备案单位仍然坚持原定等级的,公安机关可以受理其备案,但应当书面告知其承担由此引发的责任和后果,经上级公安机关同意后,同时通报备案单位上级主管部门。

(3)对拒不备案的,公安机关应当依据《中华人民共和国计算机信息系统安全保护条例》及其他有关法律、法规规定,责令限期整改。

4.2 等级保护安全建设整改工作

4.2.1 工作流程

1)工作方法

(1)安全建设整改工作应以《基本要求》为基本目标,可以针对安全现状分析发现的问题进行查漏补缺,加固改造;也可以进行总体安全建设整改设计,将不同区域、不同层面的安全保护措施形成有机的安全保护体系,落实《基本要求》,最大限度发挥安全措施的保护能力。

(2)突出重点。建设过程中要突出重点,可以先对第三、四级信息系统开展安全建设整改,再对第二级系统开展整改;也可以对各等级系统同步规划实施,确保按期完成任务。

(3)试点示范。重点行业、部门可以根据需要和实际情况,选择有代表性的第二、三、四级信息系统先进行安全建设整改和等级测评工作试点、示范,在总结经验的基础上全面推开。

(4)安全建设整改工作具体实施可以根据实际情况,将安全管理制度建设和安全技术措施建设内容一并实施,或分步实施。

(5)将安全建设整改工作与业务工作、信息化建设工作有机结合,利用信息安全等级保护综合工作平台,使等级保护工作常态化。

2)工作流程

安全建设整改工作可以分为五步进行:

第一步:落实负责安全建设整改工作的责任部门,由责任部门牵头制定本单位和本行业信息系统安全建设整改工作规划,对安全建设整改工作进行总体部署。

第二步:开展信息系统安全保护现状分析,从管理和技术两个方面确定信息系统安全建设整改需求。

第三步:确定安全保护策略,制定信息系统安全建设整改方案。

第四步:按照信息系统安全建设整改方案,实施安全建设整改工程,建立并落实安全管理制度,落实安全责任制,开展安全建设,落实安全措施。

第五步:开展安全自查和等级测评,及时发现信息系统中存在的安全隐患和问题,并通过风险分析,确定应解决的主要问题,进一步开展安全整改工作。

安全建设整改工作的具体步骤如图4-1所示。

4.2.2 工作内容

各单位、各部门在开展安全建设整改工作中,应坚持管理和技术并重的原则,依据《基本要求》,落实信息安全责任制,建立并落实各类安全管理制度,开展人员安全管理、系统建设管理和系统运维管理等工作,落实物理安全、网络安全、主机安全、应用安全和数据安全等安全保护技术措施。

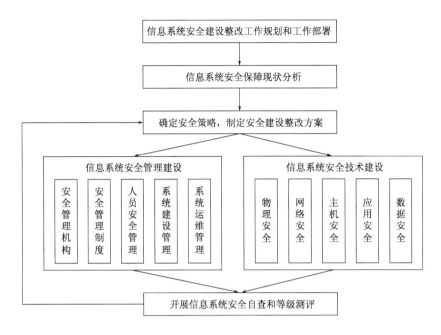

图 4-1 安全建设整改工作步骤

1) 信息安全等级保护安全管理制度建设

(1) 建设依据

按照《管理办法》《信息系统安全等级保护基本要求》,参照《信息系统安全管理要求》《信息系统安全工程管理要求》等标准规范要求,建立健全并落实符合相应等级要求的安全管理制度。

(2) 建设内容

①落实网络安全责任制。成立网络安全工作领导机构,明确网络安全工作的主管领导。成立专门的网络安全管理部门或落实网络安全责任部门,确定安全岗位,落实专职人员或兼职人员。明确落实领导机构、责任部门和有关人员的网络安全责任。

②落实人员安全管理制度。制定人员录用、离岗、考核、教育培训等管理制度,落实管理的具体措施。对安全岗位人员要进行安全审查,定期进行培训、考核和安全保密教育,提高安全岗位人员的专业水平,逐步实现安全岗位人员持证上岗。

③落实系统建设管理制度。建立信息系统定级备案、方案设计、产品采购使

用、密码使用、软件开发、工程实施、验收交付、等级测评、安全服务等管理制度，明确工作内容、工作方法、工作流程和工作要求。

④落实系统运维管理制度。建立机房环境安全、存储介质安全、设备设施安全、安全监控、网络安全、系统安全、恶意代码防范、密码保护、备份与恢复、事件处置等管理制度，制定应急预案并定期开展演练，采取相应的管理技术措施和手段，确保系统运维管理制度的有效落实。

(3) 建设要求

①在具体实施过程中，可逐项建立管理制度，也可以进行整合，形成完善的安全管理体系。要根据具体情况，结合系统管理实际，不断健全完善管理制度。同时，将管理制度与管理技术措施有机结合，确保安全管理制度得到有效落实。

②建立并落实监督检查机制。备案单位定期对各项制度的落实情况进行自查，行业主管部门组织开展督导检查，公安机关会同主管部门开展监督检查。

2) 信息安全等级保护安全技术措施建设

(1) 建设依据

按照《管理办法》《信息系统安全等级保护基本要求》，参照《信息系统安全等级保护实施指南》《信息系统通用安全技术要求》《信息系统安全工程管理要求》《信息系统等级保护安全设计技术要求》等标准规范要求，建立信息系统安全保护技术措施。

(2) 建设内容

结合行业特点和安全需求，制定符合相应等级要求的信息系统安全技术建设整改方案，开展信息安全等级保护安全技术措施建设，落实相应的物理安全、网络安全、主机安全、应用安全和数据安全等安全保护技术措施。在信息系统安全技术建设整改中，可以采取"一个中心、三维防护"（即一个安全管理中心和计算环境安全、区域边界安全和通信网络安全）的防护策略，实现相应级别信息系统的安全保护技术要求，建立并完善信息系统综合防护体系，提高信息系统的安全防护能力和水平。

(3) 建设要求

备案单位要开展信息系统安全保护现状分析，确定信息系统安全技术建设整改需求，制定信息系统安全技术建设整改方案，组织实施信息系统安全建设整改工程，开展安全自查和等级测评，及时发现信息系统中存在安全隐患和威胁，进一步开展安全建设整改工作。

4.3 等级保护等级测评工作

4.3.1 测评工作流程

1) 基本工作流程和工作方法

为确保等级测评工作的顺利开展,应首先了解等级测评的工作流程,以便对等级测评工作过程进行控制。等级测评基本工作流程如图 4-2 所示。

等级测评过程可以分为四个活动:测评准备、方案编制、现场测评以及分析与报告编制,而测评双方之间的沟通与洽谈应贯穿整个等级测评过程。以下介绍等级测评流程中主要的工作内容,等级测评工作的完整内容参见标准《测评过程指南》。

等级测评的主要测评方法如下:
(1) 访谈:访谈的对象主要是人员。
(2) 检查:检查主要有评审、核查、审查、观察、研究和分析等。检查对象是文档、机制、设备等,工具是技术核查表。
(3) 测试:主要是功能、性能测试及渗透测试,测评对象包括安全的机制、设备等。

2) 系统信息收集

与信息系统相关的信息收集是完成系统定级、等级测评、需求分析、安全设计等工作的前提,通常收集信息的方法是以发放调查表格的形式,通过与人员访谈、资料查阅、实地考察等方式完成。

与信息系统相关的信息包括物理环境信息、网络信息、主机信息、应用信息和管理信息等,以下简要介绍信息系统相关信息的收集方法。

(1) 物理环境信息收集

信息系统所在物理环境的信息收集包括机房数量、每个机房中部署的信息系统、机房物理位置、办公环境的物理位置等。

(2) 系统网络信息收集

信息系统网络信息的收集涉及网络拓扑图、网络结构情况、系统外联情况、网络设备情况和安全设备情况等。

① 网络拓扑图

应获得信息系统最新的网络拓扑图,并保证网络拓扑图清晰地标示出网络功能区域划分、网络与外部的连接、网络设备、服务器设备和主要终端设备等情况。最新的网络拓扑图可以了解整个信息系统的网络结构,同时也是与被测系统网络管理人员沟通的基础。

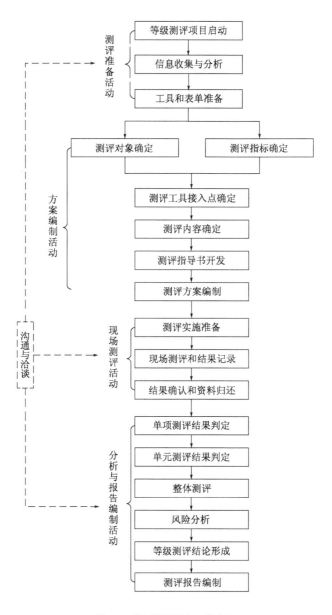

图4-2 等级测评基本工作流程

②网络结构情况

网络结构的信息收集内容包括网络功能区域划分情况、各个区域的主要功能和作用、每个网络区域的 IP 网段地址、每个区域中的服务器和终端数量、与每个区域相连的其他网络区域、网络区域之间的互联设备、每个区域的重要程度等。

③系统外联情况

信息系统的出口(即信息系统的外联情况)与外界直接相连,面临的威胁较多,因此时信息收集过程中重要的关注环节。系统外联的信息收集内容包括外联单位的名称、外联线路连接的网络区域、接入线路的种类、线路的传输速率(带宽)、外联线路的接入设备以及外联线路上承载的主要业务应用等。

④网络设备情况

网络设备的信息收集内容包括网络设备名称、设备型号、设备的物理位置、设备所在的网络区域、设备的 IP 地址/掩码/网关、设备的系统软件、软件版本及补丁情况、设备端口类型及数量、设备的主要用途、是否采用双机热备等。设备型号及系统软件相关情况是选择或开发测评指导书的基础,设备的 IP 地址等情况是接入测试工具时必须了解的。设备的主要用途则是选择测评对象时需要考虑的。

⑤安全设备情况

安全设备包括防火墙、网关、网闸、IDS、IPS 等。安全设备的信息收集内容包括安全设备名称、设备型号、设备是由纯软件还是由软硬结合件构成、设备的物理位置、设备所在的网络区域、设备 IP 地址/掩码/网关、设备上的系统软件及运行平台、设备的端口类型及数量、是否采用双机热备等。设备型号及系统软件相关情况是选择或开发测评指导书的基础。

(3)主机信息收集

信息系统主机信息的收集涉及服务器设备情况和终端设备情况等。

①服务器设备情况

服务器设备的信息收集内容包括服务器设备名称、型号、物理位置、所在的网络区域、IP 地址/掩码/网关、安装的操作系统版本/补丁、安装的数据库系统版本/补丁、服务器承载的主要业务应用、服务器安装的应用系统软件、服务器中应用涉及的业务数据、服务器的重要程度、是否采用双机热备等。服务器型号、操作系统及数据库系统情况是选择或开发测评指导书的基础。通过服务器承载的主要业务应用可以了解业务应用与设备的关联关系,服务器的重要程度则是选择测评对象时的考虑因素之一。

②终端设备情况

终端设备的信息收集对象一般包括业务终端、管理终端、设备控制台等。终端设备的信息收集内容包括终端设备名称、型号、物理位置、所在的网络区域、IP地址/掩码/网关、安装的操作系统/补丁、安装的应用系统软件名称、涉及的业务数据、终端的主要用途、终端的重要程度、同类终端设备的数量等。

(4)应用信息收集

信息系统应用信息的收集涉及应用系统情况和业务数据情况等。

①应用系统情况

业务应用系统的信息收集内容包括业务(服务)的名称、业务的主要功能、业务处理的数据、业务应用的用户数量、用户分布范围、业务采用的应用系统软件名称、应用系统的开发商、应用系统采用C/S或B/S模式、业务应用是否24小时运行、业务的重要程度、应用软件的处理流程等。

②业务数据情况

业务数据的信息收集内容包括业务数据、业务应用、数据总量及日增量、数据存放所在的服务器、是否有单独的存储系统、数据的备份周期、数据是否异地保存、数据的重要程度等。

(5)管理信息收集

管理信息的收集内容包括管理机构的设置情况、人员职责的分配情况、各类管理制度的名称、各类设计方案的名称等。管理机构的设置情况和人员职责的分配情况主要通过一些开放性问题进行访谈交流来获取。

3)编制测评方案

在测评工作中,编制好测评方案是十分重要的。一方面,测评方案是测评人员进行内部工作交流、明确工作任务的指南;另一方面,测评方案给出具体的现场测评工作思路、方式、方法和具体测评对象及内容,为现场测评的顺利完成打下基础。此外,通过测评方案,可以和被测系统运营使用单位进行充分的交流,让被测系统运营使用单位理解并支持现场测评工作,并依据测评方案做好充分的准备。因此,可以说测评方案的好坏在很大程度上决定着测评质量和测评工作能否顺利完成。

测评方案应包括但不局限于以下内容:项目概述、工作依据、被测系统描述、测评计划、测评指标说明、测评对象说明、测评内容和方法等。其中,几个关键部分说明如下:

(1)测评方案的基本内容

①被测系统描述

本部分描述被测系统的情况。需要根据被测系统定级情况,确定被测系统的范围,包括整个信息系统的范围、被测系统的范围及边界等。

对被测系统进行描述时,一般以信息系统的网络拓扑结构为基础,采用总分式的描述方法,先说明被测系统的整体结构,然后描述被测系统的边界,最后介绍被测系统的网络区域及具体主机设备节点等。

被测系统的整体结构描述,应包括被测系统的标识(即系统名称)、被测系统的物理环境、被测系统的网络拓扑结构和被测系统的外部边界连接情况等,并给出网络拓扑图。

被测系统的边界描述,应包括被测系统与其他网络进行外部连接的边界连接方式,如采用光纤、无线和专线等;描述各边界主要设备,如防火墙、路由器或服务器等。如果在信息系统边界连接处有共用设备,一般可以把该设备划到等级较高的那个信息系统中。

②测评计划

本部分描述现场工作人员的分工和计划。进行现场测评人员分工计划安排时,首先需要确定工作量以及工作人员数量,然后再根据工作量和人员数量等情况进行具体的安排。可以根据需要进行配置检查的网络设备和主机设备数量,以及工具测试的接入点和测试内容等情况预估现场测评工作量。一般对一台主机设备进行配置检查,需要1小时左右。在百兆网络环境下,在一个接入点,扫描一台主机设备需要半个小时左右。另一方面,需要注意的是,在进行时间计划安排时,应尽量避开信息系统的业务高峰期,避免给被测系统带来影响。

③测评指标

本部分描述对被测系统进行测评的测评指标,可以以列表的形式给出。测评指标应该根据被测系统的级别确定,关于测评指标的选择在后面介绍。

④测评对象

本部分描述选取的测评对象情况,可以采用列表的方式进行描述。测评对象是等级测评的一项重要工作,关于测评对象的选择在后面介绍。

⑤现场测评实施内容

本部分描述实施现场测评的具体实施内容。等级测评包括两个方面:单元测评和整体测评,因此,现场测评实施内容也主要从这两个方面分别展开。确定单元测评内容首先要依据《测评要求》,将上述几个步骤得到的测评指标、测评方式以及测评对象结合起来,然后再将测评对象与具体的测评方法和步骤结合起来,这也是编制测评指导书的第一步。整体测评内容主要是依据《测评要求》中的整体测评方法,结合信息系统的实际情况,根据现场测评的结果记录进行分析。

(2)测评指标和测评对象的选择方法

在编制测评方案时,测评指标的选择和测评对象的选择是一项比较重要的工作,以下简要介绍选择方法。

①测评指标确定方法

《基本要求》是等级测评依据的主要标准。在等级测评时,这些基本要求可以转化为针对不同被测系统的测评指标。

由于信息系统不但有安全保护等级,还有业务信息安全保护等级和系统服务安全保护等级,而《基本要求》中的各项要求也分为业务信息安全保护类、系统服务安全保护类和通用安全保护类要求,从而测评指标也应该由这三类组成。

确定测评指标的具体步骤如下:

a. 根据调查结果得到被测系统的安全保护等级、业务信息安全保护等级和系统服务安全保护等级。

b. 从《基本要求》中选择与被测系统的安全保护等级对应的保护要求类别为"G类"的所有基本要求。

c. 从《基本要求》中选择与被测系统的业务信息安全保护等级对应的保护要求类别为"S类"的所有基本要求。

d. 从《基本要求》中选择与被测系统的系统服务安全保护等级对应的保护要类别为"A类"的所有基本要求。

e. 如果同时测评的多个被测系统位于同一个物理环境中,而且有的管理方面采用相同的管理,则采取就高原则,选择所有被测系统中最高级别的物理安全和相同管理方面对应的基本要求作为物理安全和一些管理安全方面的测评指标。

f. 综合 a～e 步得到的基本要求作为被测系统的测评指标。

②测评对象确定方法

测评对象是等级测评的直接工作对象,也是在被测系统中实现特定测评指标所对应的安全功能的具体系统组件,因此,选择测评对象是测评的必要步骤,也是整个测评工作的重要环节。恰当选择测评对象的种类和数量是整个等级测评工作能够获取足够证据、了解到被测系统的真实安全保护状况、实现不同等级信息系统测评强度要求的重要保证。

测评对象的选择一般采用抽查方式,抽查信息系统中具有代表性的组件作为测评对象。抽查的对象可以多也可以少,比较灵活。但是,测评对象选择的过多会导致测评工作量投入过多、花费过大;过少则会导致不能保证达到相应等级信息系统的测评强度要求,测评结果不够充分、可信,不能够真实地反映信息系统是否达到相应等级的安全保护要求,具有相应的安全保护能力。因此,在测评对象选择过程中应兼顾工作投入和结果产出两者的平衡关系,尽量抽查有代表性的组件(根据安全需求分析,各层面主要选取对系统安全保护能力起关键作用的组件)作为测评对象。

不同等级的信息系统进行等级测评时,选择的测评对象的数量和种类应该不同,随着信息系统安全等级的增加,抽查的测评对象的种类和数量也应该随之增加。针对不同等级的信息系统采用规定的方式确定测评对象的种类,即规定哪种类型的测评对象是必查的,哪些测评对象的种类是选查的,而对于同一种类并且在整个信息系统中作用相同或相近的测评对象采用抽样的方式确定其数量,如某一种业务应用的安全终端、不同楼层的楼层交换机如果有多台,可以采用抽样的方式分别确定选择哪几台作为测评对象。针对不同等级安全测评,测评对象的抽查种类和数量,应该能够满足相应等级所有的安全要求和相应等级系统整体测评中区域间测评的需要,应该能够保证相应等级的测试工作量投入。

4) 现场测评

现场测评活动全部在被测系统现场完成,需要测评机构、测评委托单位(若测评委托单位与被测系统运营、使用单位不同的,还应有被测系统运营、使用单位)的全程参与。整个活动过程中,测评机构应与对方充分沟通和协调,以使顺利完成测评任务。另外,测评人员在测评过程中不应直接接触被测系统,应由对方配合人员进行操作,测评人员只负责查看获取以及详细、准确、规范地记录测评证据,并保留电子证据,以便为后期的结果分析和报告编制准备充足、翔实的资料。

现场安全测评涉及的基本手段是访谈、检查和测试。访谈是测评人员通过与信息系统有关人员(个人/群体)进行交流、讨论等活动,获取证据以证明信息系统安全保护措施是否有效的一种方法。检查是指测评人员通过对测评对象进行观察、查验、分析等活动,获取证据以证明信息系统安全保护措施是否有效的一种方法。测试是测评人员使用预定的方法、工具使测评对象产生特定的行为,通过查看、分析这些行为的结果,获取证据以证明信息系统安全保护措施是否有效的一种方法。

信息系统级别不同,现场安全测评采用的手段和测评的强度也不同,以下以网络安全为例,说明现场安全测评可能关注的内容和采用的方法。

(1)一级信息系统网络安全测评

对于一级信息系统,主要使用访谈和检查两种测评方式。在访谈方面,只要求对网络管理员和安全员进行简单扼要的访谈;在检查方面,重点查看边界和关键网络设备安全方面采取了哪些具体措施。访谈和检查测评覆盖结构安全、访问控制和网络设备防护三个测评单元。

①对于"结构安全",重点询问关键网络设备的业务处理能力、网络接入及核心网络的带宽是否满足业务需要;主要检查网络拓扑图,查看其与当前运行的实际网络系统是否一致。对一级信息系统,能检查到网络拓扑图与当前运行情况一致,访谈说明关键网络设备处理能力满足基本业务需求,网络接入及核心网络的带宽满足业务需要,就可以判断系统满足一级"结构安全与网段划分"的要求。

②对于"访问控制",重点询问采取哪些网络访问控制措施,网络访问控制设备具备哪些访问控制功能;主要检查边界网络设备(包括网络安全设备)有无正确的访问控制列表。对一级信息系统,能检查到边界网络设备(包括网络安全设备)有正确的访问控制列表对数据的源地址、目的地址、源端口、目的端口、协议等进行控制,就大致可以判断系统满足一级"网络访问控制"的要求。

③对于"网络设备防护",重点询问对关键网络设备采取哪些防护措施,对其登录做过何种特定安全配置;主要检查边界和关键网络设备的安全配置有无对登录其的用户进行限制,有无对鉴别失败采取锁定措施,有无配置对设备远程管理所产生的鉴别信息进行保护的功能等。对一级信息系统,能检查到边界和关键网络设备的安全配置对登录其的用户有无身份鉴别,并限制非法登录次数,多次登录失败后锁定账号,有鉴别信息保护功能等,就判断系统满足一级"网络设备防护"的要求。

(2)二级信息系统网络安全测评

对二级信息系统,主要是在一级的测评基础上,增加了相关访谈细节、功能测试、渗透测试方面的测评要求。主要测评方式除访谈和检查以外增加了测试。在检查对象方面,增加了网络设计/验收文档等,并增加了安全审计、边界完整性检查和入侵防范三个测评单元,扩大了测评范围,并对重要网络设备进行关注。

①对于"结构安全",二级信息系统在一级信息系统的测评基础上,增加了网段划分情况、带宽控制情况和分配原则,增加检查网络设计和验收文档中有关于子网或网段划分及其地址分配情况的说明。通过了解网络拓扑结构、网络设计/验收文档、网段划分、地址分配以及边界和重要网络设备的安全配置情况,从

而确定其是否达到二级要求。

②对于"访问控制",二级信息系统在一级信息系统的测评基础上,增加询问访问控制策略的设计原则是否允许拨号访问网络,增加检查边界网络设备有无根据会话状态信息对数据流进行控制,是否限制具有拨号访问权限的用户数量,增加测试边界网络设备有无对未授权的访问行为采取控制措施。通过了解边界网络设备采取的网络访问控制措施,从而确定其是否达到二级要求。

③对于"网络设备防护",二级信息系统在一级信息系统的测评基础上,增加询问网络设备的口令策略,增加检查身份鉴别信息的复杂性和定期修改要求,有无对管理员登录地址进行限制;增加了渗透性测试边界和重要网络设备的配置情况。通过了解边界和重要网络设备的安全配置情况,从而确定其是否达到二级要求。

(3)三级信息系统网络安全测评

对三级信息系统,主要是在二级的测评基础上,增加了一些细节和渗透测试等方面的测评要求。主要测评方式包括访谈、检查和测试三种,对主要网络设备扩大了测评范围。

①对于"结构安全",在二级信息系统测评的基础上,三级信息系统增加访谈询问网段具体的部署位置、与其他网段的隔离措施等,增加询问网络管理员网络设备的路由控制策略、策略设计的目的等内容,增加检查边界和主要网络设备的路由控制策略、网段隔离措施、带宽控制策略等。通过了解网络拓扑结构、网段划分、地址分配、带宽策略以及边界和主要网络设备的安全配置情况,从而确定其是否达到三级要求。

②对于"访问控制",在二级信息系统测评的基础上,三级信息系统增加检查边界网络设备对数据流的控制是否为端口级,边界网络设备有无对进出网络的信息内容进行过滤,有无对网络接入、终止连接、网络最大流量数及网络连接数进行限制,网络地址与数据链路地址绑定,防止内部网络信息外泄措施等;增加了测试验证主要网络设备访问控制力度,增加了对网络访问控制措施进行渗透测试。通过了解边界和主要网络设备采取的访问控制措施以及渗透测试对其有效性的验证,从而确定其是否达到三级要求。

③对于"网络设备防护",在二级信息系统测评的基础上,三级信息系统增加网络特权用户的权限分配原则,检查增加边界和主要网络设备上的安全配置有无对同一用户选择两种或两种以上组合的鉴别技术来进行身份鉴别,检查是否设置网络登录连接超时自动退出、特权用户的权限分离等措施。通过了解边界和主要网络设备的防护能力,从而确定其是否达到三级要求。

(4)四级信息系统网络安全测评

对四级信息系统,主要是在三级测评基础上,部分控制点增加了一些检查和渗透测试等方面的测评要求。主要测评方式包括访谈、检查和测试三种,对所有网络设备进行关注,扩大了测评范围。

①对于"结构安全",在三级信息系统的基础上,四级信息系统增加了与《基本要求》相应的更多的指标,从而确定是否达到四级要求。

②对于"访问控制",在三级信息系统测评的基础上,四级信息系统主要是限制网络接入等,询问有无对网络访问控制策略进行过调整;检查是否禁止数据带通用协议通过,禁用远程拨号访问功能,增加检查网络设计/验收文档内容,并增加了渗透性测试内容,验证访问控制措施是否有效阻断带通用协议的数据。通过了解边界和主要网络设备采取的访问控制措施以及渗透测试对其有效性的验证,从而确定其是否达到四级要求。

③对于"网络设备防护",在三级信息系统测评的基础上,四级信息系统增加了身份鉴别技术的强度。

5)测评结果判断

在对每个测评对象实施现场测评时,一般是按照测评项一条一条分别进行测评的。根据不同的测评方式、测评内容等,执行现场测评后,会得到多个测评证据。这就可能会出现多个测评证据存在矛盾的情况,即有的测评证据与其预期结果一致,有的测评证据与其预期结果不一致。在这种情况下,如何根据这些不一致的测评证据给出单个测评项的测评结果呢?测评结果判断通常分为单项结果判定和单元结果判定两类。

(1)单项结果判定

①单个测评项说明

单个测评项对应《基本要求》中的要求项。对于单个测评项的具体内容分为两种情况:

a.每个要求项只提出一方面的要求内容,如"应启用登录失败处理功能,可采取结束会话、限制非法登录次数和自动退出等措施"。

b.每个要求项含有两个或多个方面的要求内容,如"安全管理制度应注明发布范围,并对收发文进行登记"。这个要求项就包含"安全管理制度应注明发布范围"和"对收发文进行登记"两个方面的要求内容。

②单项测评结果判定

单项测评结果的形成通常分为三步:

a. 针对每个测评项,分析该测评项所对抗的威胁在被测系统中是否存在,如果不存在,则该测评项应标为不适用项。

b. 分析单个测评项是否有多方面的要求内容,依据"优势证据"法针对每一方面的要求内容,从一个或多个测评证据中选择出"优势证据",并将"优势证据"与要求内容的预期测评结果相比较。

c. 如果测评证据表明所有要求内容与预期测评结果一致,则判定该测评项的单项测评结果为符合;如果测评证据表明所有要求内容与预期测评结果不一致,判定该测评项的单项测评结果为不符合;否则判定该测评项的单项测评结果为部分符合。

(2) 单元测评结果判定

单元测评结果的判定涉及该单元测评实施的测评对象和测评项。一般来说,一个测评单元可能在多个测评对象上实施,而且一个测评单元往往包含多个测评项。因此,如何在单一测评对象的单一测评项的测评结果基础上形成针对单个测评对象和多个测评项的单元测评的结果是单元测评结果判定方法的核心。

单元测评结果是在单项测评结果基础上汇总得到的,判定原则为:

①单元测评指标包含的所有测评项均为不适用项,则该单元测评结果为不适用。

②单元测评指标包含的所有测评项的单项测评结果均为符合或不符合,则该测评对象对应该测评指标的单元测评结果为符合或不符合。

③单元测评指标包含的所有测评项的单项测评结果为符合或不符合或不适用,则该单元测评结果为部分符合。

单元测评结果一般通过分层面、分测评对象统计不同安全控制的不同测评对象的单项测评结果得到,并以表格的形式逐一列出。单元测评结果一方面可以以一览表形式给出单元测评结果,另一方面,它也是整体测评中安全控制间、层面间和区域间测评分析的基础。单项测评判定结果、单元测评判定结果以及各种汇总表说明见 4.4.2 节"等级测评报告的主要内容"。

6) 测评报告编制

测评报告是等级测评工作的最终产品,直接体现测评的成果。测评报告编制不好,不但不能很好地反映测评机构的能力,还可能引发不必要的争议。报告应按照公安部的统一格式和要求编制。

测评报告应包括以下内容:报告摘要、测评项目概述、被测信息系统情况、等级测评范围与方法、单元测评、整体测评、测评结果汇总、风险分析和评价、等级测评结论、安全建设整改建议等。

4.3.2 测评报告主要内容

1) 等级测评报告的构成

信息系统的运行、使用单位选择测评机构完成等级测评工作后,应要求等级测评机构按照公安部制定的《信息系统安全等级测评报告模板(2015年版)》出具等级测评报告。等级测评报告是等级测评工作的最终产品,直接体现测评的成果。

2) 等级测评报告的主要内容说明

(1) 测评项目概述

描述本次测评的主要测评目的和依据、测评过程、报告分发范围。

(2) 被测信息系统情况

简要描述本次测评的被测系统情况,包括承载的业务情况、网络结构、系统构成情况(包括业务应用软件、关键数据类别、主机/存储设备、网络互联设备、安全设备、安全相关人员、安全管理文档、安全环境等)、前一次测评发现的主要问题和测评结论等。

(3) 等级测评范围与方法

描述本次测评的指标,测评对象选择方法及选中的测评对象,测评过程中用到的测评方法等。

(4) 单元测评

主要是针对测评指标,结合测评对象(网络设备、主机和业务应用系统等),分层面描述单元测评指标的符合情况,包括现场测评中获取的测评证据记录、结果汇总以及发现的问题分析等。

(5) 整体测评

针对单项测评结果的不符合项,从安全控制间、层面间、区域间和系统结构等方面对单元测评的结果进行验证、分析和整体评价。

(6) 测评结果汇总

以不同的表现形式汇总测评结果,包括单元测评结果汇总、不同设备和安全子类的测评结果汇总、安全问题汇总等。

(7) 风险分析和评价

风险分析和评价主要针对测评汇总结果中的安全问题进行风险分析和评价,给出可能的风险等级。风险等级分为高、中、低三级。这里要求的风险分析和评价不是指对整个信息系统再进行一次风险评估工作,只是要求针对等级测评中发现的安全问题,分析判断安全问题导致安全事件可能对网络安全性和服务连续性造成的最大影响,以及安全问题导致安全事件发生的可能性,给出安全问题的风险。风险分析和评价主要根据汇总整理出的安全问题,用表格的形式给出每个安全问题可能的风险。

(8)等级测评结论和整改建议

给出等级测评结论和安全建设整改建议。

等级测评结论章节主要给出被测评信息系统的等级测评结论,信息系统等级测评结论分为符合、基本符合和不符合。如果等级测评过程中没有发现安全问题,全部测评项均为符合,则等级测评结论为符合,否则应为基本符合或不符合。

目前,给出等级测评结论为基本符合或不符合的依据是风险分析和评价结果。对等级测评中发现的安全问题进行风险分析和评价,给出可能的风险等级,风险等级分为高、中、低三级,如果没有风险等级为"高"的安全问题,则等级测评结论为基本符合,否则为不符合。

等级测评过程和测评结论的产生如图4-3所示。

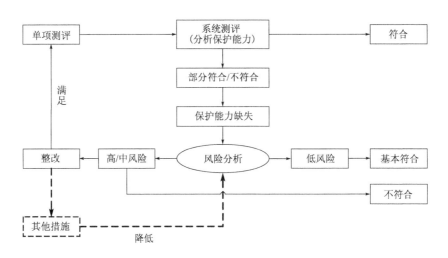

图4-3 等级测评过程和测评结论的产生

某项要求没有实现并不一定意味着不符合基本要求,需要分析系统是否有能力对抗相关威胁、分析安全目标是否达到。某一层面安全要求不能达到,可以通过有互补关系的其他层面的安全措施来弥补,减少相应风险。

4.4 等级保护实施流程

在安全运行与维护阶段,信息系统因需求变化等原因导致局部调整,而系统的安全保护等级并未改变时,应从安全运行与维护阶段进入安全设计与实施阶段,重新设计、调整和实施安全措施,确保满足等级保护的要求;但信息系统发生重大变更导致系统安全保护等级变化时,应从安全运行与维护阶段进入信息系统定级阶段,重新开始一轮信息安全等级保护的实施过程。对信息系统实施等级保护的基本流程见图4-4。

分别对五个步骤进行介绍。其中信息系统定级见4.1节。其他见等级保护实施指南每个步骤第一段。

1) 信息系统定级

信息系统定级见4.1节。

2) 总体安全规划

总体安全规划阶段的目标是根据信息系统的划分情况、信息系统的定级情况、信息系统承载业务情况,通过分析明确信息系

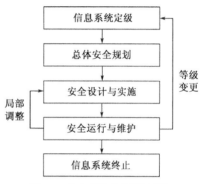

图4-4 信息系统安全等级保护实施的基本流程

统安全需求,设计合理的、满足等级保护要求的总体安全方案,并制定出安全实施计划,以指导后续的信息系统安全建设工程实施。对于已运营(运行)的信息系统,需求分析应当首先分析判断信息系统的安全保护现状与等级保护要求之间的差距。

总体安全规划阶段的工作流程见图4-5。

3) 安全设计与实施

安全设计与实施阶段的目标是按照信息系统安全总体方案的要求,结合信息系统安全建设项目计划,分期分步落实安全措施。安全设计与实施阶段的工作流程见图4-6。

4) 安全运行与维护

安全运行与维护是等级保护实施过程中确保信息系统正常运行的必要环节,涉及的内容较多,包括安全运维护机构和安全运维护机制的建立,环境、资

产、设备、介质的管理,网络、系统的管理,密码、密钥的管理,运行、变更的管理,安全状态监控和安全事件处置,安全审计和安全检查等内容。安全运行于维护阶段的主要过程如图4-7所示。

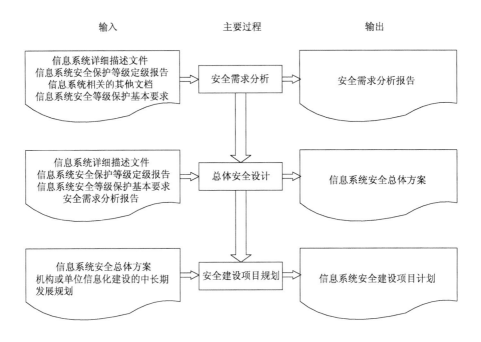

图4-5 总体安全规划工作流程

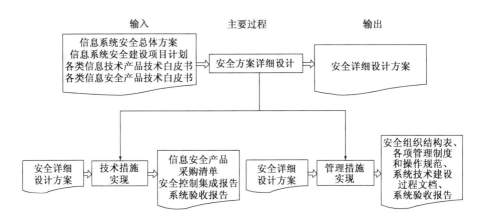

图4-6 安全设计与实施流程图

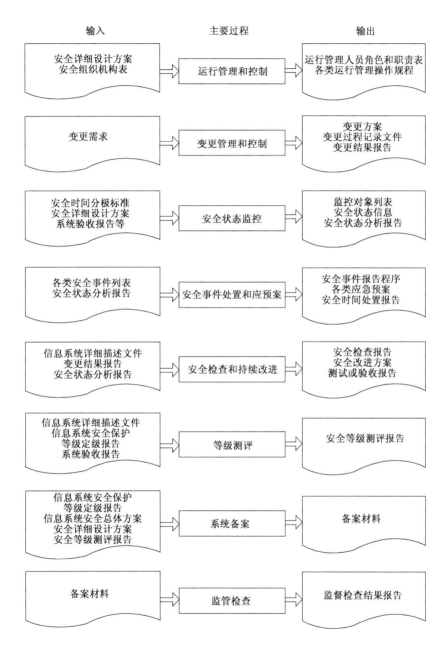

图 4-7 安全运行与维护阶段的主要过程

5）信息系统终止

信息系统终止阶段是等级保护实施过程的最后环节。信息系统被转移、终止或废弃时，正确处理系统内的敏感信息对于确保信息资产安全是至关重要的。在信息系统生命周期中，有些系统并不是真正意义上的废弃，而是改进技术或转变业务到新的信息系统，对于这些信息系统在终止处理过程中应确保信息转移、设备迁移和介质销毁等方面的安全。信息系统终止阶段的工作流程见图4-8。

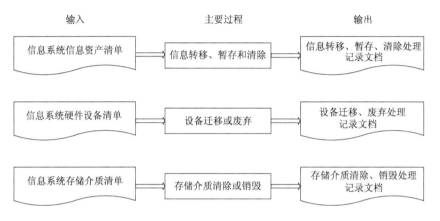

图 4-8 信息系统终止阶段的工作流程

第5章 我国信息安全风险评估工作

网络安全风险管理是将安全风险控制在可接受的水平，是网络安全工作的基本方法论，《网络安全法》从总体国家安全观出发，将网络空间主权和国家安全、社会公共利益、公民、法人和其他组织的合法权益均纳入网络安全风险管理和评估、保护的对象，大大扩展了网络安全风险管理的适用范围。《网络安全法》中涉及安全标准、安全监测和认证、安全风险评估、安全审查为代表的网络安全风险管理的相关条款多达十五条。

网络安全风险评估是网络安全风险管理的一个核心环节，是信息系统与网络安全保障体系中的重要评价方法和决策机制。《网络安全法》第三十一条中明确列出关键信息基础设施的范围，第三十八条、三十九条明确关键信息基础设施要在网络安全等级保护基础上的进一步重点保护，至少每年开展一次风险评估工作，国家网信部门对其安全风险进行抽查检测，必要时对其存在的安全风险进行评估监测。

我国开展网络安全风险评估已有十余年，2007年发布的《信息安全风险评估规范》（GB/T 20984—2007）和2009年发布的《网络安全风险管理指南》（GB/Z 24364—2009）使我国的风险评估及管理工作更加规范、有序。特别是国家发展和改革委员会、公安部和国家保密局2008年联合下发了《关于加强国家电子政务工程建设项目信息安全风险评估工作的通知》（发改高技〔2008〕2071号），文件指出"信息安全风险评估作为信息安全保障工作的基础性工作和重要环节，要贯穿于信息系统的规划、设计、实施、运行维护以及废弃各个阶段"进一步推动了我国的风险评估工作的推广和实施。《网络安全法》的颁布实施，风险评估工作更是在我国的网络安全和信息化领域全面推开。新形势、新任务之下，更加适应我国网络安全工作的风险评估相关标准规范修订工作已提上了日程。

5.1 信息安全风险评估概述

5.1.1 概念

信息安全风险评估是依据有关信息安全技术与管理标准,对信息系统及其处理、传输和存储的信息的保密性、完整性和可用性等安全属性进行评价的过程,是在风险减少、风险转移、风险规避等风险控制方法之间做出决策的过程。信息安全风险评估要评估资产面临的威胁以及威胁利用脆弱性导致安全事件的可能性,并结合安全事件所涉及的资产价值来判断安全事件一旦发生对组织造成的影响。

5.1.2 工作目的

信息安全风险评估的目的是针对风险管理对象所面临的风险进行识别、分析和评价,通过风险评估的结果获得信息安全需求。信息安全风险管理需要依靠风险评估的结果确定随后的风险处理和批准监督活动。风险评估使得组织能够准确定位风险管理的策略、实践和工具,能够将安全活动的重点放在重要问题上,还能够选择成本合理、适用的安全对策。基于风险评估的风险管理方法经实践证明是有效和实用的,已被广泛应用于各个领域。

5.1.3 意义和作用

信息安全风险评估有助于认清网络安全环境和网络安全状况,提高网络安全保障能力,其意义和作用体现在以下几个方面:

1) 信息安全风险评估是安全建设的起点和基础

信息安全风险评估是科学分析信息和信息系统在保密性、完整性和可用性等方面所面临的风险,揭示一个组织机构的风险状况,并提出改进风险状况的建议的工作。只有正确、全面认识风险后,才能在控制风险、减少风险、转移风险和接受风险之间做出正确的判断,才能决定调动多少资源,采取何种应对措施去化解、降低风险。所有信息安全建设和管理都应该是基于信息安全风险评估的结果。风险评估既是实施信息系统安全等级保护的前提,又是信息系统安全建设和安全管理的基础工作。通过风险评估,能及早发现和解决问题。重要的信息系统需要进行持续的风险评估,随时掌握其安全状态,及时采取有针对性的应对措施,建设全方位的安全保障体系。通过风险评估,可以有助于认清信息安全环境和信息安全状况,明确信息化建设中各级的责任,采取或完善更加经济有效的安全保障措施。

2) 信息安全风险评估是科学分析并确定风险的过程

任何系统安全性都可通过风险的大小来衡量。设备、软件和数据人员,结构、管理和技术,自然威胁、人为威胁、内部威胁与外部威胁等风险因素与系统环境的关系决定了信息系统的安全性。科学地分析系统的安全风险,综合平衡风险和代价构成了风险评估的基本过程。

3) 信息安全风险评估是需求主导和突出重点原则的具体体现

从理论上讲,不存在绝对的安全,风险总是客观存在的。风险评估并不追求零风险,不计成本的绝对安全,或者试图完全消灭风险。要根据信息及信息系统的价值、威胁的大小和可能出现的问题的严重程度,以及在信息化建设不同阶段的信息安全要求,坚持从实际出发、需求主导、突出重点、分级防护,科学评估风险并有效地控制风险。

4) 信息安全风险评估是组织机构实现信息系统安全的重要步骤

通过信息安全风险评估,可全面、准确地了解组织机构的安全状态,发现系统的安全问题及其可能的危害,分析信息系统的安全需求,找出目前的安全策略和实际需求的差距,为决策者制定安全策略、构架安全体系以及确定有效的安全措施、选择可靠的安全产品、设计积极防御的技术体系、建立全面的安全防护层次,提供严谨的安全理论依据和完整、规范的指导模型。

5.1.4 工作原理

风险分析中要涉及资产、威胁、脆弱性等基本要素。每个要素有各自的属性,资产的属性是资产价值;威胁属性可以是威胁主体、影响对象、出现频率、动机等;脆弱性的属性是资产弱点的严重程度。风险分析原理如图 5-1 所示。

风险分析的主要内容为:

(1) 对资产进行识别,并对资产的价值进行赋值。
(2) 对威胁进行识别,描述威胁的属性,并对威胁出现的频率赋值。
(3) 对资产的脆弱性进行识别,并对具体资产的脆弱性的严重程度赋值。
(4) 根据威胁及威胁利用弱点的难易程度判断安全事件发生的可能性。
(5) 根据脆弱性的严重程度及安全事件所作用资产的价值计算安全事件的

损失。

（6）根据安全事件发生的可能性以及安全事件的损失,计算安全事件一旦发生对组织的影响,即风险值。

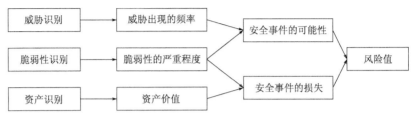

图 5-1　风险分析原理

5.1.5　工作形式

信息安全风险评估分为自评估和检查评估两种形式。信息安全风险评估应以自评估为主,自评估和检查评估互相结合、互为补充。

1）自评估

自评估是指信息系统拥有、运营或使用单位发起的对本单位信息系统进行的风险评估。自评估应参照相应标准,依据制定的评估方案、评估准则,结合系统特定的安全要求实施。周期性进行自评估可以在评估流程上适当简化,重点针对自上次评估后系统发生变化后引入的新威胁,以及系统脆弱性的完整识别,以便于两次评估结果的对比。但系统发生重大变更时,应及时进行完整的评估。

自评估可由发起方实施或委托风险评估服务技术支持方实施。由发起方实施的评估可以降低实施的费用、提高信息系统相关人员的安全意识,但可能由于缺乏风险评估的专业技能,其结果不够深入准确;同时受到组织内部各种因素的影响,其评估结果的客观性易受影响。委托风险评估服务技术支持方实施的评估,过程比较规范、评估结果的客观性比较好,可信程度较高;但由于受到行业知识技能及业务了解的限制,对被评估系统的了解,尤其是对业务方面的特殊要求的了解存在一定的局限。同时,由于引入第三方本身就是一个风险因素,因此,对背景与资质、评估过程与结果的保密要求等方面应进行控制。

此外,为保证风险评估的实施,与系统相连的相关方也应配合,以防止给其他方的使用带来困难或引入新的风险。

2）检查评估

检查评估是指信息系统上级管理部门组织的或国家有关职能部门依法开展的风险评估。检查评估可依据相关标准的要求，实施完整的风险评估过程。检查评估也可在自评估实施的基础上，对关键环节或重点内容实施抽样评估，包括但不限于以下内容：自评估队伍及技术人员检查、自评估方法的检查、自评估过程控制与文档记录检查、自评估资产列表审查自评估威胁列表审查、自评估脆弱性列表审查、现有安全措施有效性检查、自评估结果审查与采取相应措施的跟踪检查、自评估技术技能限制未完成项目的检查评估、上级关注或要求的关键环节和重点内容的检查评估、软硬件维护制度及实施管理的检查，以及突发事件应对措施的检查。

检查评估也可委托风险评估服务技术支持方实施，单评估结果仅对检查评估的发起单位负责。由于检查评估代表了管理机关，涉及的评估对象往往较多。因此，要对实施检查评估机构的资质进行严格管理。

等级保护测评、检查评估都是在既定安全基线的基础上开展的符合性测评，其中等级保护测评是符合国家安全要求的测评，检查评估是符合行业主管部门安全要求的符合性测评。而风险评估是在国家、行业安全要求的基础上，以一个组织的生存、发展来看，即便没有国家、行业的符合性测评要求，风险评估也是需要的。从根本上看，风险评估是维护自身利益、提高组织竞争优势和保持组织业务连续性不可缺少的一项重要活动。

5.1.6 主要工具

信息安全风险评估工具是信息安全风险评估的辅助手段，是保证风险评估结果可信度的一个重要因素。风险评估工具的使用不但在一定程度上解决了手动评估的局限性，最主要的是它能够将专家知识进行集中，使专家的经验知识广泛的应用。

《信息安全技术 信息安全风险评估规范》（GB/T 20984—2007）将信息安全风险评估工具分为风险评估与管理工具、系统基础平台风险评估工具、风险评估辅助工具三类。

1）风险评估与管理工具

风险评估与管理系统根据信息所面临的威胁的不同分布进行全面考虑，主要从安全管理方面入手，评估信息资产所面临的威胁。这种风险评估工具通常建立在一定的算法之上，由关键信息资产、资产所面临的威胁以及威胁所利用的脆弱点来确定风险等级;也有通过建立专家系统,利用专家经验进行风险分析,给出专家结论,这种评估工具需要不断进行知识库的扩充,以适应不同的需要。

风险评估与管理工具实现了对风险评估过程的实施和管理,包括:被评估信息系统基本信息获取、资产信息获取、脆弱性识别与管理、威胁识别、风险计算、评估过程与评估结果管理等功能。评估可以通过问卷的方式,也可以通过结构化的推理过程,建立模型,输入相关信息,得出评估结论。通常这类工具在对风险进行评估后,都会有针对性地提出风险控控制措施。

根据实现方法不同,风险评估与管理工具主要分为三类:

(1) 基于信息安全标准的风险评估与管理工具。

依据国家标准或指南内容,开发相应风险评估工具,完成遵循标准或指南的风险评估过程。

(2) 基于知识的风险评估与管理工具。

基于知识的风险评估与管理工具是将各种风险分析方法进行综合,并结合实践经验,形成风险评估知识库,以此为基础完成风险评估。

(3) 基于模型的风险评估与管理工具。

基于模型的风险评估与管理工具是在对系统各组成部分、安全要素充分研究的基础上,对典型系统的资产、威胁、脆弱性建立量化或半量化的模型,根据采集信息的输入,得到评价的结果。

常见的风险评估与管理工具包括:MBSA、COBRA、CRAMM、ASSET、RiskWatch 以及 RA/SYS、@RISK、BDSS、CC、CORA、MSAT、RiskPAC 等。

2) 系统基础平台风险评估工具

系统基础平台风险评估工具主要用于对信息系统的主要部件(操作系统、数据库系统和网络设备等)的脆弱性进行分析,或实施基于脆弱性的模拟攻击。此类工具包括脆弱性扫描工具和渗透性测试工具。

脆弱性扫描工具也成为安全扫描、漏洞扫描器,是目前应用最广泛的风险评估工具,主要完成操作系统、数据库系统、网络协议和网络服务等的安全脆弱性检测功能。脆弱性扫描工具评估网络或主机系统的安全性,并且报告系统的脆弱点,这些工具能够扫描网络、服务器、防火墙、路由器和应用程序,发现其中的漏洞。常见的脆弱性扫描工具有以下几种类型:基于网络的扫描器、基于主机的扫描器、分布式网络扫描器和数据库脆弱性扫描器。

渗透性测试工具是根据脆弱性扫描工具扫描的结果进行模拟攻击测试,判断被非法访问者利用的可能性。渗透测试的目的是检测已发现的漏洞是否真正会给系统或网络环境带来威胁。渗透性测试工具通常包括:黑客工具、脚本文件。通常渗透性测试工具与脆弱性扫描工具一起使用,可能会对被评估系统的运行造成一定影响。

3) 风险评估辅助工具

风险评估辅助工具则实现对数据的采集、现状分析和趋势分析等单项功能,为风险评估个要素的赋值、定级提供依据,主要用于评估中所需要的数据和资料,帮助测试者完成现状分析和趋势分析。

常见的这类工具包括:检查列表、入侵检测系统、安全沉寂工具、拓扑发现工具和资产信息收集系统以及用于评估过程参考的评估指标库、知识库、漏洞库、算法库和模型库等。

5.2 信息安全风险评估方法

风险评估方法的选择可以直接影响到风险评估过程的每个阶段,可能影响到风险评估的结果。基于风险评估的原理,在风险评估过程中可以采用多种操作方法,包括定性(Qualitative)分析、定量(Quantitative)分析、基于知识(Knowledge-based)的分析和基于模型(Model-based)的分析。最常用的是定量分析和定性分析的方法。无论何种方法,其目标都是找出组织信息资产面临的风险及其影响,以及目前安全水平与组织安全需求之间的差距。

5.2.1 定性风险评估

定性分析方法是最广泛使用的风险评估方法。该方法一般只关注威胁事件所带来的损失,而忽略事件发生的概率。多数定性风险分析方法依据组织面临的威胁、脆弱点以及控制措施等元素来决定安全风险等级。在定性评估时并不使用具体数据,往往需要凭借分析者的经验和直觉,或者业界的标准和惯例,为风险管理诸要素(资产价值、威胁频率、脆弱性利用的可能性、安全措施的效率和成本等)的大小或高低程度定性分级,例如"高""中""低"三级。定性分析方法一般只关注威胁事件所带来的损失,而忽略事件发生的概率,带有很强的主观性。

定性分析的操作方法可以多种多样,包括小组讨论、检查列表、问卷、人员访谈、调查等。定性分析操作起来相对容易,但也可能因为操作者经验和直觉的偏差而使分析结果失准。

定性风险分析技术包括危害与可操作性分析、错误树分析、事件树分析、失效模式及影响和危害性分析等。

5.2.2 定量风险评估

定量风险分析在风险评估与成本效益分析期间收集的各个组成部分计算客观数字值,定量风险分析更具客观性。定量分析方法的思想很明确:对构成风险的各个要素和潜在损失的水平赋予数值或货币金额。

首先评估特定资产的价值 V,一般按功能单元进行分解;然后根据客观数据计算威胁的频率 P;最后计算威胁影响系数 μ,因为对于每一个风险,并不是所有的资产所遭受的危害程度都是一样的,程度的范围可能从无危害到彻底危害(即完全破坏)。

根据上述三个参数计算损失估算值。当度量风险的所有要素(资产价值、威胁频率、弱点利用程度、安全措施的效率和成本等)都被赋值,风险评估的整个过程和结果就可以被量化了。

定量风险分析方法的结果直观,容易理解,它要求特别关注资产的价值和威胁的量化数据,但是资产价值的确定、发生概率的确定、最终数值的界定是比较困难的。因此,真正使用此类方法来评估是很有难度的。此外,控制和对策措施可以减小威胁事件发生的可能性,而这些威胁事件之间又是相互关联的,这使得定量评估过程非常耗时和困难。

定性和定量风险分析的比较:

定性和定量风险分析具有各自的优点与缺点,某些情形会要求组织采用定量方法。此外,小型组织或资源有限的组织可能会发现定性方法更适合他们的需求。表 5-1 概括介绍了两种方法的优缺点。

定量和定性风险分析方法的优缺点　　　　表 5-1

优缺点	定量风险分析	定性风险分析
优点	(1)结果可用货币值和具体数据(百分比)来表达; (2)按财务影响确定风险优先级;按财务值确定资产优先级; (3)通过安全投资收益分析推动风险管理; (4)随着组织建立的历史数据记录而获得经验,其精确度将随事件的推移而提高	(1)可以对风险的处置排定优先顺序; (2)更容易达成一致意见; (3)无须量化威胁频率; (4)无须确定资产的财务价值; (5)更便于非安全或计算机专业人员的参与

续上表

优缺点	定量风险分析	定性风险分析
缺点	(1)分配给风险的影响值以参与者的主观意见为基础； (2)达成可靠结果和一致意见的流程非常耗时； (3)计算可能会非常复杂且耗时； (4)流程专业技术性强,参与者若未获指导则无法轻松执行流程	(1)在重要的风险之间没有足够的区别； (2)没有进行成本效益分析,难以证明投资控制措施是否正确； (3)结果取决于风险管理团队的素质、经验和知识技能

在实际的风险评估工作中,可以综合定性和定量风险分析的优点,根据实际情况进行成本有效地风险评估。例如,可以使用定性风险分析得出组织机构的风险总体状况以及风险的定性结果,然后使用定量的风险分析对最主要的风险进行详细的定量风险分析,得出具体详细的结果。这样,既可以确保对风险的整体把握,也可以将大量人力、物理和财力集中在关键资产和关键风险上,提供成本有效的风险评估结果。

5.2.3 基于知识的风险评估

基于知识的风险评估方法主要是依靠经验进行,经验从安全专家处获取并凭此来解决相似场景的风险评估问题,它涉及对来自类似组织(包括规模、业务目标和市场等)的"最佳惯例"的重用,适合一般性的信息安全组织。采用基于知识的分析方法,组织不需要付出很多精力、时间和资源,只要通过各种途径采集相关信息,识别组织的风险所在和当前的安全措施,与特定的标准或最佳惯例进行比较,从中找出不符合的地方,并按照标准或最佳惯例的推荐选择安全措施,最终达到消减和控制风险的目的。

基于知识的分析方法,最重要的还在于评估信息的采集,信息源包括：会议讨论；对当前信息安全策略和相关文档进行复查；制作问卷,进行调查；对相关人员进行访谈；进行实地考察。为了简化评估工作,组织可以采用一些辅助性的自动化工具,这些工具可以帮助组织拟订符合特定标准要求的问卷,然后对解答结果进行综合分析,在与特定标准比较之后给出最终的推荐报告。

5.2.4 基于模型的风险评估

基于模型的评估可以分析出系统自身内部机制中存在的危险性因素,同时又可以发现系统与外界交互中的不正常并有害的行为,从而完成系统脆弱点和安全威胁的定性分析,比较热门的基于建模的安全风险评估方法主要有基于图的建模方法和模型检测等。

5.3 信息安全风险评估流程

信息安全风险评估的范围可以是整个组织,也可以是组织中的若干部门,或者是独立的信息系统、特定的系统组件和服务。依据《信息安全技术 信息安全风险评估规范》(GB/T 20984—2007),同时参照 IOS/IEC TR 13335-3、NIST SP800-30 等标准,风险评估过程都会涉及以下四个阶段:风险评估准备、风险要素识别、风险分析及风险结果判定。第 1 阶段制定风险评估计划和方案,选择风险评估和工具,为后续的风险评估的实施做好准备,此阶段形成的计划书和方案需要得到信息系统和信息安全风险管理高层的认可和批准。第 2 阶段识别需求保护的资产、面临的威胁以及存在的脆弱性,并分别赋值,同时确认已有的安全措施,形成需要保护的资产清单以及面临的威胁、存在的脆弱性和已有安全措施 3 份列表。第 3 阶段分析安全事件发生的可能性及造成的损失,并实施风险计算,形成风险计算报告。第 4 阶段评价风险的等级和综合评价风险状况,形成风险程度等级列表和风险评估报告。

风险评估的实施流程如图 5-2 所示。

5.3.1 风险评估准备

风险评估的准备是整个风险评估过程有效性的保证。组织实施风险评估是一种战略性的考虑,其结果将受到组织业务战略、业务流程、安全需求、系统规模和结构等方面的影响。风险评估的准备是实施风险评估的前提。为保证评估过程的可控性及评估结果的客观性,在信息安全风险评估前应进行充分的准备和计划。信息安全风险评估的准备活动包括:确定风险评估的目标;确定风险评估的范围;组建适当的评估管理与实施团队;进行系统调研;确定评估依据和方法;制定风险评估方案;获得管理者对风险评估工作的支持。

1)确定风险评估的目标

在风险评估准备阶段应明确风险评估的目标,为风险评估的过程提供导向。网络安全需求是一个组织为保证其业务正常、有效运转而必须达到的要求,通过分析组织必须符合的相关法律法规,组织在业务流程中对保密性、完整性、可用性等方面的需求,来确定信息安全风险评估的目标。

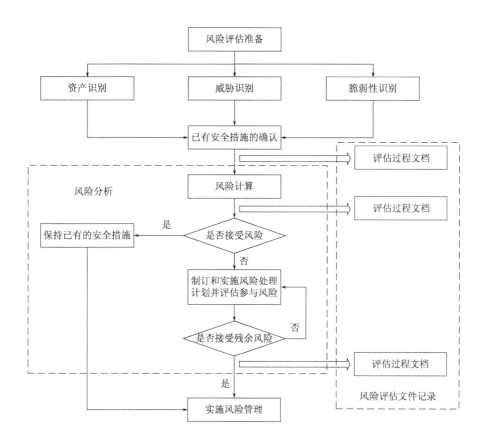

图 5-2 风险评估实施流程图

2) 确定风险评估的范围

既定的风险评估可能只针对组织全部资产的一个子集,评估范围必须明确。

描述范围最重要的是对于评估边界的描述,确定了清晰地评估边界,就相当于规定了对风险评估小组的授权范围,并提供了进行评估的必要信息,例如硬件、软件、人员和基础设备等。评估的范围可能是单个系统或者是多个关联的系统,对于关联系统要特别注意相互之间的接口描述。比较好的方法是按照物理边界和逻辑边界来描述其风险评估的范围。

3) 组建适当的评估管理与实施团队

在评估的准备阶段,评估组织应成立专门的评估团队,具体执行组织的风评估。团队应包括单位领导、信息安全风险评估专家、技术专家,还应该包括管理层、业务部门、人力资源、IT 系统和来自用户的代表。

4) 开展系统调研

系统调研时确定被评估对象的过程。风险评估团队应进行充分的系统调研,为风险评估依据和方法的选择、评估内容的实施奠定基础。调研的内容至少应包括:业务战略及管理制度;主要的业务功能和要求;网络结构与网络环境,包括内部连接和外部连接;系统边界;主要的硬件、软件;数据和信息;系统和数据的敏感性;支持和使用系统的人员。

系统调研可以采取调查问卷、现场面谈相结合的方式进行。问卷是一套关于管理或操作控制的问题表格,供系统技术或管理人员填写;现场面谈则是由评估人员到现场观察并收集系统在物理、环境和操作方面的信息。

5) 确定评估依据和方法

根据系统调研的结果,确定风险评估的依据和方法。信息安全风险评估依据包括国际或国家有关的标准、组织的行业主管机关的业务系统的要求和制度、组织的信息系统互联单位的安全要求、组织的信息系统本身的实时性或性能要求等。

根据网络安全评估风险依据,并综合考虑风险评估的目的、范围、时间、效果、评估人员素质等因素,选择具体的风险计算方法,并依据组织业务实施对系统安全运行的需求,确定相关的评估判断依据,使之能够与组织环境和安全要求相适应。

6) 制定风险评估方案

风险评估方案一般包括以下内容:
(1) 团队组织:包括评估团队成员、组织结构、角色、责任等内容。
(2) 工作计划:风险评估工作计划,包括工作内容、工作形式、工作成果等内容。
(3) 时间进度安排:项目实施的时间进度安排。

风险评估活动是一个复杂的认为参与过程,制订详细可行的计划,并严格按照时间进度安排实施,是保证评估活动成功的重要方面。

7) 获得最高管理者对风险评估工作的支持

信息安全风险评估需要相关资源的支持,管理层必须以明示的方式表明对评估活动的支持,对资源调配做出承诺,并对风险评估小组赋予足够的权利,风险评估活动才能顺利进行。

5.3.2 风险要素识别

风险要素识别是风险评估工作的关键环节,通常通过在用户信息系统现场来实施,风险要素识别包括资产识别、威胁识别、脆弱性识别和安全措施的有效性识别四个部分。识别阶段获得的原始信息越翔实,就越能保证风险分析结果的客观性和相应建议的针对性,被评估组织就能从评估活动中获得更大的安全收益。

5.3.2.1 资产识别

机密性、完整性及可用性是评价资产的三个安全属性。

风险评估中资产的价值不是以资产的经济价值来衡量,而是由资产在这三个安全属性上的达成程度或者其安全属性未达成时所造成的影响程度来决定的。安全属性达成程度的不同将使资产具有不同的价值,而资产面临的威胁、存在的脆弱性以及已采用的安全措施都将对资产安全属性的达成程度产生影响。为此,有必要对组织中的资产进行识别。

资产识别的主要工作内容有:
①回顾评估范围之内的业务。
②识别信息资产,进行合理分类。
③确定每类信息资产的安全需求。
④为每类信息资产的重要性赋值。

1) 资产分类

每个类别的资产都具有一定的安全属性;统一资产类别中的不同资产之间安全属性的差别是将每个资产类别进一步划分为多个信息资产子类的依据。在一个组织中,资产有多种表现形式;同样的两个资产也因属于不同的信息系统而重要性不同,而且对于提供多种业务的组织,其支持业务持续运行的系统数量可能更多。这时首先需要将信息系统及相关的资产进行恰当的分类,以此为基础进行下一步的风险评估。在实际工作中,具体的资产分类方法可以根据具体的评估对象和要求,由评估者灵活把握。根据资产的表现形式,可将资产分为数据、软件、硬件、服务、人员等类型。

GB/T 20984—2007 给出了一种资产分类的方式,该方式基于表现的形式分为不同资产,如表5-2所示。

资产分类表　　　　　　　　　　　　　　　表 5-2

分类	示例
数据	电子文档;包括保存在信息媒介上的各种数据资料,如源代码、系统文档、数据库数据、运行管理规程、报告、计划、用户手册各类纸质的文档等
软件	包括系统软件、应用软件和源程序等;操作系统、语句包、数据库管理系统、办公软件、数据库软件、代码
硬件	网络设备:交换机、路由器、集线器等; 计算机设备:大型机、小型机、服务器、工作站、台式计算机、便携计算机等; 存储设备:磁带机、U 盘、磁盘阵列、移动硬盘等; 保障设备:UPS、变电设备、空调、保险柜、文件柜、门禁、消防设备等; 安全保障设备:身份鉴别、防火墙、入侵检测系统等; 其他:打印机、传真机、扫描仪等
服务	信息服务:对外依赖该系统开展的各类服务; 网络服务:网络连接各种网络设备、设施服务; 办公服务:管理信息系统,有内部配置管理、文件流转管理等服务
人员	特指拥有重要信息和核心业务的人员
其他	客户关系、企业形象等

2) 资产赋值

(1) 保密性赋值

根据资产在保密性上的不同要求,将其分为五个不同的等级,分别对应资产在保密性上应达成的不同程度或者保密性缺失时对整个组织的影响。表 5-3 提供了一种保密性赋值的参考。

资产保密性赋值表　　　　　　　　　　　　表 5-3

赋值	标识	定义
5	很高	包含组织最重要的秘密,关系未来发展的前途命运,对组织根本利益有着决定性的影响,如果泄露会造成灾难性的损害
4	高	包含组织的重要秘密,其泄露会使组织的安全和利益遭受严重损害
3	中等	组织的一般性秘密,其泄露会使组织的安全和利益受到损害
2	低	仅能在组织内部或在组织某一部门内公开的信息,向外扩散有可能对组织的利益造成轻微损害
1	很低	可对社会公开的信息,公用的信息处理设备和系统资源等

(2) 完整性赋值

根据资产在完整性上的不同要求,将其分为五个不同的等级,分别对应资产在完整性上缺失时对整个组织的影响。表 5-4 提供了一种完整性赋值的参考。

资产完整性赋值表　　　　　　　　　　表 5-4

赋值	标识	定　义
5	很高	完整性价值非常关键，未经授权的修改或破坏会对组织造成重大的或无法接受的影响，对业务冲击重大，并可能造成严重的业务中断，难以弥补
4	高	完整性价值较高，未经授权的修改或破坏会对组织造成重大影响，对业务冲击严重，较难弥补
3	中等	完整性价值中等，未经授权的修改或破坏会对组织造成影响，对业务冲击明显，但可以弥补
2	低	完整性价值较低，未经授权的修改或破坏会对组织造成轻微影响，对业务冲击轻微，容易弥补
1	很低	完整性价值非常低，未经授权的修改或破坏对组织造成的影响可以忽略，对业务冲击可以忽略

（3）可用性赋值

根据资产在可用性上的不同要求，将其分为五个不同的等级，分别对应资产在可用性上应达成的不同程度。表 5-5 提供了一种可用性赋值的参考。

资产可用性赋值表　　　　　　　　　　表 5-5

赋值	标识	定　义
5	很高	可用性价值非常高，合法使用者对信息及信息系统的可用度达到年度 99.9% 以上，或系统不允许中断
4	高	可用性价值较高，合法使用者对信息及信息系统的可用度达到每天 90% 以上，或系统允许中断时间小于 10 min
3	中等	可用性价值中等，合法使用者对信息及信息系统的可用度在正常工作时间达到 70% 以上，或系统允许中断时间小于 30 min
2	低	可用性价值较低，合法使用者对信息及信息系统的可用度在正常工作时间达到 25% 以上，或系统允许中断时间小于 60min
1	很低	可用性价可以忽略，合法使用者对信息及信息系统的可用度在正常工作时间低于 25%

（4）资产重要性等级

资产价值应依据资产在机密性、完整性及可用性上的赋值等级，经过综合评定得出。综合评定方法可以根据自身的特点,选择对资产机密性、完整性及可用性最为重要的一个属性的赋值等级作为资产的最终赋值结果;也可以根据资产机密性、完整性及可用性的不同等级对其赋值进行加权计算得到资产的最终赋值结果。加权方法可根据组织的业务特点确定。

为与上述安全属性的赋值相对应,根据最终赋值将资产划分为五级,级别越高表示资产越重要,也可以根据组织的实际情况确定资产识别中的赋值依据和等级。表5-6中的资产等级划分表明了不同等级的重要性的综合描述。评估者可根据资产赋值结果,确定重要资产的范围,并主要围绕重要资产进行下一步的风险评估。

资产等级及含义描述　　　　　　　　　　表 5-6

等级	标识	描述
5	很高	非常重要,其安全属性破坏后可能对组织造成非常严重的损失
4	高	重要,其安全属性破坏后可能对组织造成比较严重的损失
3	中等	比较重要,其安全属性破坏后可能对组织造成中等程度的损失
2	低	不太重要,其安全属性破坏后可能对组织造成较低的损失
1	很低	不重要,其安全属性破坏后对组织造成很小的损失,甚至忽略不计

5.3.2.2　威胁识别

1) 威胁分类

威胁是指可能导致危害系统或组织的不希望事故的潜在起因。威胁识别活动的主要目的是建立风险分析所需要的威胁场景。

威胁可以通过威胁主体、资源、动机、途径等多种属性来描述。造成威胁的因素可分为人为因素和环境因素。根据威胁的动机,人为因素又可分为恶意和非恶意两种。环境因素包括自然界不可抗的因素和其他物理因素。威胁作用形式可以是对信息系统直接或间接的攻击,在机密性、完整性或可用性等方面造成损害;也可能是偶发的、或蓄意的事件。

威胁识别的工作内容是:①威胁识别;②威胁分类;③威胁赋值;④构建威胁场景。

在对威胁进行分类前,应考虑威胁的来源。表5-7提供了一种威胁来源的分类方法。

威胁来源列表　　　　　　　　　　　　　　　表 5-7

来源		描述
环境因素		断电、静电、灰尘、潮湿、温度、鼠蚁虫害、电磁干扰、洪灾、火灾、地震、意外事故等环境危害或自然灾害,以及软件、硬件、数据、通信线路等方面的故障
人为因素	恶意人员	不满的或有预谋的内部人员对信息系统进行恶意破坏；采用自主或内外勾结的方式盗窃机密信息或进行篡改,获取利益外部人员利用信息系统的脆弱性,对网络或系统的机密性、完整性和可用性进行破坏,以获取利益或炫耀能力
	非恶意人员	内部人员由于缺乏责任心,或者由于不关心和不专注,或者没有遵循规章制度和操作流程而导致故障或信息损坏；内部人员由于缺乏培训、专业技能不足、不具备岗位技能要求而导致信息系统故障或被攻击

对威胁进行分类的方式有多种,针对上表的威胁来源,GB/T 20984—2007中给出了一种基于表现形式的威胁分类方法,如表5-8所示。

一种基于表现形式的威胁分类表　　　　　　　表 5-8

种类	描述	威胁子类
软硬件故障	对业务实施或系统运行产生影响的设备硬件故障、通信链路中断、系统本身或软件缺陷造等问题	设备硬件故障、传输设备故障、存储媒体故障、系统软件故障、应用软件故障、数据库软件故障、开发环境故障
物理环境影响	对信息系统正常运行造成影响的物理环境问题和自然灾害	断电、静电、灰尘、潮湿、温度、鼠蚁虫害、电磁干扰、洪灾、火灾、地震等
无作为或操作失误	应该执行而没有执行相应的操作,或无意地执行了错误的操作	维护错误、操作失误等
管理不到位	安全管理无法落实或不到位,从而破坏信息系统正常有序运行	管理制度和策略不完善、管理规程缺失、职责不明确、监督控管机制不健全等
恶意代码	故意在计算机系统上执行恶意任务的程序代码	病毒、特洛伊木马、蠕虫、陷门、间谍软件、窃听软件等
越权或滥用	通过采取一些措施,超越自己的权限访问了本来无权访问的资源,或者滥用自己的职权,做出破坏信息系统的行为	非授权访问网络资源、非授权访问系统资源、滥用权限非正常修改系统配置或数据、滥用权限泄露秘密信息等
网络攻击	利用工具和技术通过网络对信息系统进行攻击和入侵	网络探测和信息采集、漏洞探测、嗅探(账户、口令、权限等)、用户身份伪造和欺骗、用户或业务数据的窃取和破坏、系统运行的控制和破坏

续上表

种 类	描 述	威胁子类
物理攻击	通过物理的接触造成对软件、硬件、数据的破坏	物理接触、物理破坏、盗窃等
泄密	信息泄露给不应了解的他人	内部信息泄露、外部信息泄露等
篡改	非法修改信息，破坏信息的完整性使系统的安全性降低或信息不可用	篡改网络配置信息、篡改系统配置信息、篡改安全配置信息、篡改用户身份信息或业务数据信息等
抵赖	不承认收到的信息和所作的操作和交易	原发抵赖、接收抵赖、第三方抵赖等

2) 威胁赋值

判断威胁出现的频率是威胁赋值的重要内容，评估者应根据经验和（或）有关的统计数据来进行判断。在评估中，需要综合考虑以下三个方面，以形成在某种评估环境中各种威胁出现的频率：

（1）以往安全事件报告中出现过的威胁及其频率的统计。

（2）实际环境中通过检测工具以及各种日志发现的威胁及其频率的统计。

（3）近一两年来国际组织发布的对于整个社会或特定行业的威胁及其频率统计，以及发布的威胁预警。

可以对威胁出现的频率进行等级化处理，不同等级分别代表威胁出现的频率的高低。等级数值越大，威胁出现的频率越高。

表 5-9 提供了威胁出现频率的一种赋值方法。在实际的评估中，威胁频率的判断依据应在评估准备阶段根据历史统计或行业判断予以确定，并得到被评估方的认可。

威 胁 赋 值 表   表 5-9

等级	标识	定 义
5	很高	出现的频率很高（或≥1次/周）；或在大多数情况下几乎不可避免；或可以证实经常发生
4	高	出现的频率较高（或≥1次/月）；或在大多数情况下很有可能会发生；或可以证实多次发生过
3	中等	出现的频率中等（或＞1次/半年）；或在某种情况下可能会发生；或被证实曾经发生过
2	低	出现的频率较小；一般不太可能发生；没有被证实发生过
1	很低	威胁几乎不可能发生，仅可能在非常罕见和例外的情况下发生

5.3.2.3 脆弱性识别

1) 脆弱性识别内容

脆弱性是资产或者资产组中存在的可能被威胁利用造成损害的薄弱环节，脆弱性一旦被威胁成功利用就可能损害到资产。各类技术脆弱性的存在导致了安全事件发生的概率大大增加，加大了信息系统的整体风险。故需要对信息系统中的脆弱性进行识别。

脆弱性是资产本身存在的，如果没有被相应的威胁利用，单纯的脆弱性本身不会对资产造成损害。而且如果系统足够强健，严重的威胁也不会导致安全事件发生，并造成损失。即威胁总是要利用资产的脆弱性才可能造成危害。

资产的脆弱性具有隐蔽性，有些脆弱性只有在一定条件和环境下才能显现，这是脆弱性识别中最为困难的部分。不正确的、起不到应有作用的或没有正确实施的安全措施本身就可能是一个脆弱性。

脆弱性识别是风险评估中最重要的一个环节。脆弱性识别可以以资产为核心，针对每一项需要保护的资产，识别可能被威胁利用的弱点，并对脆弱性的严重程度进行评估；也可以从物理、网络、系统、应用等层次进行识别，然后与资产、威胁对应起来。脆弱性识别的依据可以是国际或国家安全标准，也可以是行业规范、应用流程的安全要求。对应用在不同环境中的相同的弱点，其脆弱性严重程度是不同的，评估者应从组织安全策略的角度考虑、判断资产的脆弱性及其严重程度。信息系统所采用的协议、应用流程的完备与否、与其他网络的互联等也应考虑在内。

脆弱性识别的内容有：①脆弱性识别；②识别结果整理与展示；③脆弱性赋值。

脆弱性识别时的数据应来自资产的所有者、使用者，以及相关业务领域和软硬件方面的专业人员等。脆弱性识别所采用的方法主要有问卷调查、工具检测、人工核查、文档查阅、渗透性测试等。

脆弱性识别主要从技术和管理两个方面进行，技术脆弱性涉及物理层、网络层、系统层、应用层等各个层面的安全问题。管理脆弱性又可分为技术管理脆弱性和组织管理脆弱性两方面，前者与具体技术活动相关，后者与管理环境相关。

对不同的识别对象，其脆弱性识别的具体要求应参照相应的技术或管理标准实施。例如，对物理环境的脆弱性识别应按 GB/T 9361 中的技术指标实施；对操作系统、数据库应按 GB 17859—1999 中的技术指标实施。对管理脆弱性识别方面应按 GB/T 19716—2005 的要求对安全管理制度及其执行情况进行检查，发现管理漏洞和不足。

2) 脆弱性赋值

可以根据对资产的损害程度、技术实现的难易程度、弱点的流行程度,采用等级方式对已识别的脆弱性的严重程度进行赋值。由于很多弱点反映的是同一方面的问题,或可能造成相似的后果,赋值时应综合考虑这些弱点,以确定这一方面脆弱性的严重程度。

对某个资产,其技术脆弱性的严重程度还受到组织管理脆弱性的影响。因此,资产的脆弱性赋值还应参考技术管理和组织管理脆弱性的严重程度。

脆弱性严重程度可以进行等级化处理,不同的等级分别代表资产脆弱性严重程度的高低。等级数值越大,脆弱性严重程度越高。表 5-10 提供了脆弱性严重程度的一种赋值方法。

脆弱性严重程度赋值表　　　　表 5-10

等级	标识	定义
5	很高	如果被威胁利用,将对资产造成完全损害
4	高	如果被威胁利用,将对资产造成重大损害
3	中等	如果被威胁利用,将对资产造成一般损害
2	低	如果被威胁利用,将对资产造成较小损害
1	很低	如果被威胁利用,将对资产造成的损害可以忽略

5.3.2.4　已有安全措施确认

安全控制措施直接决定了安全事件发生的可能性高低及其不良影响的大小。

在识别脆弱性的同时,评估人员应对已采取的安全措施的有效性进行确认。安全措施的确认应评估其有效性,即是否真正降低了系统的脆弱性、抵御了威胁。对有效的安全措施继续保持,以避免不必要的工作和费用,防止安全措施的重复实施。对确认为不适当的安全措施,应核实是否应被取消或对其进行修正,或用更合适的安全措施替代。

安全措施工作内容主要分为两部分:①技术控制措施的识别和确认;②管理和操作控制措施的识别和确认。

安全措施可以分为预防性安全措施和保护性安全措施两种。预防性安全措施可以降低威胁利用脆弱性导致安全事件发生的可能性,如入侵检测系统;保护性安全措施可以减少因安全事件发生后对组织或系统造成的影响。

已有安全措施确认与脆弱性识别存在一定的联系。一般来说,安全措施的使用将减少系统技术或管理上的脆弱性,但安全措施确认并不需要和脆弱性识别过程那样具体到每个资产、组件的脆弱性,而是一类具体措施的集合,为风险处理计划的制定提供依据和参考。

5.3.3 风险评估分析

1) 风险计算原理

在完成了资产识别、威胁识别、脆弱性识别以及对已有安全措施确认后,将采用已确定的方法与工具确定威胁利用脆弱性导致安全事件发生的可能性。综合安全事件所作用的资产价值及脆弱性的严重程度,判断安全事件造成的损失对组织的影响,即"风险值"。风险计算原理,以下面的范式形式化加以说明:

$$风险值 = R(A,T,V) = R[L(T,V),F(I_a,V_a)]$$

式中:R——安全风险计算函数;

A——资产;

T——威胁;

V——脆弱性;

I_a——安全事件所作用的资产价值;

V_a——脆弱性严重程度;

L——威胁利用资产的脆弱性导致安全事件发生的可能性;

F——安全事件发生后产生的损失。

在实际风险评估活动中,具体的风险计算方法,应该是对以上风险相关要素的某种具体运算,目前常用的风险计算方法是矩阵法和相乘法。在实际应用中,可以将矩阵法和相乘法结合使用。

矩阵法主要适用于由两个要素值确定一个要素值的情形。其特点在于通过构造两两要素计算矩阵,可以清晰地罗列要素的变化趋势,具备良好的灵活性,因此,矩阵法在风险分析中得到广泛采用。在矩阵法风险分析计算中,通常需要对由两个要素确定的另一个要素值进行计算。例如,由威胁和脆弱性确定安全事件发生可能性值、由资产和脆弱性确定安全时间的损失值等,同时需要整体掌握风险值的确定。

相乘法主要用于有两个或多个要素值确定一个要素值的情形。即 $z = f(x,y)$,函数 f 的值 z 可以采用相乘法取得。相乘法的原理是:

当 f 为增函数时,可以直接相乘,可以相乘后开方等,例如,$z = f(x,y) = x \times y$,或 $z = f(x,y) = \sqrt{x \times y}$ 等。

相乘法提供一种定量的计算方法,可直接将两个要素的值相乘得到另一个要素的值。相乘法的特点是简单明确,直接按照统一公式计算,即可得到所需结果。因此相乘法在风险分析中也得到广泛采用。在相乘法风险值计算中,通常也需要对由两个要素确定的另一个要素进行计算,例如,由威胁和脆弱性确定安全事件发生可能性、由资产和脆弱性确定安全事件的损失值。

风险分析阶段包括分析安全事件发生的可能性、分析安全事件造成的损失和实施风险计算三部分。

(1)计算安全事件发生的可能性

根据威胁出现频率及弱点的状况,计算威胁利用脆弱性导致安全事件发生的可能性,即:安全事件发生的可能性 = L(威胁出现频率,脆弱性) = $L(T,V)$。在具体评估中,应综合攻击者技术能力(专业技术程度、攻击设备等)、脆弱性被利用的难易程度(可访问时间、设计和操作知识公开程度等)、资产吸引力等因素来判断安全事件发生的可能性。作为示例,此处采用前面已经定义的方法:

安全事件发生的可能性 $L = T \cdot V_a$,即等于威胁出现的频率乘以脆弱性的严重程度。

(2)计算安全事件发生后的损失

根据资产价值及脆弱性严重程度,计算安全事件一旦发生后的损失,即:

安全事件的损失 = F(资产价值,脆弱性严重程度) = $F(I_a, V_a)$

作为示例,此处采用前面已经定义的计算方法:安全事件造成的损失 $F = I_a \cdot V_a$,即等于资产价值乘以脆弱性的严重程度。

部分安全事件的发生造成的损失不仅仅是针对该资产本身,还可能影响业务的连续性;不同安全事件的发生对组织造成的影响也是不一样的。在计算某个安全事件的损失时,应将对组织的影响也考虑在内。

部分安全事件损失的判断还应参照安全事件发生可能性的结果,对发生可能性极小的安全事件(如处于非地震带的地震威胁、在采取完备供电措施状况下的电力故障威胁等)可以不计算其损失。

(3)计算风险值

根据计算出的安全事件发生的可能性以及安全事件的损失计算风险值,即:

风险值 = R(安全事件发生的可能性,安全事件造成的损失) = $R[L(T,V), F(I_a, V_a)]$

评估者可根据自身情况选择相应的风险计算方法计算风险值,如矩阵法或相乘法。矩阵法通过构造一个二维矩阵,形成安全事件发生的可能性与安全事件的损失之间的二维关系;相乘法通过构造经验函数,将安全事件发生的可能性

与安全事件的损失进行运算得到风险值。作为示例,此处采用前面已经定义的计算方法:

风险值 $= L \times F$,即等于安全事件发生的可能性乘以安全事件造成的损失。

2) 风险值计算

(1) 矩阵法计算风险

矩阵法主要适用于由两个要素值确定一个要素值的情形,假设:

$$x = \{x_1, x_2, \cdots, x_i, \cdots x_m\}, 1 \leq i \leq m, x_i \text{ 为正整数}$$

$$y = \{y_1, y_2, \cdots, y_i, \cdots y_n\}, 1 \leq i \leq n, y_i \text{ 为正整数}$$

函数 $z = f(x, y)$ 可以使用矩阵法计算,即以 x 和 y 的取值构造一个二维矩阵,如表 5-11 所示,矩阵行值为 y 的所有取值,矩阵列值为 x 的所有取值,矩阵内 $m \times n$ 个值即函数 z 的值。

矩 阵 构 造　　　　　　表 5-11

元素	y_1	y_2	⋯	y_j	⋯	y_n
x_1	z_{11}	z_{12}	⋯	z_{1j}	⋯	z_{1n}
x_2	z_{21}	z_{22}	⋯	z_{2j}	⋯	z_{2n}
⋯	⋯	⋯	⋯	⋯	⋯	⋯
x_i	z_{i1}	z_{i2}	⋯	z_{ij}	⋯	z_{in}
⋯	⋯	⋯	⋯	⋯	⋯	⋯
x_m	z_{m1}	z_{m2}	⋯	z_{mj}	⋯	z_{mn}

对于 Z_{ij} 的计算,可采用 $z_{ij} = x_i + y_i$、$z_{ij} = x_i \times y_j$ 或 $z_{ij} = \alpha \times x_i + \beta \times y_i$,其中 α 和 β 为正常数。Z_{ij} 的计算可根据实际情况确定,不一定要遵循统一的计算公式,但必须具有统一的增减趋势,即如果是递增函数,Z 值应随着 x 与 y 的值递增,反之亦然。

矩阵法风险计算过程:

①计算安全事件发生可能性

a. 构建安全事件发生可能性矩阵;

b. 根据威胁发生频率值和脆弱性严重程度值在矩阵中进行对照,确定安全事件发生可能性值;

c.对计算得到的安全风险事件发生可能性进行等级划分。

②计算安全事件的损失

a.构建安全事件损失矩阵；

b.根据资产价值和脆弱性严重程度值在矩阵中进行对照,确定安全事件损失值；

c.对计算得到的安全事件损失进行等级划分。

③计算风险值

a.构建风险矩阵；

b.根据安全事件发生可能性和安全事件损失在矩阵中进行对照,确定安全事件风险。

④风险结果判定

[例 5-1] 假设有三个重要资产,即资产 A_1、资产 A_2 和资产 A_3,资产所面临的威胁及威胁可利用资产的脆弱性见表 5-12,括号内是其等级值。

资产、威胁、脆弱性表　　　　表 5-12

资　产	威　胁	脆 弱 性
资产 $A_1(2)$	威胁 $T_1(2)$	脆弱性 $V_1(2)$
		脆弱性 $V_2(3)$
资产 $A_2(2)$	威胁 $T_1(1)$	脆弱性 $V_3(1)$
		脆弱性 $V_4(4)$
		脆弱性 $V_5(2)$
资产 $A_2(3)$	威胁 $T_3(2)$	脆弱性 $V_6(4)$
		脆弱性 $V_7(2)$
资产 $A_3(5)$	威胁 $T_4(5)$	脆弱性 $V_8(3)$
	威胁 $T_5(4)$	脆弱性 $V_9(5)$

使用矩阵法,计算资产的风险值及风险等级。

解:首先计算 A_1 的风险值。

资产 A_1 面临的威胁有 T_1 和 T_2。T_1 可以利用的资产 A_1 存在的脆弱性有 2 个,即 V_1 和 V_2,T_2 可以利用的资产 A_1 存在的脆弱性有 3 个,即 V_3、V_4 和 V_5,因此资产 A_1 存在的风险值有 5 个,下面计算资产 A_1 面临的威胁 T_1 可以计算利用脆弱性 V_1 的风险值。

①计算安全事件发生可能性

构造安全事件发生的可能性矩阵,如表 5-13 所示。

安全事件发生的可能性矩阵 表 5-13

威胁发生频率	脆弱性严重程度				
	1	2	3	4	5
1	2	4	7	11	14
2	3	6	10	13	17
3	5	9	12	16	20
4	7	11	14	18	22
5	8	12	17	20	25

因为 $T_1 = 2, V_1 = 2$,所以安全事件的可能性为 6,根据安全事件的可能性等级划分,见表 5-14,安全事件发生的可能性为 2。

安全事件可能性等级划分 表 5-14

安全事件发生可能性值	1～5	6～11	12～16	17～21	22～25
发生可能性等级	1	2	3	4	5

②计算安全事件的损失

构造安全事件发生损失矩阵,如表 5-15 所示。

安全事件发生损失矩阵 表 5-15

资产价值	脆弱性严重程度				
	1	2	3	4	5
1	2	4	6	10	13
2	3	5	9	12	16
3	4	7	11	15	20
4	5	8	14	19	22
5	6	10	16	21	25

因为 $A_1 = 2, V_1 = 2$,所以安全事件损失值为 5,安全事件损失等级划分见表 5-16,安全事件造成的损失等级为 1。

安全事件损失等级划分 表 5-16

安全事件损失值	1～5	6～10	11～15	16～20	21～25
安全事件损失等级	1	2	3	4	5

③计算风险值

构造风险矩阵,如表 5-17 所示。

风 险 矩 阵　　　　　　　　　　　　　　表 5-17

损 失 等 级	可 能 性				
	1	2	3	4	5
1	3	6	9	12	16
2	5	8	11	15	18
3	6	9	13	17	21
4	7	11	16	20	23
5	9	14	20	23	25

安全事件发生的可能性等级为2,安全时间损失等级为1,因此安全事件风险为6。

类似,可计算资产 A_1 的其他风险值,以及 A_2、A_3 的风险值,结果如表5-17所示。

④风险结果判定

最后,根据风险等级划分(表5-18),确定风险等级(表5-19)。

风 险 等 级 划 分　　　　　　　　　　表 5-18

风险值	1~6	7~12	13~18	19~23	24~25
风险等级	1	2	3	4	5

风 险 结 果　　　　　　　　　　　　表 5-19

资 产	威 胁	脆 弱 性	风 险 值	风险等级
资产 $A_1(2)$	威胁 $T_1(2)$	脆弱性 $V_1(2)$	6	1
		脆弱性 $V_2(3)$	8	2
	威胁 $T_2(1)$	脆弱性 $V_3(1)$	3	1
		脆弱性 $V_4(4)$	9	2
		脆弱性 $V_5(2)$	3	1
资产 $A_2(3)$	威胁 $T_3(2)$	脆弱性 $V_6(4)$	11	2
		脆弱性 $V_7(2)$	8	2
资产 $A_3(5)$	威胁 $T_4(5)$	脆弱性 $V_8(3)$	20	4
	威胁 $T_5(4)$	脆弱性 $V_9(5)$	25	5

(2)相乘法计算风险

相乘法主要适用于由两个要素值确定另一个要素值进行计算的情形,即函数 $z = f(x,y) = x Ä y$。

当函数 f 为增量函数时,可以使用直接相乘法计算,此时 $Ä$ 可以为直接相乘也可以为相乘后取模等。

如 $z = x \times y$ 或 $z = \sqrt{x \times y}$ 等。

①计算安全事件发生可能性

a. 安全事件发生可能性 = 威胁发生频率值 $Ä$ 脆弱性严重程度值;

b. 对计算得到的安全风险事件发生可能性进行等级划分。

②计算安全事件的损失

a. 安全事件损失值 = 资产价值 $Ä$ 脆弱性严重程度值;

b. 对计算得到的安全事件损失进行等级划分。

③计算风险值

安全事件风险值 = 安全事件发生可能性 $Ä$ 安全事件损失。

④风险结果判定

[**例 5-2**] 假设有 2 个重要资产:资产 A_1 和资产 A_2,资产所面临的威胁及威胁可利用资产的脆弱性见表 5-20,括号内是其等级值。

资产、威胁、脆弱性表　　　　　　　　表 5-20

资　产	威　胁	脆　弱　性
资产 $A_1(4)$	威胁 $T_1(1)$	脆弱性 $V_1(3)$
	威胁 $T_2(5)$	脆弱性 $V_2(1)$
		脆弱性 $V_3(5)$
	威胁 $T_3(4)$	脆弱性 $V_4(4)$
资产 $A_2(5)$	威胁 $T_4(3)$	脆弱性 $V_5(4)$
	威胁 $T_5(4)$	脆弱性 $V_6(3)$

使用相乘法,计算资产的风险值及风险等级。

解:首先计算 A_1 的风险值

资产 A_1 面临的威胁有 T_1、T_2、T_3,T_1 可以利用的资产 A_1 存在的脆弱性有 1 个,即 V_1,T_2 可以利用的资产 A_1 存在的脆弱性有 2 个、即 V_2 和 V_3,T_3 可以利用的资产 A_1 存在的脆弱性有 1 个,即 V_4,因此资产 A_1 存在的风险值有 4 个,下面计算资产 A_1 面临的威胁 T_1 可以计算利用脆弱性 V_1 的风险值。其中计算公式使用 $z = \sqrt{x \times y}$。

①计算安全事件发生可能性

$T_1 = 1, V_1 = 3$,安全事件发生的可能性 = $\sqrt{1 \times 3} = \sqrt{3}$。

②计算安全事件的损失

$A_1 = 4, V_1 = 3$,安全事件发生的可能性 = $\sqrt{4 \times 3} = \sqrt{12}$。

③计算风险值

安全事件风险值 = $\sqrt{3} \times \sqrt{12} = 6$。

类似,可计算资产 A_1 的其他风险值以及 A_2 的风险值,结果如表 7-29 所示。

④风险结果判定

最后,根据风险等级划分(表 5-21),确定风险等级(表 5-22)。

风险等级划分　　　　　　表 5-21

风险值	1~6	6~10	11~15	16~20	21~25
风险等级	1	2	3	4	5

风险结果　　　　　　表 5-22

资　产	威　胁	脆　弱　性	风　险　值	风　险　等　级
资产 $A_1(4)$	威胁 $T_1(1)$	脆弱性 $V_1(3)$	6	2
	威胁 $T_2(5)$	脆弱性 $V_2(1)$	4	1
	威胁 $T_2(5)$	脆弱性 $V_3(5)$	22	5
	威胁 $T_3(4)$	脆弱性 $V_4(4)$	16	4
资产 $A_2(5)$	威胁 $T_4(3)$	脆弱性 $V_5(4)$	15	3
	威胁 $T_5(4)$	脆弱性 $T_6(3)$	13	3

5.3.4　风险结果判定

风险结果判定阶段主要包括以下两部分:

一是评估风险的等级,需要依据《风险评估报告》,根据已经制定的风险分级准则,对所有风险计算结果进行等级处理,形成"风险程度等级列表"。风险等级处理的目的是为在风险管理过程中对不同风险进行直接比较,以确定组织安全策略。

二是综合评估风险状况,需要汇总各项输出文档和"风险程度等级列表",综合评价风险状况,形成《风险评估报告》,该报告是对整个风险评估过程和结果的总结,应详细说明被评估对象、风险评估方法、资产、威胁、脆弱性的识别结果、风险分析、风险统计和结论等内容(详见 5.3.5 风险评估文档记录)。

由第一部分可知,为实现对风险的控制与管理,可以对风险评估的结果进行等级化处理。等计划处理可以将风险划分为五级,等级越高,风险越高。

评估者应根据所采用的风险计算方法,计算每种资产面临的风险值,根据风险值的分布状况,为每个等级设定风险值范围,并对所有风险计算结果进行等级处理。每个等级代表了相应风险的严重程度。表 5-23 提供了一种风险等级划分方法。

风 险 等 级 划 分　　　　　　　表 5-23

风险等级	风险标识	等 级 说 明
5	危险	一旦发生将产生非常严重的经济或社会影响,如组织信誉严重破坏、严重影响组织的正常经营,经济损失重大、社会影响恶劣
4	比较危险	一旦发生将产生较大的经济或社会影响,在一定范围内给组织的经营和组织信誉造成损害
3	中等危险	一旦发生会造成一定的经济、社会或生产经营影响,但影响面和影响程度不大
2	比较安全	一旦发生造成的影响程度较低,一般仅限于组织内部,通过一定手段很快能解决
1	安全	一旦发生造成的影响几乎不存在,通过简单的措施就能弥补

风险等级处理的目的是在风险管理过程中对不同风险进行直观比较,以确定组织安全策略。组织应当综合考虑风险控制成本与风险造成的影响,提出一个可接受的风险范围。对某些资产的风险,如果风险计算值在可接受的范围内,则该风险是可接受的风险,应保持已有的安全措施;如果风险评估值在可接受的范围外,即风险计算值高于可接受范围的上限值,是不可接受的风险,需要采取安全措施以降低、控制风险。另一种确定不可接受的风险的办法是根据等级化处理的结果,不设定可接受风险值的基准,达到相应等级的风险都进行处理。

5.3.5　安全整改

对不可接受的风险,应根据导致该风险的脆弱性制定风险处理和整改计划。整改计划中明确应采取的弥补弱点的安全措施、预期效果、实施条件、进度安排、责任部门等。安全措施的选择应从管理与技术两个方面考虑。安全措施的选择与实施应参照信息安全的相关标准进行。在对于不可接受的风险选择适当安全措施后,为确保安全措施的有效性,应进行再评估,以判断实施安全措施后的残余风险是否已经降低到可接受的水平。残余风险的评估可以依据本书提出的风险评估流程实施,也可做适当裁减。一般来说,安全措施的实施是以减少脆弱性或降低安全事件发生可能性为目标的,因此,残余风险的评估可以从脆弱性评估开始,在对照安全措施实施前后的脆弱性状况后,再次计算风险值的大小。一般来说,完成安全整改和增强相关安全措施,残余风险的结果应在可接受的风险范围之内。

5.3.6　文档记录

风险评估各个过程中得到的信息、数据、分析结果等内容经过科学的整理和编排,以文档形式记录保存,这些风险评估文档记录作为前阶段工作成果的体现和后阶段工作的依据,支撑着风险评估工作的推进和完成,同时也是风险评估工作的过程记录和结果汇报,以供相关人员参阅,其中最重要的一项是信息安全风险评估报告。

1) 风险评估文档记录

(1) 风险评估文档记录的要求

记录风险评估过程的相关文档,应符合以下要求(但不限于此):

①确保文档发布前是得到批准的。

②确保文档的更改和现行修订状态是可识别的。

③确保文档的分发得到适当的控制,并确保在使用时可获得有关版本的适用文档。

④防止作废文档的非预期使用,若因任何目的需保留作废文档时,应对这些文档进行适当的标识。

对于风险评估过程中形成的相关文档,还应规定其标识、储存、保护、检索、保存期限以及处置所需的控制。

相关文档是否需要以及详略程度由组织的管理者来决定。

(2) 风险评估记录文档

风险评估文档是指在整个风险评估过程中产生的评估过程文档和评估结果文档,包括(不仅限于此):

①风险评估方案:阐述风险评估的目标、范围、人员、评估方法、评估结果的形式和实施进度等。

②风险评估程序:明确评估的目的、职责、过程、相关的文档要求,以及实施本次评估所需要的各种资产、威胁、脆弱性识别和判断依据。

③资产识别清单:根据组织在风险评估程序文件中所确定的资产分类方法进行资产识别,形成资产识别清单,明确资产的责任人/部门。

④重要资产清单:根据资产识别和赋值的结果,形成重要资产列表,包括重要资产名称、描述、类型、重要程度、责任人/部门等。

⑤威胁列表:根据威胁识别和赋值的结果,形成威胁列表,包括威胁名称、种类、来源、动机及出现的频率等。

⑥脆弱性列表:根据脆弱性识别和赋值的结果,形成脆弱性列表,包括具体弱点的名称、描述、类型及严重程度等。

⑦已有安全措施确认表:根据对已采取的安全措施确认的结果,形成已有安

全措施确认表,包括已有安全措施名称、类型、功能描述及实施效果等。

⑧风险评估报告:对整个风险评估过程和结果进行总结,详细说明被评估对象、风险评估方法、资产、威胁、脆弱性的识别结果、风险分析、风险统计和结论等内容。

⑨风险处理计划:对评估结果中不可接受的风险制订风险处理计划,选择适当的控制目标及安全措施,明确责任、进度、资源,并通过对残余风险的评价以确定所选择安全措施的有效性。

⑩风险评估记录:根据风险评估程序,要求风险评估过程中的各种现场记录可复现评估过程,并作为产生歧义后解决问题的依据。

2) 信息安全风险评估报告

风险评估报告是风险评估文档中最为重要的组成部分,是整个风险评估过程和结果的总结。此外,通过信息安全风险评估,风险评估小组已经对组织的风险状况有一个非常清晰的理解,有关风险状况的信息必须以清晰有效的方式传达给组织,因此,需要编写记录评估过程所得结果的风险评估报告,供高层管理人员阅读,高层管理人员据此报告决定控制措施的选择和风险接受等问题。综上,必须认真对待风险评估报告的编写工作,全面、清楚地反馈被评估系统的风险状态。

根据国家发展和改革委员会《关于加强国家电子政务工程建设项目信息安全风险评估工作的通知》,风险评估报告参考模板如下。

风险评估报告的大纲

一、风险评估项目概述

1.1　工程项目概况

1.1.1　建设项目基本信息

工程项目名称	
工程项目批复的建设内容	非涉密信息系统部分的建设内容	
	相应的信息安全保护系统建设内容	
项目完成时间	
项目试运行时间	

1.1.2　建设单位基本信息

工程建设牵头部门

部门名称	
工程责任人	
通信地址	
联系电话	
电子邮件	

工程建设参与部门

部门名称	
工程责任人	
通信地址	
联系电话	
电子邮件	

如有多个参与部门,分别填写上

1.1.3 承建单位基本信息

如有多个承建单位,分别填写下表。

企业名称	
企业性质	是国内企业/还是国外企业
法人代表	
通信地址	
联系电话	
电子邮件	

1.2 风险评估实施单位基本情况

评估单位名称	
法人代表	
通信地址	
联系电话	
电子邮件	

二、风险评估活动概述

2.1 风险评估工作组织管理

描述本次风险评估工作的组织体系(含评估人员构成)、工作原则和采取的保密措施。

2.2 风险评估工作过程

工作阶段及具体工作内容。

2.3 依据的技术标准及相关法规文件

2.4 保障与限制条件

需要被评估单位提供的文档、工作条件和配合人员等必要条件,以及可能的限制条件。

三、评估对象

3.1 评估对象构成与定级

3.1.1 网络结构

文字描述网络构成情况、分区情况、主要功能等,提供网络拓扑图。

3.1.2 业务应用

文字描述评估对象所承载的业务,及其重要性。

3.1.3 子系统构成及定级

描述各子系统构成。根据安全等级保护定级备案结果,填写各子系统的安全保护等级定级情况表。

各子系统的定级情况表

序号	子系统名称	安全保护等级	其中业务信息安全等级	其中系统服务安全等级

3.2 评估对象等级保护措施

按照工程项目安全域划分和保护等级的定级情况,分别描述不同保护等级保护范围内的子系统各自所采取的安全保护措施以及等级保护的测评结果。根据需要,以下子目录按照子系统重复。

3.2.1 XX子系统的等级保护措施

3.2.2 子系统N的等级保护措施

四、资产识别与分析

4.1 资产类型与赋值

4.1.1 资产类型

按照评估对象的构成,分类描述评估对象的资产构成。详细的资产分类与赋值,以附件形式附在评估报告后面。

4.1.2 资产赋值

填写资产赋值表。

资产赋值表

序 号	资 产 编 号	资 产 名 称	子 系 统	资产重要性

4.2 关键资产说明

在分析被评估系统的资产基础上,列出对评估单位十分重要的资产,作为风险评估的重点对象,并以清单形式列出如下。

关键资产列表

资 产 编 号	子系统名称	应 用	资产重要程度权重	其 他 说 明

五、威胁识别与分析

对威胁来源(内部/外部;主观/不可抗力等),威胁方式、发生的可能性,威胁主体的能力水平等进行列表分析。

5.1 威胁数据采集

5.2 威胁描述与分析

依据威胁赋值表,对资产进行威胁源和威胁行为分析。

5.2.1 威胁源分析

填写威胁源分析表。

5.2.2 威胁行为分析

填写威胁行为分析表。

5.2.3 威胁能量分析

5.3 威胁赋值

填写威胁赋值表。

六、脆弱性识别与分析

按照检测对象、检测结果、脆弱性分析分别描述以下各方面的脆弱性检测结果和结果分析。

6.1 常规脆弱性描述

6.1.1 管理脆弱性

6.1.2 网络脆弱性

6.1.3 系统脆弱性

6.1.4 应用脆弱性

6.1.5 数据处理和存储脆弱性

6.1.6 运行维护脆弱性

6.1.7 灾备与应急响应脆弱性

6.1.8 物理脆弱性

6.2 脆弱性专项检测

6.2.1 木马病毒专项检查

6.2.2 渗透与攻击性专项测试

6.2.3 关键设备安全性专项测试

6.2.4 设备采购和维保服务专项检测

6.2.5 其他专项检测

包括：电磁辐射、卫星通信、光缆通信等。

6.2.6 安全保护效果综合验证

6.3 脆弱性综合列表

填写脆弱性分析赋值表。

七、风险分析

7.1 关键资产的风险计算结果

填写风险列表。

风险列表

序　号	资产编号	资产名称

7.2 关键资产的风险等级

7.2.1 风险等级列表

填写资产风险等级表。

资产风险等级表

资产编号	资产风险值	资产名称	资产风险等级

7.2.2 风险等级统计

资产风险等级统计表

风 险 等 级	资 产 数 量	所 占 比 例

7.2.3 基于脆弱性的风险排名

基于脆弱性的风险排名表

脆 弱 性	风 险 值	所 占 比 例

7.2.4 风险结果分析

八、综合分析与评价

九、整改意见

5.4 全生命周期风险评估

风险评估应贯穿于信息系统生命周期的各阶段中。信息系统生命周期各阶段中涉及的风险评估的原则和方法是一致的,但由于各阶段实施的内容、对象、安全需求不同,使得风险评估的对象、目的、要求等各方面也有所不同。具体而言,在规划设计阶段,通过风险评估以确定系统的安全目标;在建设验收阶段,通过风险评估以确定系统的安全目标达成与否;在运行维护阶段,要不断地实施风险评估以识别系统面临的不断变化的风险和脆弱性,从而确定安全措施的有效性,确保安全目标得以实现。因此,每个阶段风险评估的具体实施应根据该阶段的特点有所侧重地进行。有条件时,应采用风险评估工具开展风险评估活动。

5.4.1 规划阶段的风险评估

在信息系统的规划阶段,确定信息系统的目的、范围和需求,分析和讨论可行性,提出总体方案。

规划阶段风险评估的目的是识别系统的业务战略,以支撑系统安全需求及安全战略等。规划阶段的评估应能够描述信息系统建成后对现有业务模式的作用,包括技术、管理等方面,并根据其作用确定系统建设应达到的安全目标。

本阶段评估中,资产、脆弱性不需要识别;威胁应根据未来系统的应用对象、应用环境、业务状况、操作要求等方面进行分析。评估着重在以下几方面:

(1)是否依据相关规则,建立了与业务战略相一致的信息系统安全规划,并得到最高管理者的认可。

(2)系统规划中是否明确信息系统开发的组织、业务变更的管理、开发优先级。

(3)系统规划中是否考虑信息系统的威胁、环境,并制定总体的安全方针。

(4)系统规划中是否描述信息系统预期使用的信息,包括预期的应用、信息资产的重要性、潜在的价值、可能的使用限制、对业务的支持程度等。

(5)系统规划中是否描述所有与信息系统安全相关的运行环境,包括物理和人员的安全配置,以及明确相关的法规、组织安全策略、习惯、专门技术和知识等。

规划阶段的评估结果应体现在信息系统整体规划或项目建议书中。

5.4.2 设计阶段的风险评估

在信息系统的设计阶段:依据总体方案,设计信息系统的实现结构(包括功能划分、接口协议和性能指标等)和实施方案(包括实现技术、设备选型和系统集成等)。

设计阶段的风险评估需要根据规划阶段所明确的系统运行环境、资产重要性,提出安全功能需求;风险评估结果应对设计方案中所提供的安全功能符合性进行判断,作为采购过程风险控制的依据。

本阶段评估中,应详细评估设计方案中对系统面临威胁的描述,将使用的具体设备、软件等资产及其安全功能需求列表。对设计方案的评估着重在以下几方面:

(1)设计方案是否符合系统建设规划,并得到最高管理者的认可。

(2)设计方案是否对系统建设后面临的威胁进行了分析,重点分析来自物理环境和自然的威胁,以及由于内、外部入侵等造成的威胁。

(3)设计方案中的安全需求是否符合规划阶段的安全目标,并基于威胁的分析,制定信息系统的总体安全策略。

(4)设计方案是否采取了一定的手段来应对系统可能的故障。

(5)设计方案是否对设计原型中的技术实现以及人员、组织管理等方面的脆弱性进行评估,包括设计过程中的管理脆弱性和技术平台固有的脆弱性。

(6)设计方案是否考虑可能随着其他系统接入而产生的风险。

(7)系统性能是否满足用户需求,并考虑到峰值的影响,是否在技术上考虑了满足系统性能要求的方法。

(8)应用系统(含数据库)是否根据业务需要进行了安全设计。

(9)设计方案是否根据开发的规模、时间及系统的特点选择开发方法,并根据设计开发计划及用户需求,对系统涉及的软件、硬件与网络进行分析和选型。

(10)设计活动中所采用的安全控制措施、安全技术保障手段对风险的影响。在安全需求变更和设计变更后,也需要重复这项评估。

设计阶段的评估可以以安全建设方案评审的方式进行,判定方案所提供的安全功能与信息技术安全技术标准的符合性。评估结果应体现在信息系统需求分析报告或建设实施方案中。

5.4.3 实施阶段的风险评估

在信息系统实施阶段,按照实施方案,购买和检测设备,开发定制功能,集成、部署、配置和测试系统,培训人员等。

实施阶段风险评估的目的是根据系统安全需求和运行环境对系统开发、实施过程进行风险识别,并对系统建成后的安全功能进行验证。根据设计阶段分析的威胁和制定的安全措施,在实施及验收时进行质量控制。

基于设计阶段的资产列表、安全措施,实施阶段应对规划阶段的安全威胁进行进一步细分,同时评估安全措施的实现程度,从而确定安全措施能否抵御现有威胁、脆弱性的影响。实施阶段风险评估主要对系统的开发与技术/产品获取、系统交付实施两个过程进行评估。

开发与技术/产品获取过程的评估要点包括:

(1)法律、政策、适用标准和指导方针:直接或间接影响信息系统安全需求的特定法律;影响信息系统安全需求、产品选择的政府政策、国际或国家标准。

(2)信息系统的功能需要:安全需求是否有效地支持系统的功能。

(3)成本效益风险:是否根据信息系统的资产、威胁和脆弱性的分析结果,确定在符合相关法律、政策、标准和功能需要的前提下选择最合适的安全措施。

(4)评估保证级别:是否明确系统建设后应进行怎样的测试和检查,从而确定是否满足项目建设、实施规范的要求。

系统交付实施过程的评估要点包括:

(1)根据实际建设的系统,详细分析资产、面临的威胁和脆弱性。

(2)根据系统建设目标和安全需求,对系统的安全功能进行验收测试;评价安全措施能否抵御安全威胁。

(3)评估是否建立了与整体安全策略一致的组织管理制度。

(4)对系统实现的风险控制效果与预期设计的符合性进行判断,如存在较大的不符合,应重新进行信息系统安全策略的设计与调整。

本阶段风险评估可以采取对照实施方案和标准要求的方式,对实际建设结果进行测试、分析。

5.4.4 运维阶段的风险评估

在信息系统的运维阶段运行和维护系统,保证信息系统在自身和所处环境的变化中始终能正常工作和不断升级。

运行维护阶段风险评估的目的是了解和控制运行过程中的安全风险,是一种较为全面的风险评估。

评估内容包括对真实运行的信息系统、资产、威胁、脆弱性等各方面。

(1)资产评估:在真实环境下较为细致的评估,包括实施阶段采购的软硬件资产、系统运行过程中生成的信息资产、相关的人员与服务等,本阶段资产识别是前期资产识别的补充与增加。

(2)威胁评估:应全面地分析威胁的可能性和影响程度。对非故意威胁导致安全事件的评估可以参照安全事件的发生频率;对故意威胁导致安全事件的评估主要就威胁的各个影响因素做出专业判断。

(3)脆弱性评估:是全面的脆弱性评估。包括运行环境中物理、网络、系统、应用、安全保障设备、管理等各方面的脆弱性。技术脆弱性评估可以采取核查、扫描、案例验证、渗透性测试的方式实施;安全保障设备的脆弱性评估,应考虑安全功能的实现情况和安全保障设备本身的脆弱性;管理脆弱性评估可以采取文档、记录核查等方式进行验证。

(4)风险计算:根据本标准的相关方法,对重要资产的风险进行定性或定量的风险分析,描述不同资产的风险高低状况。

运行维护阶段的风险评估应定期执行;当组织的业务流程、系统状况发生重大变更时,也应进行风险评估。重大变更包括以下情况(但不限于):

(1)增加新的应用或应用发生较大变更。
(2)网络结构和连接状况发生较大变更。
(3)技术平台大规模的更新。
(4)系统扩容或改造。
(5)发生重大安全事件后,或基于某些运行记录怀疑将发生重大安全事件。
(6)组织结构发生重大变动对系统产生了影响。

5.4.5 废弃阶段的风险评估

当信息系统不能满足现有要求时,信息系统进入废弃阶段。根据废弃的程度,又分为部分废弃和全部废弃两种。

废弃阶段风险评估着重在以下几方面:

(1)确保硬件和软件等资产及残留信息得到了适当的处置,并确保系统组件被合理地丢弃或更换。

(2)如果被废弃的系统是某个系统的一部分,或与其他系统存在物理或逻辑上的连接,还应考虑系统废弃后与其他系统的连接是否被关闭。

(3)如果在系统变更中废弃,除对废弃部分外,还应对变更的部分进行评估,以确定是否会增加风险或引入新的风险。

(4)是否建立了流程,确保更新过程在一个安全、系统化的状态下完成。

本阶段应重点对废弃资产对组织的影响进行分析,并根据不同的影响制定不同的处理方式。对由于系统废弃可能带来的新的威胁进行分析,并改进新系统或管理模式。对废弃资产的处理过程应在有效的监督之下实施,同时对废弃的执行人员进行安全教育。

信息系统的维护技术人员和管理人员均应该参与此阶段的评估。

第二篇

交通运输行业网络安全保障

第6章 交通运输行业网络安全发展

交通运输业作为国家基础支撑行业,对于整个社会经济的发展起着至关重要的作用,是国家政治、军事、经济、文化、生活有序开展的重要保障,主要包括公路、水路、铁路、民航、邮政、海事、救捞、船检等领域。近年来,各项基础设施建设不断取得新的跨越式发展,运输服务能力显著增强,为经济腾飞和人民生活品质的改善提供了便捷通畅的交通保障,有力地支撑了国民经济和社会发展。在新的历史阶段,交通运输业一方面要适应宏观层面国民经济发展方式转变、经济结构调整的新的历史要求,另一方面要在行业自身内部挖掘潜力,通过发展综合交通运输体系提高行业运行效率,更好地为国民经济服务。

实现交通运输现代化,离不开信息化的引领和支撑。在我国全面建成小康社会的关键时期,交通运输发展的内外部环境正在发生深刻变化,交通运输全面深化改革,完善现代综合交通运输体系。近年来,交通运输部综合分析形势任务,立足于交通运输发展的阶段性特征,更好地实现交通运输科学发展,提出"四个交通"发展战略任务,在智能交通建设、资源规划整合、业务应用领域、信息化重大工程、网络安全保障体系等方面取得了一定成绩。与此同时,随着信息技术的快速发展和商业模式的推陈出新,越来越多的企业和社会力量活跃在交通运输信息化建设和服务领域,交通运输领域信息消费增长迅速。总体上讲,信息交通运输信息化工作包括政府、行业机构和企事业单位等,其管理和服务的信息化发展迅速、成绩斐然,越来越受到社会的广泛关注和行业各个层面的高度重视。

6.1 行业信息化发展

随着互联网络高速发展,现代社会已经步入信息社会。在信息化和智能化引领现代交通运输业发展的背景下,信息化应用已向交通运输管理和服务各个领域的渗透和融合,逐渐成为交通运输行业改变传统发展模式、提升管理和服务水平的重要途径。交通运输信息化建设已成为破解交通运输业发展难题的主要手段和途径之一。交通运输信息化是促进交通运输行业发展方式转变,全面提升交通运输管理能力和服务水平的重要手段。随着交通运输信息化的深入推进,行业信息化建设逐步从分散转向集约,从孤立封闭转向共享开放,从以政府推动为主转向政企合作推进。交通运输信息化即将迈入全面联网、业务协同、智能应用的新阶段。

6.1.1 行业信息化发展历程

信息化是当今世界发展的大趋势,也是我国产业优化升级和实现工业化、现代化的关键环节。公路、铁路、水路、民航等交通作为国民经济和社会发展的基础产业,从"九五"到"十三五"交通行业信息化发展重点在各个时期都有着很大的变化。

其中在"九五"期间国家开始重点发展交通信息化的建设,这期间的主要内容是初步建立覆盖交通运输领域的计算机互联网络系统及重点业务应用系统。"十五"期间,着重推进公路、水路交通信息化和着力解决交通发展的质量、效率、安全及服务等根本性问题,加快产业优化升级和结构调整。把信息化放在优先位置,加强现代信息基础设施建设,广泛应用信息技术,提高运输方式、运输技术、运输组织管理和交通基础设施建设的现代化水平,发挥后发优势,实现公路、水路交通的跨越式发展。"十一五"期间,在进一步加速完善交通信息化基础设施建设的同时,更加注重交通信息资源的合理开发、利用和整合,提高行业运行效率,改善服务质量,增强市场监管能力和应对重大突发事件的能力。"十二五"期间,提供全方位的交通信息服务,以适应转变政府职能、构建节约型社会和和谐交通,把我国交通行业建设成为创新型行业,并在交通信息化领域取得新的突破。

"十三五"时期,全球信息技术革命持续迅猛发展,"互联网+"和大数据上升为国家战略,互联网成为交通运输的重要基础设施,智慧化成为交通运输系统的显著特征,对行业治理体系和服务模式产生广泛而深刻的影响,行业信息化发展面临前所未有的重大机遇。建设国内国际通道联通、区域城乡覆盖广泛、枢纽节点功能完善、运输服务一体高效的综合交通运输体系,对交通运输信息化提出了新的要求。如表6-1所示为我国自"九五"开始至"十三五"期间交通行业信息化发展重点内容比较。

"九五"到"十三五"时期交通行业信息化发展的重点内容　　表 6-1

时间	主要建设内容	信息化发展重点
"九五"时期	初步建立覆盖交通运输领域计算机互联网络系统及重点业务应用系统	建设交通运输信息网络卫星专用数据交换枢纽站及网管中心； 建设中国交通运输信息网络（CTInet）； 建设交通运输 EDI 信息网； 建设部机关局域网
"十五"时期	在"九五"CTInet 建设基础上，通过电子政务、物流与电子商务、交通智能运输等领域的建设，完善 CTInet 的建设	建设交通行政主管部门办公业务管理系统； 开展物流、电子商务的研究和应用； 水上安全监督信息系统续建； 建设公路智能运输系统； 建设水路运输信息系统
"十一五"时期	在客观分析行业发展需求的基础上，结合国家交通行业信息化建设经验，建设两级数据中心、三大综合信息平台、三大应用系统，完善两大门户网站、三个保障体系和一个通信信息基础网络	交通基础设施建设与管理信息化建设； 实施交通科技创新和人才交流战略； 交通运输生产管理信息化建设； 水上交通安全和救助系统建设； 交通运输设备现代化建设； 交通产品营销信息化建设； 交通科学技术信息化建设； 交通政务信息化建设； 建设节约型交通
"十二五"时期	通过一批带动性强的行业重大信息化项目的实施，全面提高交通运输智能化、现代化水平，提出对我国公路水路交通安全应急、出行服务、市场监管、决策支持等方面的信息化建设	公路水路安全畅通与应急处置系统建设； 公路水路交通出行信息服务系统建设； 公路水路建设与运输市场信用信息服务系统建设； 交通运输经济运行监测预警与决策分析系统建设； 综合运输协同服务系统建设；区域物流公共信息服务系统建设；城市客运智能化系统建设； 深化各业务领域的信息化管理建设； 深化各业务领域的服务应用，增强公共信息服务能力； 完善行业信息基础设施，提升通信信息网络支撑能力； 完善部省两级数据中心体系，提升行业数据服务能力； 构筑行业网络安全保障体系，提升网络安全防范能力； 完善行业信息标准框架体系建设，提升信息共享协同能力

续上表

时间	主要建设内容	信息化发展重点
"十三五"规划	继续推进"十二五"安全应急、市场信用、出行服务、决策分析四个行业信息化重大工程，按照国家信息化工作总体部署，结合行业信息化发展实际需求，着力推进落实国家信息化战略任务，全面支撑国家三大战略实施，重点开展"三推进、五提升、两保障"行业信息化工程	"互联网+"便捷交通推进工程； 国家交通运输物流公共信息平台推进工程； 交通运输数据开放共享能力提升工程； 交通运输运行监测与应急处置能力提升工程； 交通运输安全生产监管监察能力提升工程； 交通运输行业协同执法能力提升工程交通运输政务管理效能提升工程； 新技术创新应用推进工程； 交通运输通信信息网络保障工程； 交通运输网络安全保障工程； 建设完善交通运输网络安全基础设施； 建立健全关键信息基础设施安全保障体系； 推动重要信息系统自主可控技术应用； 完善交通运输网络和信息安全标准； 保障交通运输信息化新技术应用安全； 构建交通运输网络安全发展良好环境； 引导重点运输企业网络安全防护工作

综上所述，我国交通运输行业发展正在由资源高消耗、劳动力低成本向信息化和工业化融合方向转变，交通运输信息化建设正在由传统的交通运输发展理念向以信息技术为主体的现代交通运输发展理念转变；信息技术的不断推广和应用，必然引起生产效率的空前提高；管理方式的根本变革、成本的大幅度下降、资源配置的全面优化和充分利用，必然成为交通运输业发展和传统运输方式优化升级的强大推动力。

6.1.2 行业信息化现状

当前，我国交通运输信息化已取得长足进步，转变发展方式成果显著，建设了大量基础信息网络和应用系统，积累了海量的数据资源。行业信息化建设呈现快速增长的势头，涵盖公路水路交通安全应急、出行服务、市场监管、决策支持，以及综合运输、现代物流和城市客运等方面。在"互联网+"的时代，交通运输行业坚持以智慧交通作为转方式的主攻方向之一，大数据、云计算、物联网、移动互联网等新技术在行业内得到充分利用，线上线下结合的商业模式蓬勃发展。长途客运联网售票、12328 服务监督电话开通、城市交通一卡通互联互通、全国ETC 实现联网等信息化惠民惠企服务措施广受好评。

（1）服务国家"三大战略"，充分发挥信息化支撑引领作用

交通行业支撑"一带一路"倡议的实施，充分发挥信息化支撑作用。推进交通运输物流公共信息平台互联共享标准在东盟和东北亚地区应用，围绕提供"多元化、立体化"应急空间信息服务，推动各方应急、救助、通航等数据高效共享，实现海上险情有效快速救助。服务"京津冀一体化"发展战略，推动京津冀交通信息资源交换共享。按照"统筹推进、急用先行"的总体原则，提出京津冀跨区域信息交换共享方式，启动实施政企合作模式的综合交通出行服务信息共享应用示范工程，为京津冀交通运输协同管理、一体化服务奠定基础，有效提升交通信息服务水平和效率。

支撑长江经济带协调发展，统筹推进长江航运信息化建设。开展长江航运信息化顶层设计，推动长江监管信息平台和治安防控监控系统建设，为推进长江航运资源整合和应用协同，促进长江航运电子政务、公众服务、电子商务发展。

（2）注重综合效益，提升履职能力

加强行业信息资源体系建设。推动信息资源整合应用，着力突破深层次制度和技术障碍、加快推进行业信息资源共享开放体系建设。开展物流信息互联互通应用，着力推进海事业务数据整合应用，实现道路运政基础数据的整合和跨省业务协同；加强交通运输运行监测与应急指挥系统建设；开展实施全国高速公路信息通信系统联网工程，推动行政执法综合管理信息系统、交通公安综合业务应用系统建设和数字证书系统升级工作，积极推进安全生产监管、国家公路养护管理及船舶监管、救助飞行运行管理，提升交通运输整体效益和管理能力。

（3）聚焦服务民生，完善信息服务体系

目前，ETC实现全国联网，纵贯南北、互通东西的联网格局已基本形成，这对提高高速公路收费效率和车辆运行效率发挥了重要作用。推进"互联网＋便捷交通"实施，搭建开放式交通出行信息云服务基础平台，建立出行服务政企合作长效机制，加强跨地区交通行业数据整合和共享应用，推进"十三五"期交通运输业优化升级，为服务大众创业万众创新提供支撑和保障。

交通运输信息化建设取得了显著进步，但在制度、技术、人员以及安全保障能力等方面存在问题。第一，行业管理体系及协调机制尚不健全。行业信息化发展政策法规体系亟须完善，特别是在数据资源开放共享、政府购买服务等方面缺乏具体法规。尚未建立统筹行业数据资源的管理机构，交通及与之相关的发改、工信、公安、测绘等部门间缺乏协作机制。第二，受到技术水平制约，行业数据资源整合应用能力薄弱。信息资源化程度低，交通运输数据信息无法全方面覆盖，数据更新维护尚未形成长效机制，数据分析应用能力弱，跨部门、跨业务、

跨地域的信息资源交换共享机制和渠道尚未建立,行业数据资源价值未得到充分挖掘。第三,具备专业知识或丰富经验的人员不足。专业人才队伍建设有待加强,交通运输信息化人才层次和结构不够优化,人才引进和培养机制不够完善的问题较为突出。第四,网络安全保障能力亟须加强,网络安全意识有待提高。网络安全相关政策制度、标准规范不够完善;网络安全技术处于劣势,核心技术产品受制于人;安全防护策略不科学、等级保护等重要制度落实不深入、风险隐患整改不到位,安全问题已经成为制约行业信息化发展的重要因素之一。

6.1.3 行业信息化发展趋势

交通运输信息化是国家信息化建设的重要组成部分,是破解交通运输业发展难题,促进交通运输行业发展方式转变,全面提升交通运输管理能力和服务水平的重要抓手。信息化不仅将覆盖交通运输现代化建设全局,同时也将成为交通运输运行管理和社会公共服务的关键载体。

"十二五"期间通过一批带动性强的行业重大信息化项目的实施,全面提高了交通运输智能化及现代化水平。同时,网络安全防护工作不断强化,防护手段和管理措施逐步完善,有力地保障了交通运输信息化发展,为"十三五"实现"四个交通"的发展要求奠定基础。"十三五"期间,要充分发挥科技创新在建设智慧绿色平安交通中的引领作用,打造智慧交通,全面推进"互联网+交通运输",加快推进云计算、大数据等新一代信息技术的集成创新与应用。重点推进信息化基础设施建设与交通运输工程同步规划、同步建设,让基础设施更智慧;推进各种运输方式信息互联互通、便捷查询,拓展 ETC 应用领域,加强国家交通运输物流公共信息服务平台建设,吸引社会资源利用大数据开展服务,让运输服务更智慧。

交通行业面对网络安全新问题、新风险和新挑战应对体系尚不完善的发展形势,坚持网络安全与信息化发展并重,以推动交通运输信息化全面发展、实现网络安全保障有力为目标,提高交通运输网络和网络安全可信、可控、可管能力成为重点,着力加强交通运输网络和网络安全基础设施、重要信息系统、新技术应用的安全防护工作,努力营造行业网络安全良好环境,做到安全和发展协调一致、齐头并进,以安全保发展、以发展促安全,建立健全交通运输网络安全防护体系,为综合运输体系发展提供安全保障。

新时期,交通运输网络安全发展针对行业形势与要求,提出网络安全和信息化必须统一谋划、统一部署、统一推进、统一实施。交通运输行业信息化建设重点包括:

1) 夯实信息资源基础,逐步推动信息资源交换共享

充分利用交通运输行业重要信息系统数据资源共享与整合应用调研成果,有序落实"十三五"治理方案,建立数据管理中心,推进交通运输行业信息资源开放共享。推进交通运输物流公共信息平台建设,加快建设任务实施,加快构建面向全社会的交通运输统一信用信息平台。加强道路运政管理信息系统数据资源采集和跨省业务协同,完善相关标准规范和业务规则。开展全国交通运输网共享数据库建设,整合水陆空运输数据资源。

2) 利用新技术、培育新模式,促进智慧交通发展

深入推进国家交通控制网建设,加快实施城市智能交通、船联网等国家物联网应用示范工程,推进综合交通出行信息服务科技示范。推进高分辨率对地观测卫星在交通运输行业应用和基于北斗的中国海上搜救信息系统示范工程建设。

3) 完善网络与网络安全体系,营造交通信息化安全环境

保障交通运输安全平稳运行,提高安全监管和应急处置能力是政府的重要职责。"十三五"期间,交通运输行业面临的安全形势依然严峻,应对各种突发事件的任务更加繁重,有效提升交通运输安全监管和应急处置的监测预警、通信保障和决策支持水平,必须加快完善部省市三级网络安全通报机制,推进行业等级保护实施管理;建设国家保密科技测评(交通运输部)分中心,加强涉密网络监管;充分掌握交通运输风险源,利用信息技术加强监测预警,提升安全生产保障能力,有效协调专业和社会力量,提高应对突发事件的快速反应能力,提供安全的出行环境;加强应急通信保障能力建设和应急决策分析,优化配置应急保障资源,提高应急指挥能力;面向社会及时发布信息,维护社会稳定,提高应急信息服务能力。

4) 推进信息化工程建设,加快向现代服务业转型步伐

当前和今后一个时期要全面深化改革,集中力量加快推进"四个交通"发展。"四个交通"是指综合交通、智慧交通、绿色交通、平安交通。综合交通是核心,智慧交通是关键,绿色交通是引领,平安交通是基础,"四个交通"相互关联,相辅相成,共同构成了推进交通运输现代化发展的有机体系。

准确把握现阶段交通运输经济运行状况,深化行业综合运行分析,提高决策的前瞻性和科学性,是交通运输主管部门对国家和人民高度负责的重要体现。"十三五"时期,交通运输业面临的形势复杂,各种新问题、新矛盾不断涌现,对经济运行分析工作的广度、深度和时效性提出了更高的要求。决策部门借助信息监测、采集、统计、预测预警、挖掘分析等信息化手段,及时获取全面、准确的信息,做出快速判断和科学决策,改变以往决策中以定性和经验分析为主的情况,使决策更加具有前瞻性和科学性,高效指导推进全面实施交通运输运行监测与应急指挥系统工程、全国高速公路信息通信系统联网工程,强化全国ETC联网运营管理,推进密钥国产化升级,研究建立数据共享等信息化工程建设,加快行业向现代服务业转型步伐。

5) 培育复合型人才,打造智慧交通智力环境

加大对交通运输行业业务和信息技术双精通复合型人才的培养力度,积极利用市场和社会力量,积极开展新一代信息技术应用、信息系统运行管理、网络安全防护等多领域的人才培训工作,提高行业管理人员、基层业务人员的信息化应用能力和信息化管理人员的创新应用能力,形成优质的智慧交通人才队伍。

6.2 行业网络安全发展

6.2.1 行业网络安全工作

"十三五"期间,交通运输生产广泛依赖信息技术,网络规模越来越复杂,网络安全新问题、新风险和新挑战层出不穷,形势严峻复杂。随着交通运输行业信息系统安全建设的深入,安全防护能力和技术手段不断提升,这为行业信息系统安全运行提供了保障。但是按照国家对非涉密重要业务系统网络安全的总体要求和推进步骤,对比网络安全工作开展较好的部委,交通运输行业网络安全建设工作尚处于起步阶段,在管理体系、技术标准建设、工作覆盖面、重点环节把握和资金保障等方面存在不容忽视的问题。

2017年6月开始颁布实施的《网络安全法》和国家一系列的政策文件,已将能源、交通、水利、金融、公共服务列入重要行业和领域。交通运输行业高度重视网络安全保障等相关工作,成立了部网络安全和信息化领导小组,《交通运输信息化十三五规划》对工作思路形势要求、工作目标、重点任务都进行了详细规划。

《交通运输信息化十三五规划》中关于网络安全形势要求的有关内容有:"应对来自全球范围的威胁与挑战,要求全面提升行业网络与信息安全管理水平。网络安全上升为国家安全战略,交通运输作为国民经济重要产业部门,与国家安全、经济运行、社会秩序和公众利益息息相关,行业网络和重要信息系统是国家网络安全防护的组成部分。交通运输网络和信息安全面临空前的威胁和挑战,要求全面提升网络与信息安全态势感知及监测预警水平,建立健全网络与信息安全保障体系,提升行业网络安全风险防范、应急处置能力。"

《交通运输信息化十三五规划》中关于网络安全工作原则的有关内容有:"自主创新、安全可控。积极推动移动互联网、云计算、大数据等新技术在交通运输行业的应用,创新管理模式,催生新业态。高度重视网络与信息安全体系建设,坚持自主可控,强化监测预警,确保行业网络基础设施和重要信息系统安全可靠和稳定运行。"

《交通运输信息化十三五规划》中关于网络安全工作目标的有关内容有:"信息安全自主可控。行业重要信息系统的安全防护得到全面加强,统一协调的行业信息安全认证体系基本建成,基本实现行业重要信息系统和关键基础设施的安全可控。"

《交通运输信息化十三五规划》中关于网络安全主要目标的有关内容有:"健全网络与信息安全保障体系。全面评估数据开放、系统互联带来的安全风险,落实信息安全等级保护制度,完善网络数据共享、利用等安全管理措施,推进部省市三级网络和信息安全通报体系建设。深化网络安全防护、态势感知、信息通报、预警预防及应急处置能力建设,建立完善交通运输行业网络与信息安全监测管理平台、网络与信息安全认证系统。采用安全可信产品和服务,提升基础设施关键设备安全可靠水平。加强国产密码在已建、新建网络和信息系统的应用,组织开展高速公路联网电子不停车收费等重要信息系统的国产密码算法迁移和应用工作。"

近年来,交通运输部陆续出台了《交通运输行业网络安全工作指导意见》等一系列政策文件以及《交通运输信息系统等级保护定级指南》等一系列技术标准,建立了部省两级预警通报和网络安全检查机制,交通运输部行业主管部门一系列强有力的规划、监督、指导等工作使得全行业的网络安全水平上了一个台阶,网络安全等级保护工作得到全行业的重视和大力推进,各单位的行业安全保障水平和能力的大幅提升。

6.2.2 行业网络安全工作发展

2013年10月,交通运输部批准成立了"交通运输信息安全中心",承担行业政策、标准的研究,网络安全监测及保障,技术应用推广和人才培养等工作。

交通运输信息安全中心这一行业专业技术机构的成立是顺应行业信息化工作和网络安全工作的发展态势和安全形势,该机构是目前交通运输行业唯一专业机构。

交通运输信息安全中心在交通运输部网络安全主管部门科技司领导和帮扶下,中国交通通信信息中心的大力支持下,承担了交通运输部部机关和公路、水运、海事、救捞、船检、邮政等领域重要网站和信息系统的安全保障工作。在日常保障工作以及索马里护航、九三阅兵、APEC 会议、G20 峰会、一路一带会议、每年的两会等国家重大活动和重要时期的网络安全保障任务中,取得了网络安全保障"零事故"的成绩,G20 杭州峰会有关工作受到交通运输部发文表彰,一路一带等保障工作受到国家有关部门的表彰。

交通运输信息安全中心从成立之初的 8 名专职人员,已发展成为拥有 50 余人的专业技术队伍,实现了技术手段和能力水平的双步提升。安全中心非常注重加强与国家专业队伍、科研所院所、大学、网络安全业界知名企业的合作,汇集各方智慧和力量,吸取了国内外先进经验,逐步成为行业特色鲜明的网络安全保障的权威机构和技术力量,持续开展了行业网络安全管理与技术政策、规划、标准等研究工作,为国家和行业网络安全工作提供有力保障。

交通运输信息安全中心通过近几年的努力陆续取得了国家风险评估资质、信息系统安全集成资质、信息安全服务资质、国家信息安全服务 4 项国家级资质,成为"国家网络与信息安全通报技术支持单位"。

2016 年国家信息安全等级保护协调小组办公室授予该团队"交通运输等级保护测评中心(国-013)"授权在全国范围内开展交通运输行业网站和信息系统的等级保护测评工作,成为第十三支等级保护测评国家队。

2017 年,该以交通运输信息安全中心核心和骨干技术人员为主力,成功申报并获准组建了"国家保密科技测评(交通运输部)分实验室"承担公路、水运、民航、铁路、邮政等领域开展涉密信息系统的安全测评、上线检测、年度涉密检查等工作。交通运输信息安全中心目前实现网络安全涉密和非涉密领域第三方检测、咨询资质能力建设的全覆盖。

交通运输信息安全中心这支队伍已跻身于国家级网络安全保障专业机构。交通运输网络安全是国家网络安全的重要组成部分,也是加快建成安全便捷、畅通高效和绿色智能的现代化交通运输体系的关键,这关系到百姓出行、经济发展和国家稳定。为保障和促进交通运输信息化、"互联网 + 交通"工作的深入推进,尽快构建适应现代交通运输业发展的网络安全综合保障体系,成为新时期交通运输信息化发展的重要工作内容。

6.2.3 行业网络安全发展现状

1) 行业管理有关情况

监督检查是网络安全管理工作的重要抓手,是推进行业网络安全进程的重要手段。交通运输行业主管部门非常重视行业网络安全监管工作。当前条件下,行业各级网络安全监管主要通过检查的方式来实现的,具体包括常规性检查和专项检查两种形式。

(1) 常规性检查,主要是落实网信办、公安部和工信部等国家有关主管部门的要求,从组织机构、制度建设、技术措施、安全管理和责任落实等各方面开展检查网络安全工作。每年的常规性检查虽然内容基本一样,但侧重点结合实际有所不同,目的是通过检查使各单位强化安全意识,推进安全工作,不断提升水平,做到网络安全"常抓不懈"。网络安全常规检查与生产安全检查的工作实质大致相同,只是检查力度需进一步加强。

(2) 专项检查。主要是以某个或几个重点工作为主题的检查,针对国家、交通运输部等专项工作,常规性检查发现的突出问题,以及工作中发生或出现苗头的共性问题进行重点和深度检查,目的是突出重点,专项治理,带动整体工作,做到网络安全"常抓常新"。如对应用系统安全专项检查、关键基础设施建设网络安全情况、网络安全防范技术情况、网络信息安全、保密管理等情况进行安全检查。

当前各级行业部门大多"各单位自查为主,上级主管部门抽查为辅",行业主管部门组织开展各种类型的专项抽查的目的:一是检查受检单位工作情况,指导受检单位做好工作;二是深入了解和掌握受检单位网络安全技术保障情况,协助受检单位发现漏洞和隐患;三是检查受检单位上报情况与实际的差异性、真实性、有效性。

抽查主要有工作检查和技术检测两种方式:工作检查,主要是召开会议、听取汇报、人员访谈、查阅资料和现场查看等,目的在于发现管理上存在的问题;技术检测,即委托交通运输信息安全中心或第三方专业技术机构使用专业设备、采用标准的方法有针对性地进行技术检查,发现查找技术隐患和风险。

2) 存在的问题

通过对近几年部、省两级主管单位多次安全检查结果的分析,当前以网络安全检查为主要手段的行业网络安全监管存在一些问题和不足:

(1) 检查深度和广度不够,主要体现在抽查和各单位间的互查工作不足。

(2)各单位的自检多以工作检查方式为主,缺少统一标准的专业性和技术性检查,很难发现防护措施的不足和系统存在的安全漏洞和隐患。

(3)网络安全检查工作还未全面落实到生产经营管理的各项日常工作中,多数单位仍把检查工作局限于信息化相关运维保障部门。

(4)交通运输行业尚未建立起针对行业重要信息系统及网络的信息安全全面的监督管控机制。缺少先期发现行业重要信息系统网络安全问题的方法、机制、手段,面向行业全局的网络安全管理工作相对滞后,无法形成反映行业网络安全总体态势的全局性视图及预警机制。

3)行业网络安全建设情况

随着互联网的推进与交通运输行业的转型升级,交通运输行业信息化成为推动公共领域快速发展的重要支撑。频发的网络安全事件却时刻牵动着人们的神经。据统计,2017年第一季度全国交通运输行业发生一般网络安全事件环比2016年第四季度增长45.0%。

安全事件的发生不仅需要各交通行业相关单位管理和技术人员及时处置,防止产生重大影响,还需要不断加强交通运输行业网络安全防护能力。结合交通运输行业网络安全对管理、技术及运维等层面要求,总结行业网络安全现状如下:

(1)网络安全管理现状

网络安全管理层面主要分为两个部分:网络安全管理机构及信息安全管理制度。网络安全管理机构包括网络安全管理领导小组及责任人,网络安全责任部门及负责人,安全管理三大员(系统管理员、安全管理员、安全审计员)。目前,交通运输行业各单位基本都落实了网络安全分管领导以及信息安全管理机构,但现阶段行业组织现状比较复杂,安全工作职责不清晰,岗位设置不够合理,兼职、职责交叉等问题较多,技术人员相对缺乏,缺少体系化、整体性的信息安全组织机构规划。

从网络安全管理制度角度来看,行业各单位在日常运维保障较为重视,但在安全策略、人员安全管理、安全建设等方面存在投入不够、投入不足等问题,相关组织机构及岗位职责体系尚未规划和建立。部分单位现有的安全管理体系不能满足行业网络安全管理要求和适应国家要求。制定网络安全的总体方针策略,并根据总体策略制定网络安全管理体系是很有必要的。

交通运输行业各单位未制定信息安全制度约10%,制定了部分网络安全制度建设的占检查单位比例约75%,制定了较为完善的网络安全管理体系的约

25%。通过上述结果可得出,目前行业大多数单位认真贯彻建设并执行了网络安全管理制度,在"人员管理、系统运维管理、系统建设管理"三项制度的基础上,加强网络信息安全管理,取得显著成效,安全隐患大幅下降。

(2) 网络安全技术现状

交通运输行业大多数重要信息系统的主管部门和运营使用单位对安全管理工作比较重视,且取得一定成效,交通运输行业在网络安全技术和产品研发、人员和经费投入等方面还存在各单位、各地方不平衡,与海关、金融、能源等行业的安全防护及保障能力相比有较大差距。

交通运输行业各单位的网络安全方面配备基本安全防护设备,如防火墙、防病毒系统,分别占检查比例约68%、82%,另外各单位根据自身需求还配备了一些其他的安全设备,大多数单位具备基本网络层防护以及病毒防范能力。下面将分别对各个技术防护层面进行阐述:

①网络安全防护方面

各单位较注重传统安全攻击的防护,防火墙等常规设备配备的比例较高,随着互联网形势日益严峻,交通运输行业信息化面临着巨大挑战,恶意攻击者的多种攻击手段,仅配备防火墙是不够的,导致近年来行业网站入侵、网页篡改、DDoS、网络监听等事件频发。使用了VPN接入设备和UTM安全网关约37%,配备入侵检测系统占检查单位比例约26%,入侵防御系统不足1/3。

②主机、系统安全防护方面

各单位较侧重传统安全攻击的防护,防病毒系统占检查单位所配备主机安全产品的比例最高。漏洞扫描系统与主机加固系统是一类重要的网络安全技术,可与防火墙、入侵检测系统等互相配合,能够有效提高网络的安全性。主机加固可将各种恶性病毒、木马统统拒之门外,很大程度阻挡威胁,有效保障计算机系统的坚不可摧,部署漏洞扫描系统仅占约25%,部署的主机加固系统约10%。

③应用安全防护方面

随着WEB应用的不断推广,依托WEB为基础的服务越来越丰富。以各单位门户、邮件网站和各类行政办公、业务管理系统在交通运输业支撑系统中占有越来越重要的地位。同时,针对WEB应用的攻击也呈现逐年增加的趋势,攻击手段更加多样化,由原来针对底层服务的攻击越来越多地转化为针对应用服务的高层攻击。但从各检查单位的检查结果来看针对WEB应用的防护建设几乎为零,如果不能有效地保护好WEB应用,将会带来巨大的损失。经统计,交通运输行业应用层开展安全防护的单位仅约为40%,目前主流应用防护设备有采用密钥系统、身份认证系统、网页防篡改及 WAF 等应用安全防护方式。

④数据安全防护方面

日常数据库维护、用户账号管理、数据备份等工作中,缺少有效的审计手段,系统无法完全真实地记录各个管理员和工作人员操作过程。目前数据库系统自带会提供一些日志审计功能。当发生与数据内容相关联的问题时,仅靠自带日志审计是无法满足要求的。这时就需要采用第三方专用对重要数据库进行监测审计,对敏感数据进行实时监控,对违规操作进行追根溯源和智能控制。

不论数据存放在何处,都应该慎重考虑数据安全风险,为应对突发性故障或灾难事件,对数据进行备份及进行快速恢复十分重要。目前,交通运输行业具备数据备份与恢复系统的单位比例约 1/3,配备了数据库审计系统的不足 1/5,配备数据加密系统或数据库防火墙的不足 5%。

⑤运维管理平台方面

经过多年的发展,行业信息化基础设施和建设已经初具规模,行业各单位基础设施都基本建设完成。面对这些复杂的 IT 设施及其所承载的业务系统,安全管理越来越成为制约行业各单位信息化水平进一步提升的瓶颈,部分单位已经主动部署安全管理类产品,交通运输行业部署了运维管理平台的单位占比很少。

6.3 行业网络安全态势

1) 行业主要信息威胁综述

当前,信息化在全世界快速发展,信息技术的应用促进了全球资源的优化配置和发展模式创新,围绕信息获取、利用和控制的国际竞争日趋激烈,保障网络安全已成为各国的重要议题。国务院印发的《关于大力推进信息化发展和切实保障信息安全的若干意见》等一系列网络安全文件,要求健全安全防护和管理,加强能力建设,确保能源、交通、金融等领域涉及国计民生的重要信息系统的网络和信息安全。网络安全,已经上升为关系交通运输安全、可靠、稳定运行的战略性问题。

近年来,交通运输部在推进行业网络安全管理政策制定、组织机构建设、监测检查机制运行、技术防护措施研发应用等方面开展了大量的工作,有力地促进了行业重点领域和重要环节的网络安全保障工作。然而,随着网络安全保障形势的日趋严峻,以往信息化建设中积累的隐患逐步显现,物联网、大数据等新技术应用的潜在风险日益突出,交通运输行业信息网络、政府网站和重要业务系统也多次成为被攻击和篡改的对象,屡屡遭受考验,网络安全任重而道远。

交通运输行业信息系统是以支撑交通运输行业采集(或获取)、处理、存储、传输、分配和检索信息为目的的人机一体化系统,具备典型的 IT 系统的特征,因此面临着传统 IT 系统所面临的各位网络安全威胁,主要包括:

(1)环境因素:

自然灾害:水灾;火灾;地震等。

自然灾害、环境危害、软硬件故障等威胁,会造成基础设施的破坏,无法提供满足生产运行的基础环境,造成无法正常提供服务。

环境危害:电力供应;静电;温湿度;鼠蚁虫害。

(2)故障:软硬件故障;线路故障等。

物理环境受到破坏时,会导致温湿度不受控制,电力、通信和交通受阻,信息系统不能正常运行,机房不能正常运行,信息系统必须关闭或者切换到备份系统。

(3)人为因素:

由于人为疏忽等原因导致了偏离正常操作行为的出现,同时管理制度、规范、流程的不合理以及制度规范未得到有效落实,内部技术人员未规范进行系统部署、升级、变更、维护等操作,以及利用系统使用权限和访问便利性,窃取或篡改敏感数据,对信息系统恶意破坏,影响系统运行造成系统故障,不能正常运行,无法提供服务,以及出现数据丢失、破坏、信息被篡改等情况。

恶意的:内部不满人员恶意破坏;内部人员内外勾结获取利益破坏;外部利益团体恶意破坏;外部炫耀展现恶意破坏。

非恶意的:专业能力不足出现的破坏;缺乏责任心、不专心导致破坏;没有遵循故障制度和操作流程导致破坏。

(4)由于网络结构设计不合理,会导致高峰期系统不稳定,运行缓慢甚至出现瘫痪状态,容易被黑客入侵乃至控制整个网络。

(5)产品设计缺陷、硬件老化等原因导致设备故障,进而影响行业业务系统的正常运行。

(6)对于设计不合理、代码逻辑错误、测试不充分、系统处理压力较大等原因,导致软件导致固有缺陷被触发,数据库出现死锁、操作系统运行不稳定、应用程序异常,造成系统运行缓慢或者瘫痪。

(7)由于管理制度、规范、流程的不合理以及制度规范未得到有效落实,技术人员未规范进行系统部署、升级、变更、维护等操作,导致信息系统被破坏,影响系统运行,以及破坏系统及数据的保密性、完整性、可用性等。

2)行业网络安全工作进展

交通运输网络和信息安全是国家网络安全的重要组成部分,关系到百姓出行、经济发展和国家稳定。为保障和促进交通运输信息化、"互联网+交通"工作的深入推进,应尽快构建适应现代交通运输业发展的网络安全保障体系。当前和今后一个时期行业网络安全工作,要围绕四个方面加快推进:

一是建立健全行业网络安全管理制度。进一步强化各级、各部门的网络安全意识和责任,全面推进重要信息系统定级备案、测评整改、监督检查、应急响应等工作,将网络安全纳入信息化建设、管理和运行的全过程,围绕发展规划、项目立项、建设实施和运维保障等关键环节,做到同步规划、同步设计、同步实施和同步运行。

二是加强行业网络安全保障能力建设。全面贯彻落实国家对行业重要信息系统等级保护,加快推进网络安全日常监控、风险预警和应急处置体系建设,重点开展重大基础设施、重要业务系统和重点领域应用的网络安全保障能力建设。

三是加强行业网络安全保障的人才队伍建设。积极利用市场和社会力量,推动建立行业网络息安全专业服务机构和技术支撑团队,加强网络安全教育培训;开展专业化人才培训和资格认证,明确网络安全管理重要岗位任职资格要求,加强行业网络安全主动防护和应急处置的人才队伍保障。

四是加强行业网络安全标准体系研究应用。遵循国家网络安全技术标准体,系结合交通运输行业特点,研究形成适应行业组织管理架构和智慧交通发展要求的行业网络安全管理技术指标和安全服务标准体系,试点示范并逐步在全行业推广应用。

第7章 行业网络安全等级保护体系

通过国家信息安全等级保护政策及基本要求,当前交通运输行业系统的等级保护工作结合行业特点,构建适用于交通运输行业等级保护体系,关键网络和重要信息系统等级保护体系包括定级指南、基本要求、实施策略。

定级指南是先导,基本要求是以控制点为单位的安全措施最低要求,实施策略是行业等保工作模式及保障方法。在整个等级体系中以定级指南为基础,通过行业信息系统的分类办法,归纳不同类别信息系统的安全需求,识别出不同安全特征对客体危害程度,完成等级保护级别框架映射,构建行业定级指南,并以指南为基础,进一步构建行业网络安全等级保护建设体系。

7.1 行业等级保护工作组织

7.1.1 工作目标

通过对交通运输行业信息系统进行安全等级划分及分级保护,按照国家及交通运输行业网络安全规划、指导意见和技术标准进行规划建设、运行维护和监督管理,推进行业网络安全等级保护管理体系建设,提升交通运输行业信息系统的安全保障水平。

7.1.2 基本原则

交通运输行业信息系统安全等级保护工作及实施过程中应遵循以下基本原则:

(1)自主保护原则:信息系统主管部门或运营、使用单位按照国家和交通运输行业信息安全等级保护相关管理规范和技术标准,自主确定信息系统的安全保护等级,自行组织实施安全保护。

(2)重点保护原则:根据信息系统的重要程度、业务特点,通过划分不同安全保护等级,实现不同强度的安全保护,集中资源优先保护涉及交通运输行业核心业务或关键信息资产的信息系统。

（3）同步建设原则：信息系统在新建、改建和扩建时应同步规划和设计安全方案，投入一定比例的资金建设网络安全设施，保障网络安全与信息化建设相适应。

（4）动态调整原则：跟踪信息系统变化情况，调整安全保护措施。信息系统安全保护等级需要变更的，应根据国家和交通运输行业网络安全等级保护相关管理规范和技术标准，重新确定信息系统安全保护等级，根据信息系统安全保护等级调整情况，重新实施安全保护。

7.1.3 角色和职责

交通运输行业信息系统安全等级保护实施过程中涉及的各类角色及其职责如下：

负责依照国家和行业网络安全等级保护的管理规范和技术标准，监督、检查和指导网络安全等级保护工作，各级监管职能部门职责如下：

交通运输部网络安全主管部门：负责交通运输行业信息系统安全等级保护工作的监督、检查和指导，组织制定交通运输行业相关政策文件和行业标准规范。

地方各级交通运输或部直属机构网络安全主管部门：负责本行政区域内或直属单位的交通运输行业信息系统安全等级保护工作的监督、检查和指导，组织制定相关政策文件。

信息系统建设及运营、使用单位：负责按照国家和行业网络安全等级保护的管理规范和技术标准进行网络安全等级保护建设和管理，负责所管辖信息系统安全等级保护定级备案、等级测评、安全自查、安全建设、安全建设实施等工作的组织实施。

信息系统建设和运维部门：负责根据信息系统主管部门及运营、使用单位和网络安全监管职能部门的委托，依照国家和行业网络安全等级保护的管理规范和技术标准，落实网络安全等级保护要求，确保信息系统安全稳定运行。

交通运输行业等级保护测评机构：负责根据信息系统运营、使用单位的委托或根据国家管理部门的授权，按照国家信息安全等级保护的管理规范和技术标准，对已经完成等级保护建设的信息系统进行等级测评，对信息系统供应商提供的产品进行安全测评等，交通运输等级保护测评中心是行业唯一，也是国家级等级保护测评机构。

网络安全服务机构：负责根据信息系统主管部门及运营、使用单位的委托，依照国家和行业网络安全等级保护的管理规范和技术标准，协助信息系统运营、使用单位完成等级保护的相关工作，包括确定其信息系统的安全保护等级、进行安全需求分析、安全总体规划、实施安全建设和安全改造等。

网络安全产品供应商:负责按照国家和行业网络安全等级保护的管理规范和技术标准,开发符合等级保护相关要求的网络安全产品;按照等级保护相关要求销售网络安全产品并提供相关服务。

7.1.4 基本流程

按照信息系统的生命周期,交通运输行业信息系统安全等级保护实施划分为信息系统定级、安全规划设计、安全建设整改、等级测评、信息系统备案、安全运行与维护和安全检查七个阶段。

交通运输行业信息系统实施等级保护的基本流程见图7-1。

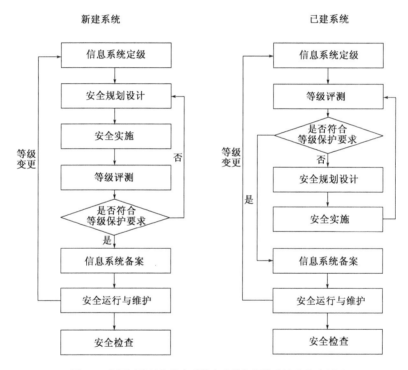

图7-1 交通运输行业信息系统安全等级保护实施基本流程图

在安全运行与维护阶段,信息系统发生重大变更导致系统安全保护等级变化时,应从安全运行与维护阶段进入信息系统定级阶段,重新开始一轮网络安全等级保护的实施过程。

在等级测评阶段,应检验信息系统安全保护措施是否满足等级保护相应等级的安全要求,若不满足,应进入安全规划设计阶段,重新设计、调整和实施安全措施,最终确保满足等级保护的安全要求。若满足,应从等级测评阶段进入信息系统备案阶段,准备备案材料,到国家和行业主管部门备案。

7.2 行业等级保护定级

7.2.1 行业信息系统分类

根据行业的工作整体布局、业务特点、服务对象等内容进行重要信息系统划分。通过对行业内信息系统的调研梳理,以行业各业务主管部门核心工作职能为主要分类依据,同时参照地方交通主管部门的信息资源规划样本,充分体现业务特征、横纵向分布等特点,将各领域各类型的信息系统大致分为四类,分别是业务管理类、政务管理类、综合服务类与基础支撑类。

交通运输行业信息业统分类如表 7-1 所示。

交通运输行业信息系统分类表 表 7-1

交通运输行业信息系统分类		
业务管理类	公路管理:	公路工程设计管理、公路工程招投标管理、公路工程施工管理、公路工程竣(交)工管理、公路工程建设市场信用管理、公路工程质量监督管理、公路工程造价管理、公路日常养护管理等
	道路运输管理:	道路旅客运输管理、道路客运站管理、出租车运输管理、道路客运车辆管理、道路货物运输管理、道路货运站(场)管理、道路货运车辆管理、车辆维修与检测管理、机动车驾驶员培训管理、道路运输从业人员管理、道路紧急运输等
	水路管理:	水运工程建设项目前期审查、港口工程建设项目设计管理、港口工程建设项目招投标管理、港口工程建设项目施工管理、港口工程建设项目竣(交)工管理、航道工程建设项目设计管理、航道工程建设项目招投标管理、航道工程建设项目施工管理、航道工程建设项目竣(交)工管理、水运工程重点建设项目后期评价、水运工程质量监督管理、水运工程建设市场信用管理、港口经营和服务管理、港口设施保安、港口安全生产监督、港航应急管理、航道和内河航标维护管理、航政事项审核与审批等
	救助打捞管理:	救捞管理、救助飞行运行管理等
	海事管理:	船舶管理、船舶检验、内河船员管理、船载危险货物审批、船舶防污染、水上安全应急管理等

续上表

	交通运输行业信息系统分类
政务管理类	行业各级政府网站、内部办公系统、人才管理系统、信访系统、财务管理系统、审计统计系统、法规查询系统、离退休干部管理系统、年度计划管理系统、科技管理系统、行政许可办理系统、行政许可公示系统、视频会议管理系统
综合服务类	公路水路安全畅通和应急处置系统、公路水路交通出行信息服务系统、公路水路建设与运输市场信用信息服务系统、交通运输经济运行监测预警与决策支持
基础支撑类	网络设施支撑、数据支撑、应用支撑的系统

7.2.2 行业信息系统定级框架

信息安全等级保护定级指南和基本要求是开展等级保护工作的重要起点和基础。针对等级保护工作，国家出台了宏观层面的政策标准，但在交通运输行业等级保护工作落地建设中仍有很多关键技术需要突破，国家层面的具有普适性意义的各项等保技术标准政策在面对交通运输行业重要业务系统特殊性、差异性、复杂性条件下，存在一定程度的针对性不强，体系不完备，行业内各级单位对等级保护国家级政策标准的每个层面的理解、领悟、执行均不相同，即执行同一个标准，却出现多种结果。定级不准确，定级无依据，误定、漏定，网络安全功能建设缺少可参考的行业基线，导致信息保护产生很多问题，系统稳定性缺少保障。

交通运输行业"十一五"完成的重要业务系统具有显著的条块化分布特性，纵横向体系结构导致行业数据资源结构及面临的风险具备一定特殊性；"十二五"拟建系统将仍有可能持续处于异构复杂状态，没有相关行业体系框架及管理办法指导等级保护建设工作开展；交通运输行业在"十三五"网络和信息安全工作中处于稳步提升阶段，但其防护等级低，行业重要业务系统安全定级备案及测评情况不理想，行业信息系统等级保护工作的具体落实及网络安全防护意识有待进一步推进。

定级实施策略用于指导交通运输行业等级保护工作在交通运输行业组织的相关制度、流程及管理办法，制定各类系统的等级保护合规性方案设计标准、日常安全运维的管理办法和制度，形成交通运输行业开展行业网络安全检查工作的组织架构、检查内容、检查方法、检查手段、检查周期和网络安全建设常态化的督导方式。

在国家等级保护政策和技术标准规范基础上，以交通运输行业信息化建设特点为重要依据，为行业内各重要业务系统进行定级备案提供行业准则。交通运输行业等级保护定级框架指标如图7-2所示。

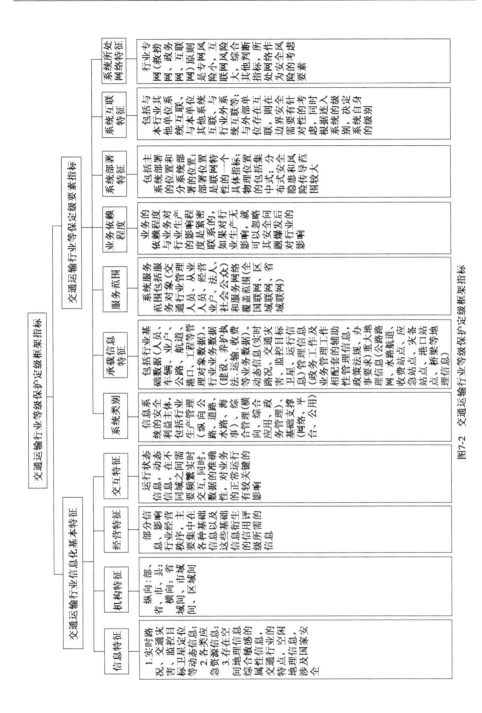

图7-2 交通运输行业等级保护定级框架指标

7.2.3 行业信息系统定级原理

1)信息系统安全保护等级

交通运输行业信息系统安全保护等级分为以下五级：

第一级，信息系统受到破坏后，会对公民、法人和其他组织的合法权益造成损害，但不损害国家安全、社会秩序和公共利益；

第二级，信息系统受到破坏后，会对公民、法人和其他组织的合法权益产生严重损害，或者对社会秩序和公共利益造成损害，但不损害国家安全；

第三级，信息系统受到破坏后，会对社会秩序和公共利益造成严重损害，或者对国家安全造成损害；

第四级，信息系统受到破坏后，会对社会秩序和公共利益造成特别严重损害，或者对国家安全造成严重损害；

第五级，信息系统受到破坏后，会对国家安全造成特别严重损害。

2)信息系统安全保护等级的定级要素

(1)定级要素的分级

根据交通运输行业信息系统业务信息和系统服务特征，定级要素分为一级要素和二级要素。

(2)一级要素

①关键因素

用来直接判定信息系统安全保护等级的因素，包括信息系统被破坏时所侵害的客体及对相应客体侵害的程度。

②等级保护对象受到破坏时所侵害的客体

等级保护对象受到破坏时所侵害的客体包括以下三个方面：

a. 公民、法人和其他组织的合法权益；

b. 社会秩序、公共利益；

c. 国家安全。

③等级保护对象受到破坏后对客体的侵害程度

对客体的侵害程度由客观方面的不同外在表现综合决定。由于对客体的侵害是通过对等级保护对象的破坏实现的，因此，对客体的侵害外在表现为对等级保护对象的破坏，通过危害方式、危害后果和危害程度加以描述。

等级保护对象受到破坏后对客体造成侵害的程度归结为以下三种：

a. 一般损害；

b. 严重损害；

c. 特别严重损害。

④一级要素与信息系统安全保护等级的关系

一级要素与信息系统安全保护等级的关系如表7-2所示。

一级要素与信息系统安全保护等级的关系　　　　表7-2

受侵害的客体	对客体的侵害程度		
	一般损害	严重损害	特别严重损害
公民、法人和其他组织的合法权益	第一级	第二级	第二级
社会秩序、公共利益	第二级	第三级	第四级
国家安全	第三级	第四级	第五级

(3) 二级要素

二级要素用于辅助确定一级要素。根据信息系统服务对象、功能、范围及效用等特征，分为信息系统类别、承载信息类别、系统服务范围和业务依赖程度四类要素。

7.2.4 行业信息系统定级流程

信息系统安全包括业务网络安全和系统服务安全，与之相关的受侵害客体和对客体的侵害程度可能不同，因此，信息系统定级也应由业务信息安全和系统服务安全两方面确定。

从业务信息安全角度反映的信息系统安全保护等级称业务信息安全保护等级。

从系统服务安全角度反映的信息系统安全保护等级称系统服务安全保护等级。

信息系统的安全保护等级通过定级对象、定级要素、信息系统受到破坏时所侵害的客体和受到破坏时对客体的侵害程度等因素确定。定级的基本流程如下：

(1) 确定定级对象，作为定级对象应具有唯一的安全责任单位，具有信息系统的基本要素，承载单一或相对独立的业务。

(2)确定一级要素,根据交通运输行业行政管理及公共服务职能,信息系统受到破坏时所侵害的客体具体表现及对客体的侵害行为外在表现,确定受到破坏时所受侵害的客体和对客体的侵害程度。

(3)确定二级要素,在无法确定定级对象一级要素时,可先根据信息系统自身固有的特征确定二级要素,再通过二级要素辅助推导出一级要素。

(4)确定业务信息安全保护等级,从信息系统业务信息安全受到破坏时所受侵害的客体和对客体的侵害程度,综合判定信息系统业务信息安全保护等级。

(5)确定系统服务安全保护等级,从信息系统服务安全受到破坏时所受侵害的客体和对客体的侵害程度,综合判定信息系统服务安全保护等级。

(6)将业务信息安全保护等级和系统服务安全保护等级的较高者确定为定级对象的安全保护等级。

信息系统安全等级保护定级基本流程如图7-3所示。

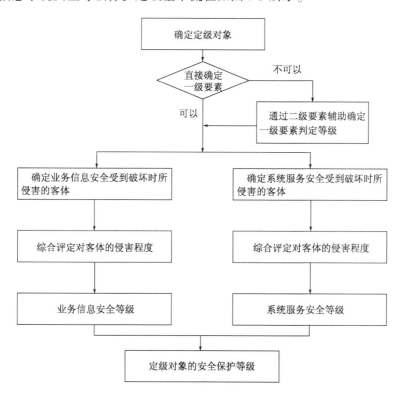

图7-3 交通运输行业信息系统安全等级保护定级基本流程

1) 确定定级对象

梳理并确定应定级的信息系统,对比较庞大的信息系统,可将其划分为若干较小的、可能具有不同安全保护等级的定级对象。定级对象需要界定信息系统的边界和边界设备,由于信息系统的边界保护一般在物理边界或网络边界上实现,系统边界一般不应设置在服务器内部。当不同信息系统之间存在共用设备时,共用设备的安全保护措施按两个信息系统安全保护等级较高者确定。

2) 系统识别和描述

定级人员最初面临的往往不是已划分好的信息系统,而是单位的整个信息系统,或即使只是单位信息系统的一部分,由于等级保护需求不同,也有可能需要对该部分系统进行划分,区别出不同等级的信息系统。

通过系统识别和描述活动,可以了解单位信息系统的全貌,了解需要定级的信息系统与单位其他信息系统的关系。根据用户需求或工作需要,系统识别与描述活动既可以针对单位整个信息系统进行,也可在用户指定的范围内进行。

(1) 识别单位基本信息

可以采用调查表的方式调查了解对目标系统负有安全责任的单位性质、隶属关系、所属行业、业务范围、地理位置等基本情况,以及其上级主管机构(如果有)的信息。

(2) 识别管理框架

可以采用调查表的方式调查了解目标系统所在单位的组织管理结构、管理策略、部门设置和部门在业务运行中的作用、岗位职责。特别是当该单位的信息系统存在分布于不同的物理区域的情况时,应了解不同区域系统运行的安全管理责任,一般来说,安全管理职责是进行信息系统划分的首要参考因素,因为具有一定等级的信息系统也应当是一个安全域,应当遵循相同的安全策略,没有统一管理作保证则无法实现统一的安全策略。

(3) 识别业务种类、流程和服务

可以采用调查表的方式调查了解机构内主要依靠信息系统处理的有多少种业务,哪些业务是主要业务,哪些业务是支撑型业务,各项业务具体要完成的工作内容和业务流程等。了解单位的职能与这些业务的关联,单位对信息系统完成业务使命的期待或关注点。如果对某个信息系统的主要关注点是其中的信息,该系统可能属于信息处理型系统,如果对信息系统的主要关注点是业务流程的连续,该系统可能属于业务处理型系统,例如多数生产系统属于业务处理型系统,当然也有信息系统两个方面都关注,可以称之为均衡型系统。

调查还应关注每个信息系统的业务流以及不同信息系统之间的业务关系,因为不同信息系统之间的业务关系和数据关系将对信息系统划分起重要作用,应了解单位内不同业务系统提供的服务在影响履行单位职能方面,影响的区域范围、用户人数、业务量以及对本单位以外机构或个人的影响等方面的差异。

(4)识别信息

可以采用调查表的方式调查了解各信息系统所处理的信息特点,了解单位对信息的三个安全属性的需求,了解不同业务数据在其保密性、完整性和可用性被破坏后对单位职能、单位资金、单位信誉、人身安全等方面可能对国家、社会、本单位造成的影响。

根据系统不同业务数据可能是用户数据、业务处理数据、业务过程记录(流水)数据、系统控制数据或文件等。

了解数据信息还应关注信息系统的数据流,以及不同信息系统之间的数据交换或共享关系。

(5)识别网络结构

可以采用调查表的方式调查了解目标信息系统所在单位的网络状况,包括网络覆盖范围(全国、全省或本地区),网络的构成(广域网、城域网或局域网等),内部网段/VLAN划分,网段/VLAN划分与系统的关系,与上级单位、下级单位、外部用户、合作单位等的网络连接方式,与互联网的连接方式。目的是了解目标信息系统自身网络在单位整个网络中的位置,目标信息系统所处的单位内部网络环境和外部环境特点,以及目标信息系统的网络安全保护与单位内部网络环境的安全保护的关系。

(6)识别主要的软硬件设备

可以采用调查表的方式调查了解与目标信息系统相关的服务器、网络、终端、存储设备以及安全设备等,设备所在网段,在系统中的功能和作用。信息系统定级本应仅与信息系统有关,与具体设备没有多大关系,但由于在划分信息系统时,不可避免地会涉及设备共用问题,调查设备的位置和作用主要就是发现不同信息系统在设备使用方面的共用程度。

(7)识别用户类型和分布

可以采用调查表的方式调查了解各系统的管理用户和一般用户,内部用户和外部用户,本地用户和远程用户等类型,了解用户或用户群的数量分布,各类用户可访问的数据信息类型和操作权限。

(8)单位信息系统描述

通过上述调查,可以较为全面地了解单位信息系统的基本信息、管理信息、业务信息、网络信息、设备信息和用户信息等,信息系统描述是信息系统划分和定级的基础,描述信息是否准确和详细决定了系统划分是否合理以及定级结果是否准确。

3) 系统安全等级确定

(1)确定一级要素

①确定所侵害的客体

a.侵害国家安全的事项

判断行业信息系统受到损害后是否侵害到国家安全,主要基于信息系统所提供服务及其承载信息是否涉及重要国家事务处理、国防工业生产和国防设施,是否影响国家统一、民族团结和社会稳定,是否影响国家安全保卫工作、涉及尖端科技研究及生产,是否影响涉及国家安全的交通运输基础设施生产、控制、管理等。

侵害国家安全的事项包括以下方面：

a)影响国家政权稳固和国防实力；

b)影响国家统一、民族团结和社会安定；

c)影响国家对外活动中的政治、经济利益；

d)影响国家重要的安全保卫工作；

e)影响国家经济竞争力和科技实力；

f)其他影响国家安全的事项。

b.影响社会秩序、公共利益的事项

判断行业信息系统受到损害后是否侵害到公共利益、社会秩序,主要基于信息系统是否支撑行业主管单位宏观调控、市场监管、社会管理和公共服务的职能,是否支撑交通运输领域的公共设施管理和服务工作,是否支撑交通运输领域提供面向社会公众的生产和运营业务。

侵害社会秩序、公共利益的事项包括以下方面：

a)影响国家机关宏观调控、市场监管、社会管理和公共服务的工作秩序；

b)影响各种类型的经济活动秩序；

c)影响行业的科研、生产秩序;
d)影响社会成员使用公共设施;
e)影响社会成员获取公开信息资源;
f)影响社会成员接受公共服务;
g)影响行业企事业单位或社会公众合法权益的获得;
h)影响公众在法律约束和道德规范下的正常生活秩序等;
i)其他影响社会秩序、公共利益的事项。

c.影响公民、法人和其他组织的合法权益的事项

判断行业信息系统受到损害后是否侵害到公民、法人和其他组织的合法权益,主要基于信息系统及其承载信息是否向公民、法人和其他组织提供服务。

②确定对客体的侵害程度

a.判别基准

在针对不同的受侵害客体进行侵害程度的判断时,参照以下不同的判别基准:

a)如果受侵害客体是社会秩序、公共利益或国家安全,则应以整个行业或国家的总体利益作为判断侵害程度的基准。

b)如果受侵害客体是公民、从业人员、法人或经营业户的合法权益,则以本人或本单位的总体利益作为判断侵害程度的基准。

b.侵害的客观方面

在客观方面,对客体的侵害外在表现为对定级对象的破坏,其危害方式表现为对业务信息安全的破坏和对信息系统服务的破坏,其中业务信息安全是指确保信息系统内信息的保密性、完整性和可用性等,系统服务安全是指确保信息系统可以及时、有效地提供服务,以完成预定的业务目标。由于业务信息安全和系统服务安全受到破坏所侵害的客体和对客体的侵害程度可能会有所不同,在定级过程中,需要分别处理这两种危害方式。

根据交通运输行业行政管理、公共服务职能和企业生产、经营活动特征,业务信息安全和系统服务安全受到破坏后,可能产生以下部分或全部危害后果:

a)影响交通通行能力及服务能力;
b)影响交通运输行业相关企业正常生产、经营和管理活动;
c)影响交通运输相关企业、法人、从业者的合法利益;
d)影响各级交通运输管理部门正常履行管理、服务职能;

e) 引起法律纠纷；

f) 导致财产损失；

g) 造成社会不良影响；

h) 对其他组织和个人造成损害；

i) 其他影响。

c. 综合判断侵害程度

(2) 确定二级要素

① 信息系统类别

信息系统类别主要分为四类：业务管理类、行政办公类、综合平台类和基础支撑类信息。

业务管理类信息系统主要指支撑交通运输管理部门和企事业单位履行设计、生产、运营、维护、管理以及提供公共服务等职能的信息系统。

行政办公类信息系统主要指支撑各级交通运输管理部门和企事业单位为了维持自身组织活动以及进行内部管理事务而建设的信息系统。

综合平台类信息系统主要指在交通运输各主要信息系统之上建立的具备可支撑多业务协同或并行工作等特征的信息系统。

基础支撑类信息系统主要指能够支撑多个信息系统实现计算、操作或通信等功能所依赖的系统运行环境。

② 承载信息类别

根据承载信息的安全特征主要分为三类：涉及国家安全的信息、重要信息和一般信息。

③ 系统服务范围

系统服务范围主要分为四类：全国、区域、省域和机构内。系统服务范围为地市级的信息系统，参考省域分类开展定级工作。

④ 业务依赖程度

业务依赖程度主要分为三类：人工可替代、人工可部分替代、人工不可替代。

(3) 确定业务信息安全保护等级

根据业务信息安全被破坏时所侵害的客体以及对相应客体的侵害程度确定业务信息安全保护等级，业务信息安全与安全保护等级的关系如表 7-3 所示。

如不能准确判定业务信息安全一级要素，可依据二级要素辅助判定，业务信息安全二级要素与一级要素映射关系如表 7-4 所示。

业务信息安全与安全保护等级的关系　　　　表7-3

业务信息安全被破坏时所侵害的客体	对相应客体的侵害程度		
	一般损害	严重损害	特别严重损害
公民、法人和其他组织的合法权益	第一级	第二级	第二级
社会秩序、公共利益	第二级	第三级	第四级
国家安全	第三级	第四级	第五级

业务信息安全二级要素与一级要素映射关系　　　　表7-4

序号	二级要素			一级要素	
	信息系统类别	系统服务范围	承载信息类别	侵害的客体	侵害程度
1	业务管理类	全国	涉及国家安全的信息	国家安全	严重损害
			重要信息	社会秩序、公共利益	严重损害或特别严重损害
			一般信息	社会秩序、公共利益	一般损害
		区域	涉及国家安全的信息	国家安全	严重损害
			重要信息	社会秩序、公共利益	严重损害或特别严重损害
			一般信息	社会秩序、公共利益	一般损害
		全省	涉及国家安全的信息	国家安全	一般损害
			重要信息	社会秩序、公共利益	严重损害
			一般信息	社会秩序、公共利益	一般损害
		机构内	涉及国家安全的信息	国家安全	一般损害
			重要信息	社会秩序、公共利益	一般损害
			一般信息	公民、法人、其他组织	一般损害
2	行政办公类	全国	涉及国家安全的信息	国家安全	严重损害
			重要信息	社会秩序、公共利益	严重损害或特别严重损害
			一般信息	社会秩序、公共利益	一般损害

续上表

序号	二级要素			一级要素	
	信息系统类别	系统服务范围	承载信息类别	侵害的客体	侵害程度
2	行政办公类	区域	涉及国家安全的信息	国家安全	一般损害
			重要信息	社会秩序、公共利益	严重损害或特别严重损害
			一般信息	社会秩序、公共利益	一般损害
		全省	涉及国家安全的信息	国家安全	一般损害
			重要信息	社会秩序、公共利益	严重损害
			一般信息	社会秩序、公共利益	一般损害
		机构内	涉及国家安全的信息	国家安全	一般损害
			重要信息	社会秩序、公共利益	一般损害
			一般信息	公民、法人、其他组织	一般损害
3	综合平台类	全国	涉及国家安全的信息	国家安全	严重损害
			重要信息	社会秩序、公共利益	严重损害或特别严重损害
			一般信息	社会秩序、公共利益	一般损害
		区域	涉及国家安全的信息	国家安全	严重损害
			重要信息	社会秩序、公共利益	严重损害或特别严重损害
			一般信息	社会秩序、公共利益	一般损害
		全省	涉及国家安全的信息	国家安全	一般损害
			重要信息	社会秩序、公共利益	严重损害
			一般信息	社会秩序、公共利益	一般损害
4	基础支撑类	全国	涉及国家安全的信息	国家安全	严重损害
			重要信息	社会秩序、公共利益	严重损害或特别严重损害
			一般信息	社会秩序、公共利益	一般损害
		区域	涉及国家安全的信息	国家安全	严重损害
			重要信息	社会秩序、公共利益	严重损害或特别严重损害

续上表

序号	二级要素			一级要素	
	信息系统类别	系统服务范围	承载信息类别	侵害的客体	侵害程度
4	基础支撑类	区域	一般信息	社会秩序、公共利益	一般损害
		全省	涉及国家安全的信息	国家安全	一般损害
			重要信息	社会秩序、公共利益	严重损害
			一般信息	社会秩序、公共利益	一般损害
		机构内	涉及国家安全的信息	国家安全	一般损害
			重要信息	社会秩序、公共利益	一般损害
			一般信息	公民、法人、其他组织	一般损害

二级要素辅助判定业务信息安全相关的一级要素后,依据表7-3业务信息安全与安全保护等级的关系,判定业务信息安全保护等级。

(4) 确定系统服务安全保护等级

根据系统服务安全被破坏时所侵害的客体以及对相应客体的侵害程度确定系统服务安全保护等级,系统服务安全与安全保护等级的关系如表7-5所示。

系统服务安全与安全保护等级的关系　　表7-5

系统服务安全受破坏时所侵害的客体	对相应客体的侵害程度		
	一般损害	严重损害	特别严重损害
公民、法人和其他组织的合法权益	第一级	第二级	第二级
社会秩序、公共利益	第二级	第三级	第四级
国家安全	第三级	第四级	第五级

如不能准确判定系统服务安全一级要素,可依据二级要素辅助判定一级要素,系统服务安全二级要素与一级要素映射关系如表7-6所示。

系统服务安全二级要素与一级要素映射关系　　表7-6

序号	二级要素			一级要素	
	信息系统类别	系统服务范围	业务依赖程度	侵害的客体	侵害程度
1	业务管理类	全国	人工可替代	社会秩序、公共利益	一般损害
			人工可部分替代	社会秩序、公共利益	一般损害

续上表

序号	二级要素			一级要素	
	信息系统类别	系统服务范围	业务依赖程度	侵害的客体	侵害程度
1	业务管理类	全国	人工不可替代	社会秩序、公共利益	严重损害或特别严重损害
		区域	人工可替代	社会秩序、公共利益	一般损害
			人工可部分替代	社会秩序、公共利益	一般损害
			人工不可替代	社会秩序、公共利益	严重损害
		全省	人工可替代	社会秩序、公共利益	一般损害
			人工可部分替代	社会秩序、公共利益	一般损害
			人工不可替代	社会秩序、公共利益	严重损害
		机构内	人工可替代	公民、法人、其他组织	一般损害
			人工可部分替代	公民、法人、其他组织	严重损害
			人工不可替代	公民、法人、其他组织	特别严重损害
2	行政办公类	全国	人工可替代	社会秩序、公共利益	一般损害
			人工可部分替代	社会秩序、公共利益	一般损害
			人工不可替代	社会秩序、公共利益	严重损害
		区域	人工可替代	社会秩序、公共利益	一般损害
			人工可部分替代	社会秩序、公共利益	一般损害
			人工不可替代	社会秩序、公共利益	严重损害
		全省	人工可替代	社会秩序、公共利益	一般损害
			人工可部分替代	社会秩序、公共利益	一般损害
			人工不可替代	社会秩序、公共利益	严重损害
		机构内	人工可替代	公民、法人、其他组织	一般损害
			人工可部分替代	公民、法人、其他组织	严重损害
			人工不可替代	公民、法人、其他组织	特别严重损害
3	综合平台类	全国	人工可替代	社会秩序、公共利益	一般损害
			人工可部分替代	社会秩序、公共利益	严重损害
			人工不可替代	社会秩序、公共利益	严重损害或特别严重损害

续上表

序号	二级要素			一级要素	
	信息系统类别	系统服务范围	业务依赖程度	侵害的客体	侵害程度
3	综合平台类	区域	人工可替代	社会秩序、公共利益	一般损害
			人工可部分替代	社会秩序、公共利益	严重损害
			人工不可替代	社会秩序、公共利益	严重损害
		全省	人工可替代	社会秩序、公共利益	一般损害
			人工可部分替代	社会秩序、公共利益	严重损害
			人工不可替代	社会秩序、公共利益	严重损害
4	基础支撑类	全国	人工可替代	社会秩序、公共利益	一般损害
			人工可部分替代	社会秩序、公共利益	严重损害
			人工不可替代	社会秩序、公共利益	严重损害或特别严重损害
		区域	人工可替代	社会秩序、公共利益	一般损害
			人工可部分替代	社会秩序、公共利益	严重损害
			人工不可替代	社会秩序、公共利益	严重损害
		全省	人工可替代	社会秩序、公共利益	一般损害
			人工可部分替代	社会秩序、公共利益	严重损害
			人工不可替代	社会秩序、公共利益	严重损害
		机构内	人工可替代	公民、法人、其他组织	一般损害
			人工可部分替代	公民、法人、其他组织	严重损害
			人工不可替代	公民、法人、其他组织	特别严重损害

二级要素辅助判定系统服务安全相关的一级要素后,依据表7-5系统服务安全与安全保护等级的关系,可判定系统服务安全保护等级。

(5)确定信息系统安全保护等级

作为定级对象的信息系统的安全保护等级由业务信息安全保护等级和系统服务安全保护等级的较高者决定。

4)定级报告的形成

在确定信息系统的安全保护等级之后,需要将定级结果形成《信息系统安全等级保护定级报告》(以下简称《定级报告》),将定级分析过程和定级结果文档化,《定级报告》是定级工作完成的标志。

5) 定级评审

定级单位在确定信息系统等级后,完成信息系统定级报告,并填写信息系统等级保护备案表。如果安全保护等级为三级或三级以上,由定级单位应向国家安全等级保护工作协调小组提出申请,由协调小组负责组织"信息安全保护等级专家评审委员会"专家对定级结果予以评审。

6) 等级变更

在交通运输行业信息系统的运行过程中,信息系统安全保护等级应随着信息系统所处理的信息和业务状态的变化进行适当的变更,尤其是当业务状态变化可能导致业务网络安全或系统服务受到破坏后的受侵害客体和对相应客体的侵害程度有较大的变化,可能影响到系统的安全保护等级时,应由信息系统安全责任单位负责进行系统重新定级。

7.3 行业等级保护基本要求

《计算机信息系统安全保护等级划分准则》(GB 17859—1999)是基础性标准,《信息系统安全等级保护基本要求》(以下简称《基本要求》)在其基础上进一步细化和扩展。另外,补充的安全措施还有(GB 17859—1999)通用技术要求、安全管理要求高级别的基本要求、等级保护其他标准安全方面相关标准等。《定级指南》确定出系统等级以及业务信息安全性等级和业务服务保证性等级后,需要按照相应等级,根据《基本要求》选择相应等级的安全保护要求进行系统建设实施。《测评要求》是依据《基本要求》检验系统的各项保护措施是否达到相应等级的基本要求所规定的保护能力。

交通运输行业主要的模型包括网络层特征、应用层特征、业务层特征三个层面,以下对其进行行业信息化特征的分析。

(1) 网络层特征分析

专用网络较多,同时由于业务需要,网络呈现典型的多源异构特征,对无线网络的使用较多包括 GPRS、3G、RFIF、北斗、GPS、VHF 等,同时存在海事卫星、VSAT、高速公路光纤网等行业特殊专用网络。

(2) 应用层特征分析

行业大型纵向垂直系统较少,信息系统整体规模偏小,相互关联度较高。同时部分应用系统具备一定区域联网特征,涉及行业经济数据的运行保障服务,对系统持续服务能力要求较高。行业存在如 ETC 联网收费系统、AIS 船舶识别系统、轨道交通管理系统等行业特殊应用,这类系统通常是新技术在交通运输行业的应用(如物联网技术)或特殊领域信息技术的行业运用(如工业控制、图像识别等)。

(3)业务层特征分析

数据采集终端呈现多样化,存在大量不同类别的采集终端设备,业务数据类型较多,跨度较大,存储格式及方式不同,没有建立覆盖全行业的大型数据中心,尚未建立行业级的容灾备份中心,部分数据(地理信息数据、部分应急响应数据)涉及国家安全。

根据交通运输行业特点,从类、控制点、要求项等内容进行整体设计。明确国标不同级别要求的适用性,对部分二级、三级、四级控制项,需要进行补充和完善,使《基本要求》贴近交通运输行业的特点及需求,更容易被行业理解和落实。二级系统控制点 66 个,要求项 175 个;三级系统控制点 73 个,要求项 290 个。

7.3.1 技术要求

《交通运输行业信息系统安全等级保护基本要求》规定了交通运输行业不同安全保护等级信息系统的基本技术要求,适用于指导交通运输行业信息系统的安全等级建设和监督管理,表 7-7 列出交通运输行业信息系统二级技术要求。

行业等级保护二级技术要求 表 7-7

要求类别		基本要求
物理安全基本要求	物理位置的选择	a)信息系统配套的机房和通信管道等部署位置不在易塌陷地区或容易遭受水灾等自然灾害的位置; b)机房场地应避免在建筑物的高层或地下室,以及用水设备的下层或隔壁; c)机房应选择具有一定防震、防风和防雨等能力的建筑内
	物理访问控制	a)机房出入口应安排专人值守,控制、鉴别和记录进入的人员; b)户外感知设备、数据采集终端、无线接入设备和设备间等应配置防止非法人员操作的相关措施; c)进入机房的来访人员应经过申请和审批流程,全程陪同,限制其活动范围

续上表

要求类别		基本要求
物理安全基本要求	防盗窃和防破坏	a) 应将主要设备放置在机房内; b) 应将设备或主要部件进行固定,并设置明显的不易除去的标记; c) 户外感知设备、数据采集终端、无线接入设备、设备间和通信线缆等应具备防盗措施; d) 应对介质分类标识,保证介质存放、传输过程防止被盗和被破坏; e) 应对机房主要区域设置视频监控系统,监控录像记录应至少保存3个月
	防雷击	a) 机房或机房所在大楼,应设计并安装防雷击措施,防雷措施应有避雷针或避雷器等; b) 户外感知设备、数据采集终端、无线接入设备和设备间等应具备防雷击装置; c) 机房应设置交流电源地线
	防火	a) 机房应配置火灾探测设备及灭火设备; b) 通信管道应采用耐火材料制作; c) 机房所设置的防火设备,应能够自动检测火情、自动报警,并自动灭火; d) 机房应达到 GB 50174 中 A 类电子信息系统机房设计规范的消防要求
	防水、防潮和防腐蚀	a) 应对穿过机房墙壁、楼板和地板的水管采取有效防护措施; b) 应采取措施防止雨水通过机房窗户、屋顶和墙壁渗透; c) 户外感知设备、数据采集终端和无线接入设备等应具备在雨天正常工作的能力,通信管道应具备防水、防潮和防一般腐蚀的能力; d) 应采取措施防止机房内水蒸气结露和地下积水的转移与渗透
	防静电	a) 系统关键设备应采用必要的接地防静电措施; b) 主机房和辅助区内的工作台面宜采用导静电或静电耗散材料
	温湿度控制	机房应设置必要的温、湿度控制设施,使机房温、湿度的变化在设备运行所允许的范围之内
	电力供应	a) 应在信息系统机房供电线路上配置稳压器和过电压防护设备; b) 机房应提供短期备用电力供应,应满足主要设备断电正常运行要求,例如,配备 UPS; c) 应配备冗余或并行电路为计算机系统供电,双路市电应能实现自动切换
	电磁防护	a) 电源线和通信线缆应隔离铺设在不同的桥架或管道,避免互相干扰; b) 关键设备应采用电磁屏蔽技术措施或安置在电磁屏蔽机柜内

续上表

要求类别		基本要求
网络安全基本要求	结构安全	a）应保证关键网络设备的业务处理能力具备冗余空间，满足业务高峰期需要； b）应绘制完整的网络拓扑结构图，网络拓扑图应包含设备名称、IP 地址等主要信息，并及时更新； c）应按照业务系统的重要性定义带宽分配的优先级，在网络拥堵时优先保障重要系统的网络通畅； d）应在业务终端与业务服务器之间划分安全边界，建立安全访问路径； e）应根据工作职能、重要性和所涉及信息的重要程度等因素，划分不同子网和逻辑安全域； f）无线网络与业务系统处置区域需要进行区域隔离
	访问控制	a）应在网络边界部署访问控制设备，启用访问控制功能； b）应根据访问控制列表对源地址、目的地址、源端口、目的端口和协议等进行检查，以允许或拒绝数据包出入； c）应按用户和系统之间的允许访问规则，决定允许或拒绝用户对受控系统进行资源访问，控制粒度为单个用户； d）网络边界访问控制设备应设定过滤规则集，规则集应涵盖对所有出入边界的数据包的处理方式，对于没有明确定义的数据包，应缺省拒绝； e）应限制具有拨号、VPN 等访问权限的用户数量； f）不应通过互联网对重要网络设备进行远程维护和管理； g）无线网络接入到内部网络的边界应部署边界访问控制措施，并配备严格的访问控制策略
	安全审计	a）应对网络系统中的网络设备运行状况、网络流量和用户行为等进行日志记录； b）审计记录应有事件日期和时间、用户、事件类型和事件是否成功及其他与审计相关信息； c）应对审计记录进行保护，审计记录保存时间不少于 6 个月； d）无线网络接入到内部网络的区域应设置审计措施
	边界完整性检查	a）应能够对内部网络中出现的内部用户未通过准许私自联到外部网络的行为进行检查； b）应对内部网络用户私自采用双网卡跨接外部网络，或采用电话拨号、手机和无线上网卡等连接其他外部网络的行为进行检查
	入侵防范	a）应在网络边界处检测和阻断常见网络攻击，有端口扫描、缓冲区溢出和碎片等； b）应对网络异常流量进行分析和预警

续上表

要 求 类 别		基 本 要 求
网络安全基本要求	网络设备防护	a) 应对登录网络设备的用户进行身份鉴别,具体要求是: 1) 网络设备用户的标识应唯一,禁止多人共用一个账号; 2) 应具有登录失败处理功能,可采取结束会话、限制非法登录次数和当网络登录连接超时自动退出等措施,非法登录次数最多为 5 次,网络登录连接超时不得超过 10min。 b) 身份鉴别信息应具有不易被冒用的特点,口令应有复杂度要求并定期更换,具体要求是: 1) 口令应由数字、字母和符号混排,采用无规律的方式; 2) 管理员用户口令的长度应不少于 8 位; 3) 管理员用户口令应至少每半年更换 1 次,更新的口令连续 3 次不应重复。 c) 应对网络设备的管理员登录 IP 地址进行限制。 d) 当对网络设备进行远程管理时,应采取必要措施防止鉴别信息在网络传输过程中被窃听。 e) 应封闭不必要的网络服务端口,关闭不必要的网络服务。 f) 主要网络设备应对同一用户选择两种或两种以上组合的鉴别技术来进行身份鉴别
主机安全基本要求	身份鉴别	a) 应对主机操作系统和数据库系统登录用户进行身份标识和鉴别。 b) 应删除或修改各类操作系统和数据库默认用户名和口令,不得使用缺省口令、空口令和弱口令。 c) 户外感知设备、数据采集终端、无线接入设备的登录用户进行身份标识和鉴别。 d) 应对智能终端系统的登录用户进行身份标识和鉴别,并提供少量鉴别反馈信息。 e) 身份鉴别信息应具有不易被冒用的特点,口令应有复杂度要求并定期更换,具体要求是: 1) 口令应由数字、字母和符号混排,采用无规律的方式; 2) 管理员用户口令的长度应不少于 8 位,如果设备口令长度不支持 8 位或其他复杂度要求,口令应使用所支持的最长长度并适当缩小更换周期或使用动态密码等一次性口令认证方式; 3) 管理员用户口令应至少每半年更换 1 次,更新的口令应至少 3 次内不能重复。 f) 服务器应启用登录失败处理功能,可采取结束会话、限制非法登录次数和自动退出等措施,非法登录次数最多为 5 次,登录连接超时不得超过 10min。 g) 当对服务器进行远程管理时,应采取必要措施,防止鉴别信息在网络传输过程中被窃听。 h) 主要服务器设备应对同一用户选择两种或两种以上组合的鉴别技术来进行身份鉴别

续上表

要求类别		基本要求
主机安全基本要求	访问控制	a) 应启用访问控制功能,依据安全策略控制用户对资源的访问,根据业务需求定义系统资源访问最小权限; b) 应实现操作系统和数据库系统特权用户的权限分离; c) 应严格限制默认账户的访问权限,重命名系统默认账户,修改这些账户的默认口令; d) 应及时删除多余的、过期的账户,避免共享权限的存在
	安全审计	a) 应对服务器和重要客户端上的每个操作系统用户和数据库用户的操作进行审计; b) 审计内容应包括重要用户行为、系统资源的异常使用和重要系统命令的使用等系统内重要的安全相关事件; c) 系统不具备审计功能的,应以运行安全和效率为前提,采用第三方审计产品实现审计; d) 审计记录应有事件的日期、时间、类型、主体标识和客体标识和结果等; e) 应对审计记录进行保护,审计记录保存时间不少于6个月; f) 对户外感知设备、数据采集终端和智能终端系统等的操作应具备日志记录
	入侵防范	a) 操作系统应遵循最小安装原则,仅安装需要的组件和应用程序; b) 跟踪厂商提供的系统升级更新情况,在经过评估后对必要补丁进行及时更新
	恶意代码防范	a) 应安装防恶意代码软件,并及时更新防恶意代码软件版本和恶意代码库; b) 户外感知设备、数据采集终端,应根据系统类型安装防恶意代码软件,并及时更新防恶意代码软件版本和恶意代码库; c) 应根据系统类型,实现防恶意代码策略统一管理和及时更新
	资源控制	a) 应通过设定终端接入方式、网络地址范围等条件限制终端登录; b) 应根据安全策略设置登录终端的操作超时锁定; c) 应限制服务器单个用户对系统资源的最大或最小使用限度

续上表

要求类别		基本要求
应用安全基本要求	身份鉴别	a）应采用有效措施对登录用户进行身份标识和鉴别。 b）应删除和修改应用系统默认的管理员用户名和口令。 c）身份鉴别信息应具有不易被冒用的特点，口令应有长度、复杂度要求并定期更换。 d）应提供登录失败处理功能，可采取结束会话、限制非法登录次数和自动退出等措施。 e）应启用身份鉴别以及登录失败处理功能，并根据安全策略配置相关参数。 f）应启用用户身份标识唯一性检查、鉴别信息复杂度检查功能，并根据安全策略配置相关参数。 g）身份鉴别信息应具有不易被冒用的特点，口令应有复杂度要求并定期更换，具体要求是： 1）口令应由数字、字母和符号混排，采用无规律的方式； 2）管理员用户口令的长度应不少于8位； 3）管理员用户口令应至少每半年更换1次，更新的口令应至少3次内不能重复。 h）应对管理员用户采用两种或两种以上组合的鉴别技术实现用户身份鉴别
	访问控制	a）应提供访问控制功能控制用户组或用户对系统功能和用户数据的访问； b）应由授权主体配置访问控制策略，并严格限制默认用户的访问权限； c）应依据安全策略控制用户对文件、数据库表以及各种感知节点等客体的访问； d）访问控制覆盖范围应包括与资源访问相关的主体、客体及它们之间的操作； e）应授予不同账户为完成各自承担任务所需的最小权限，并在它们之间形成相互制约的关系
	入侵防范	a）应具备一定的抗应用层攻击和渗透入侵能力； b）根据应用系统类型和网络访问类型，部署应用安全防护措施

续上表

要求类别		基本要求
应用安全基本要求	安全审计	a) 应提供覆盖到每个用户的安全审计功能; b) 应对应用系统的用户登录、退出、增加用户和修改用户权限等安全事件进行审计; c) 审计记录的内容应有事件的日期、时间、发起者信息、类型、描述和结果等; d) 应保护审计记录,避免受到未预期的删除、修改或覆盖等,审计记录应至少保存 6 个月; e) 审计记录存储空间耗尽或受到攻击时,应支持最近审计记录不被破坏和输出警告信息
	通信完整性	应采用密码技术保证通信过程中数据的完整性
	通信保密性	a) 在通信双方建立连接之前,应利用密码技术或可靠的身份认证技术进行会话初始化验证; b) 应对通信过程中的会话过程或关键报文进行加密
	软件容错	a) 应提供数据有效性检验功能,保证通过人机接口输入或通过通信接口输入的数据格式或长度符合系统设定要求; b) 应提供自动保护功能,当故障发生时自动保护当前所有状态,保证系统能够进行恢复
	资源控制	a) 通信双方中的一方在一段时间内未作任何响应,另一方应能够自动结束会话; b) 信息系统应能够对系统的最大并发会话连接数进行限制; c) 信息系统应能够对单个账户的多重并发会话进行限制
数据安全基本要求	数据完整性	a) 应能够检测到系统管理数据、鉴别信息和重要业务数据在传输过程中完整性受到破坏; b) 应对系统数据、业务数据的完整性进行保护,防止受到篡改
	数据保密性	a) 应采用加密或其他有效措施实现系统管理数据、鉴别信息和重要业务数据传输保密性; b) 重要业务数据信息,在存储时应加密,密码算法和密钥长度符合国家密码管理部门相关规定和要求
	备份和恢复	a) 应具备本地数据备份与恢复功能; b) 每季度应对重要业务数据备份一次,备份介质场外存放; c) 每半年对备份数据应进行一次抽样性恢复测试; d) 应提供关键网络设备、通信线路和数据处理系统的硬件冗余,保证系统的高可用性

7.3.2 管理要求

依据《交通运输行业信息安全等级保护定级指南》,交通运输行业信息系统二级管理要求如表7-8所示。

行业等级保护二级技术要求　　　　　　　　表7-8

要求类别		基本要求
安全管理制度基本要求	管理制度	a) 应制定网络安全工作的总体方针和安全策略,说明机构安全工作的总体目标、范围、原则和安全框架等; b) 应对安全管理活动中重要的管理内容建立安全管理制度; c) 应对安全管理人员或操作人员执行的重要管理操作建立操作规程
	制定和发布	a) 应指定或授权专门的部门或人员负责安全管理制度的制定; b) 应组织相关人员对制定的安全管理制度进行论证和审定; c) 应将安全管理制度以某种方式发布到相关人员手中
	评审和修订	应定期对安全管理制度进行评审,对存在不足或需要改进的安全管理制度进行修订
安全管理机构安全基本要求	岗位设置	a) 应设立安全主管、安全管理各个方面的负责人岗位,并定义各负责人的职责; b) 应设立系统管理员、网络管理员和安全管理员等岗位,并定义各个工作岗位的职责
	人员配备	a) 应配备一定数量的系统管理员、网络管理员和安全管理员等; b) 安全管理员不能兼任网络管理员、系统管理员和数据库管理员等
	授权和审批	a) 应根据各个部门和岗位的职责明确授权审批部门及批准人,对系统投入运行、网络系统接入和重要资源的访问等关键活动进行审批; b) 应针对关键活动建立审批流程,并由批准人签字确认
	沟通和合作	a) 应加强各类管理人员之间、组织内部机构之间以及网络安全职能部门内部的合作与沟通; b) 应加强与兄弟单位、公安机关和电信公司的合作与沟通
	审核和检查	安全管理员应负责定期进行安全检查,检查内容包括系统日常运行、系统漏洞和数据备份等情况

续上表

要求类别		基本要求
人员安全管理安全基本要求	人员录用	a) 应指定或授权专门的部门或人员负责人员录用; b) 应规范人员录用过程,对被录用人员的身份、背景和专业资格等进行审查,对其所具有的技术技能进行考核; c) 应与从事关键岗位的人员签署保密协议
	人员离岗	a) 应规范人员离岗过程,及时终止离岗员工的所有访问权限; b) 应取回各种身份证件、钥匙和徽章等以及机构提供的软硬件设备; c) 应办理严格的调离手续
	人员考核	应定期对各个岗位的人员进行安全技能及安全认知的考核
	安全意识教育和培训	a) 应对各类人员进行安全意识教育、岗位技能培训和相关安全技术培训; b) 应告知人员相关的安全责任和惩戒措施,并对违反违背安全策略和规定的人员进行惩戒; c) 应制定安全教育和培训计划,对网络安全基础知识、岗位操作规程等进行培训
	外部人员访问管理	应确保在外部人员访问受控区域前得到授权或审批,批准后由专人全程陪同或监督,并登记备案
系统建设管理安全基本要求	系统定级	a) 应明确信息系统的边界和安全保护等级; b) 应以书面的形式说明信息系统确定为某个安全保护等级的方法和理由; c) 应确保信息系统的定级结果经过相关部门的批准
	安全方案设计	a) 应根据系统的安全保护等级选择基本安全措施,依据风险分析的结果补充和调整安全措施; b) 应以书面形式描述对系统的安全保护要求、策略和措施等内容,形成系统的安全方案; c) 应对安全方案进行细化,形成能指导安全系统建设、安全产品采购和使用的详细设计方案; d) 应组织相关部门和有关安全技术专家对安全设计方案的合理性和正确性进行论证和审定,并且经过批准后,才能正式实施
	产品采购和使用	a) 应确保安全产品采购和使用符合国家的有关规定; b) 应确保密码产品采购和使用符合国家密码主管部门的要求; c) 应指定或授权专门的部门负责产品的采购

续上表

要 求 类 别		基 本 要 求
系统建设管理安全基本要求	自行软件开发	a)应确保开发环境与实际运行环境物理分开； b)应制定软件开发管理制度,明确说明开发过程的控制方法和人员行为准则； c)应确保提供软件设计的相关文档和使用指南,并由专人负责保管
	外包软件开发	a)应根据开发要求检测软件质量； b)应确保提供软件设计的相关文档和使用指南； c)应在软件安装之前检测软件包中可能存在的恶意代码； d)应要求开发单位提供软件源代码,并审查软件中可能存在的后门
	工程实施	a)应指定或授权专门的部门或人员负责工程实施过程的管理； b)应制定详细的工程实施方案,控制工程实施过程
	测试验收	a)应对系统进行安全性测试验收； b)在测试验收前应根据设计方案或合同要求等制订测试验收方案,在测试验收过程中应详细记录测试验收结果,并形成测试验收报告； c)应组织相关部门和相关人员对系统测试验收报告进行审定,并签字确认
	系统交付	a)应制定系统交付清单,并根据交付清单对所交接的设备、软件和文档等进行清点； b)应对负责系统运行维护的技术人员进行相应的技能培训； c)应确保提供系统建设过程中的文档和指导用户进行系统运行维护的文档
	安全服务商选择	a)应确保安全服务商的选择符合国家的有关规定； b)应与选定的安全服务商签订与安全相关的协议,明确约定相关责任； c)应确保选定的安全服务商提供技术支持和服务承诺,必要的与其签订服务合同

续上表

要求类别		基 本 要 求
系统运维管理安全基本要求	环境管理	a)应指定专门的部门或人员定期对机房供配电、空调和温湿度控制等设施进行维护管理； b)应配备机房安全管理人员，对机房的出入、服务器的开机或关机等工作进行管理； c)应建立机房安全管理制度，对有关机房物理访问，物品带进、带出机房和机房环境安全等方面的管理做出规定； d)应加强对办公环境的保密性管理，工作人员调离办公室应立即交还该办公室钥匙和不在办公区接待来访人员等
	资产管理	a)应编制与信息系统相关的资产清单，有资产责任部门、重要程度和所处位置等内容； b)应建立资产安全管理制度，规定信息系统资产管理的责任人员或责任部门，并规范资产管理和使用的行为
	介质管理	a)应确保介质存放在安全的环境中，对各类介质进行控制和保护，并实行存储环境专人管理； b)应对介质归档和查询等过程进行记录，并根据存档介质的目录清单定期盘点； c)应对需要送出维修或销毁的介质，首先清除其中的敏感数据，防止信息的非法泄漏； d)应根据所承载数据和软件的重要程度对介质进行分类和标识管理
	设备管理	a)应对信息系统相关的各种设备(备份和冗余设备)、线路等指定专门的部门或人员定期进行维护管理； b)应建立基于申报、审批和专人负责的设备安全管理制度，对信息系统的各种软硬件设备的选型、采购、发放和领用等过程进行规范化管理； c)应对终端计算机、工作站、便携机、系统和网络等设备的操作和使用进行规范化管理，按操作规程实现关键设备(备份和冗余设备)的启动或停止、加电或断电等操作； d)应确保信息处理设备应经过审批才能带离机房或办公地点
	网络安全管理	a)应指定人员对网络进行管理，负责运行日志、网络监控记录的日常维护和报警信息分析和处理工作； b)应建立网络安全管理制度，对网络安全配置、日志保存时间、安全策略、升级与打补丁和口令更新周期等方面做出规定； c)应根据厂家提供的软件升级版本对网络设备进行更新，并在更新前对现有的重要文件进行备份； d)应定期对网络系统进行漏洞扫描，对发现的网络系统安全漏洞进行及时的修补； e)应对网络设备的配置文件进行定期备份； f)应保证所有与外部系统的连接均得到授权和批准

续上表

要求类别		基 本 要 求
系统运维管理安全基本要求	系统安全管理	a) 应根据业务需求和系统安全分析确定系统的访问控制策略； b) 应定期进行漏洞扫描，对发现的系统安全漏洞及时进行修补； c) 应安装系统的最新补丁程序，在安装系统补丁前，应首先在测试环境中测试通过，并对重要文件进行备份后，方可实施系统补丁程序的安装； d) 应建立系统安全管理制度，对系统安全策略、安全配置、日志管理和日常操作流程等方面做出规定； e) 应依据操作手册对系统进行维护，详细记录操作日志，有重要的日常操作、运行维护记录参数的设置和修改等内容，严禁进行未经授权的操作； f) 应定期对运行日志和审计数据进行分析，以便及时发现异常行为
	恶意代码防范管理	a) 应提高所有用户的防病毒意识，告知及时升级防病毒软件，在读取移动存储设备上的数据以及网络上接收文件或邮件之前，先进行病毒检查，对外来计算机或存储设备接入网络系统之前也应进行病毒检查； b) 应指定专人对网络和主机进行恶意代码检测并保存检测记录； c) 应对防恶意代码软件的授权使用、恶意代码库升级和定期汇报等做出明确规定
	密码管理	应使用符合国家密码管理规定的密码技术和产品
	变更管理	a) 应确认系统中要发生的重要变更，并制定相应的变更方案； b) 系统发生重要变更前，应向主管领导申请，审批后方可实施变更，并在实施后向相关人员通告
	备份与恢复管理	a) 应识别需要定期备份的重要业务信息、系统数据及软件系统等； b) 应规定备份信息的备份方式、备份频度、存储介质、保存期等； c) 应根据数据的重要性及其对系统运行的影响，制定数据的备份策略和恢复策略，备份策略指明备份数据的放置场所、文件命名规则、介质替换频率和数据离站运输方法
	安全事件处置	a) 应报告所发现的安全弱点和可疑事件，但任何情况下用户均不应尝试验证弱点； b) 应制定安全事件报告和处置管理制度，明确安全事件类型，规定安全事件的现场处理、事件报告和后期恢复的管理职责； c) 应根据国家相关管理部门对计算机安全事件等级划分方法和安全事件对本系统产生的影响，对本系统计算机安全事件进行等级划分； d) 应记录并保存所有报告的安全弱点和可疑事件，分析事件原因，监督事态发展，采取措施避免安全事件发生

续上表

要求类别		基本要求
系统运维管理安全基本要求	应急预案管理	a) 应在统一的应急预案框架下制定不同事件的应急预案，应急预案框架应有启动应急预案的条件、应急处理流程、系统恢复流程、事后教育和培训等内容； b) 应对系统相关的人员进行应急预案培训，应急预案的培训应每年举办一次

7.4 行业等级保护工作实施

为了加强交通运输行业信息系统的安全防护能力，确保其安全稳定运行，要以交通运输行业信息系统的安全等级划分为基础，按照国家及交通运输行业管理规范和技术标准进行规划建设、运行维护和监督管理，完成信息系统定级与备案、安全规划设计与实施、等级保护测评、安全运行与维护、安全检查与评估等行业等级保护工作具体实施过程。

7.4.1 系统定级和备案

新建、升级改造、扩建的交通运输行业重要信息系统在工程可行性研究、初步设计阶段就需由信息系统运营、使用单位确定系统等级；已建系统应根据交通运输行业总体工作部署，尽快开展系统等级工作。

7.4.2 安全规划设计与实施

交通运输行业重要信息系统总体安全规划工作涉及三方面的内容：安全需求分析、总体安全设计、安全项目建设规划。总体安全规划阶段的工作由信息系统运营、使用单位依靠自身的技术力量或在网络安全服务机构的协助下来完成。

第三级（含）以上信息系统在新建或安全整改时，应制定《信息系统安全总体方案》，指导信息系统后续的安全设计实施工作。

交通运输行业重要信息系统安全设计与实施是按照信息系统安全总体方案的要求，结合交通运输行业重要信息系统安全建设项目计划，分期分步落实安全措施，包括管理措施和技术措施。安全设计与实施阶段的工作由信息系统运营、使用单位依靠自身的技术力量或在网络安全服务机构的协助下来完成。

1) 安全设计方案

信息系统运营、使用单位应根据信息系统安全总体方案、信息系统安全建设项目计划、各类信息技术产品技术白皮书、各类网络安全产品技术白皮书,进行安全方案详细设计,包括技术措施实现内容设计、管理措施实现内容设计,形成安全详细设计方案。

2) 网络安全产品选择

第三级以上信息系统应当选择使用符合以下条件的网络安全产品:

产品研制、生产单位是由中国公民、法人投资或者国家投资或者控股的,在中华人民共和国境内具有独立的法人资格;

产品的核心技术、关键部件具有我国自主知识产权;

产品研制、生产单位及其主要业务、技术人员无犯罪记录;

产品研制、生产单位声明没有故意留有或者设置漏洞、后门、木马等程序和功能;

对国家安全、社会秩序、公共利益不构成危害;

对已列入网络安全产品认证目录的,应当取得国家网络安全产品认证机构颁发的认证证书。

3) 系统验收

系统验收是检验系统是否严格按照安全详细设计方案进行建设,是否实现了设计的功能和性能。信息系统运营、使用单位或协助其进行信息系统安全建设的网络安全服务机构应提交系统验收所需下列材料供验收单位审查:信息系统运营、使用单位与网络安全服务机构签订的合同书、系统需求分析报告、系统定级报告、信息系统安全总体方案、信息系统安全项目建设规划、信息系统安全详细设计方案。

第二级信息系统:由信息系统运营、使用单位进行验收,对验收文档进行审查。

第三级信息系统:跨省或全国联网、集中部署的信息系统由信息系统运营、使用单位联合信息系统主管部门共同进行验收,对验收文档进行审查;其他系统由信息系统运营、使用单位进行验收,对验收文档进行审查。

第四级(含)以上系统:由信息系统运营、使用单位联合信息系统主管部门共同进行验收,对验收文档进行审查。

验收文档审查通过后,由信息系统运营、使用单位或协助其进行网络安全建设的网络安全服务机构形成系统验收报告。

7.4.3 等级保护测评

信息系统等级测评是根据已经确定的安全管理等级,检验信息系统安全管理体系和管理水平是否满足确定等级的管理要求。信息系统运营、使用单位在信息系统备案(拟建、新建系统)或整改建设(已建信息系统)完成后应委托符合国家等级保护规定的网络安全等级测评机构进行等级测评。

信息系统运营、使用单位为委托主体,网络安全等级测评机构为测评执行主体。

1) 等级测评机构选择

信息系统运营、使用单位应选择由国家信息安全等级保护工作协调小组办公室公布的《全国信息安全等级保护测评机构推荐目录》中的测评机构(www.djbh.net,中国网络安全等级保护网),第三级(含)以上信息系统应优先选择交通运输行业或国家级的测评机构。

2) 等级测评

第二级信息系统:每两年进行一次等级测评,等级测评报告需上报信息系统主管部门备案。

第三级信息系统:每年进行一次等级测评,等级测评报告需上报信息系统主管部门备案。

第四级信息系统:每半年进行一次等级测评,等级测评报告需上报信息系统主管部门备案。

7.4.4 安全运行与维护

交通运输行业重要信息系统的网络安全运行与维护模式包括自运维、外包运维和混合运维。本实施策略中的安全运行与维护包括以上三种运维模式,分别由交通运输行业重要信息系统运营、使用单位依靠自身的技术力量或者在网络安全服务机构协助下完成信息系统安全运行与维护。

7.4.5 安全检查与评估

1) 自查

安全检查采取各信息系统运营、使用单位自查与信息系统主管部门安全抽查相结合的方式进行。

第三级信息系统:每年自查一次和每年开展一次网络安全风险评估。

第四级信息系统:每半年自查一次和每半年开展一次网络安全风险评估。

第五级信息系统:略。

2) 安全抽查

各级管理部门应对信息系统等级保护工作进行安全抽查。

(1) 第三级信息系统

跨省或全国统一联网、集中部署的信息系统:由公安机关会同信息系统主管部门每年至少检查一次。

其他系统:由公安部门每年至少检查一次。

(2) 第四级信息系统

跨省或全国统一联网、集中部署的信息系统:由公安机关会同信息系统主管部门每半年至少检查一次。

其他系统:由公安部门每半年至少检查一次。

上述安全检查结果由省级信息系统主管部门于每年 12 月初上报部科技司备案,由部科技司形成年报。

3) 改进方案制定

信息系统运营、使用单位根据安全检查的结果,确定安全改进的工作方法、工作内容、人员分工、时间计划等,制定安全改进方案,调整信息系统的安全状态,保证信息系统安全防护的有效性。安全改进方案只适用于小范围内的安全改进,如安全建设实施、配置加强、系统补丁等。

4) 安全改进实施

信息系统运营、使用单位应保证按照安全改进方案实现各项补充安全措施,并确保原有的技术措施和管理措施与各项补充的安全措施一致有效地工作。按照安全改进方案实施和落实各项补充的安全措施后,要调整和修订各类相关的技术文件和管理制度,保证原有体系完整性和一致性。

第 8 章 行业信息安全风险评估体系

信息安全风险评估作为信息安全保障的基础性工作和重要环节,按照《网络安全法》的要求,关键信息基础设施行业信息系统除了开展信息安全等级保护工作以外,各单位应每年开展一次信息安全风险检测评估工作,按照国家网络安全经管部门的要求风险评估需要贯穿于网络和信息系统建设运行的全过程,在网络与信息系统的设规划设计、建设、验收及运行维护阶段均应当进行安全风险评估。

交通运输行业各单位网络安全主管部门、使用部门及运维保障部门应定期开展重要网络和信息系统的安全风险评估工作,通过对交通行业所属重要网络和信息系统的资产评估、威胁严重性评估、脆弱性评估、已有安全措施确认等,全面识别行业内重要信息系统的安全风险,并采取有效的风险规避措施,有效地提升交通运输行业网络与信息安全保障能力。

8.1 信息安全资产评估

资产评估是进行交通运输行业信息安全风险评估的重要阶段,资产是所有后续评估活动的对象。针对交通运输行业信息系统的特点,可以按照信息资产的功能、用途及重要程度,初步分为为生产服务类、行政管理类和基础支撑类三大类信息资产。在实际操作中,可以将信息资产根据交通行业的分类方法对资产进行初步的分类,然后再根据资产的表现形式,将资产分为数据、软件、硬件、服务、人员等类型。在资产评估的过程中,需要注重用户的参与以及资产的价值,确保资产统计尽量全面,不可遗漏。

8.1.1 信息资产分类

交通行业经过多年的信息化建设已形成了多个具有交通运输行业特点的信息系统,如表 8-1 所示。

交通运输行业信息系统表　　　　　　　　　　　　　　　　表 8-1

交通运输行业信息系统		
业务管理类	公路管理：	公路工程建设与管理、公路工程建设市场信用管理、公路工程质量监督管理、公路工程造价管理、公路日常养护管理及其相关业务系统
	道路运输管理：	道路旅客运输管理、道路客运站管理、出租车运输管理、道路客运车辆管理、道路货物运输管理、道路货运站(场)管理、道路货运车辆管理、车辆维修与检测管理、机动车驾驶员培训管理、道路运输从业人员管理、道路紧急运输等
	水路管理：	水运工程建设与管理、港口工程建设与管理、航道工程建设与管理、水运工程建设市场信用管理、港口经营和服务、港口保安与生产监督、港航应急管理、航标维护管理、航政事项审核与审批等、船舶检验及其相关业务系统
	救助打捞：	救助打捞管理、救助飞行及其相关业务系统
	海事：	船舶管理、船舶检验、内河船员管理、船载危险货物审批、船舶防污染、水上安全应急管理及其相关业务系统
政务管理类	行业各单位的门户网站、内部办公、邮件、人事、信访、财务、审计、科技等管理、视频会议系统	
综合服务类	出行服务、应急处置系统、市场信用、交通运输经济运行监测、职业资格等	
基础支撑类	高速公路管线网、基础网络设施、办公网络、云平台、数据中心等	

根据信息系统的功能、用途及重要程度,将所有信息资产归为四大类:

第一类资产:生产服务类信息系统资产

支撑各交通运输服务部门提供对货物、旅客等运输服务活动的信息服务、生产保障类系统,如轨道交通信号系统、道路交通监控系统、船舶自动识别系统(AIS)、智能闸口系统、民航空管系统及铁路运营调度系统、各组织机构的门户网站、12306 铁路客户服务系统、公路水路出行服务系统和国家交通运输物流公共信息平台及航班信息显示系统(FIDS)等。

第二类资产:行政管理类信息资产

主要是支撑各级交通运输管理部门和运输服务单位为了维持自身组织活动或者进行交通运输行业行政管理事务而建设的信息系统,如各组织机构的 OA 办公系统、ERP 系统、船舶产品检验管理系统和通用航空管理系统及网约车监管信息交互平台等。

第三类资产:综合服务类

主要是支撑各级交通运输管理部门和运输服务单位为行业和公众提供服务而建设的信息系统,如各组织机构的 OA 办公系统、ERP 系统、船舶产品检验管理系统和通用航空管理系统及网约车监管信息交互平台等。

第四类资产:基础支撑类信息资产

主要是支撑交通运输行业各类系统在计算、操作或通信等方面的运行环境,如各组织机构的数据中心、云计算平台、高速公路光纤网和 GIS 地理信息平台及通信网络等。

8.1.2 信息资产分类表

根据一级分类的结果归结到信息资产类的表中,形成资产分类表,如表 8-2 所示。

资 产 分 类 示 例　　　　　　表 8-2

分　类	示　例
数据	生产服务类:公路资产和管理数据、道路运输管理数据、水路管理数据、海事管理数据、救助打捞管理数据、公路水路安全畅通和应急处置系统、公路水路交通出行信息业务系统、交通运输经济运行检测预警与决策支持等行政管理类;行业各级政府网站、内部办公、人力资源、邮件、财务管理、视频会议管理系统等基础支撑数据;网络设施支撑、数据支撑、应用支撑的系统等
软件	系统软件:操作系统、数据库管理系统、语句包、开发系统等; 应用软件:办公软件、数据库软件、各类工具软件等; 源程序:各种共享源代码、自行或合作开发的程序代码等
硬件	网络设备:路由器、网关、交换机等; 计算机设备:大型机、小型机、服务器、工作站、台式计算机、移动计算机等; 存储设备:磁盘阵列、磁带、光盘、软盘、移动硬盘等; 传输线路:光纤、双绞线等; 保障设备:动力保障设备(UPS、变电设备等)、空调、保险柜、文件柜、门禁、消防设施等; 安全保障设备:防火墙、入侵检测系统、身份验证等; 其他:打印机、复印机、扫描仪、传真机等
服务	办公服务:为提高效率而开发的管理信息系统(MIS),包括各种内部配置管理、文件流转管理等服务; 网络服务:各种网络设备、设施提供的网络连接服务; 信息服务:对外依赖该系统开展的各类服务
文档	纸质的各种文件、传真、电报、财务报告

续上表

分　类	示　例
人员	掌握重要信息和核心业务的人员，如主机维护主管、网络维护主管及应用项目经理等
其他	企业形象、客户关系等

在实际操作中，具体的资产分类方法可以根据具体环境来灵活把握。

下面是我们在一个风险评估项目中，依据系统情况，对资产所进行的分类（表8-3）。该分类更加突出了所需关注的关键资产。

资产分类表示例　　　　　　表8-3

分　类	示　例
服务器	门户 Web 服务器、业务 Web 服务器、业务应用服务器、安全服务器、时间同步服务器、审计认证服务器、数据库服务器、DNS 服务器等
网络设备	网管设备、路由器、交换机、网络安全设备等
环境	UPS 电源、空调、环境监控设备、消防设施、门禁设备等
人员	管理层领导、部门经理、员工、硬件供应商、软件供应商等
文档资产	管理规章制度、操作规程、环境安全、人员安全手册、报表记录等

得到资产分类后，应对被评估系统的信息资产进行标识和归类。标识资产一般应在用户单位的积极配合下进行，工作结束后应列出用户系统的资产清单，包括详细配置和分布状况。在列资产清单时，一定要防止遗漏。划入风险评估边界范围内的每一项资产都应该被确认和标识。但也要注意对资产进行归类与合并，减小资产清单的长度。

当被评估系统信息资产种类、数量繁多，在较短时间内难以进行全面检测时通常采用资产抽样方法，确定脆弱性检测的重点对象和目标。抽样检测的对象和目标必须能够代表信息系统的安全现状，否则评估结果就会偏离实际情况。资产抽样时必须遵循典型性、全面性及特殊性三个原则，具体如下：

（1）典型性原则。对同一应用配置、性能完全相同的资产进行部分抽样，如使用 20/80 抽样法则。

（2）全面性原则。对系统中每一类资产都要抽到。

（3）特殊性原则。对系统中具有特殊用途及核心关键价值的资产，要全部进行检测或者分析，比如对 CA 服务器的检测。

8.1.3　资产赋值

1）赋值方法

交通运输行业信息系统的资产在机密性、完整性和可用性三种安全属性上的价值赋值可参考 GB/T 20984—2007 表 2、表 3 和表 4。

交通运输行业信息系统的价值基准是提供行业经济运行、生产以及业务管理，交通运输公众服务和管理职能的保障，对于信息系统机密性、完整性和可用性三种安全属性的最小要求程度。信息系统所包含的重要资产价值应不小于信息系统的价值基准。

根据交通运输行业的三类信息系统的业务安全和数据安全需求不同，表 8-4 给出了一种这三类信息系统的价值基准。

交通运输行业的三类信息系统的价值基准　　　　表 8-4

信息系统类别	机密性	完整性	可用性
生产服务类	2	3	3
行政管理类	3	2	2
基础支撑类	1	2	3

2) 资产重要性等级

交通运输行业资产重要性等级应由资产在机密性、完整性和可用性三个安全属性的价值综合判定。资产重要性等级描述可参考 GB/T 20984—2007 表 5。

交通运输行业的资产重要性等级综合计算公式如下：

$$v = \frac{\sum_{i=1}^{3} s^i a^i}{\sum_{i=1}^{3} s^i}$$

式中：v——资产重要性等级；

s——系统三个安全属性的价值基准；

a——资产三个安全属性的价值。

8.2　网络安全威胁评估

在资产识别之后，就可以进行威胁识别。威胁识别是对关键资产面临的各种威胁进行标识、赋值的过程。在风险评估实施流程中，威胁识别可以与脆弱性识别交叉并行。

威胁是一种对资产构成潜在破坏的可能性因素或者事件。无论多么安全的信息系统，威胁总是客观存在的，它是风险评估的重要考察对象。

威胁分类指根据预定的威胁分类表对资产所面临的威胁进行标识。这一节首先介绍威胁源的分类方法,然后介绍威胁的分类方法,最后给出一个示例。

8.2.1 威胁源分类

威胁源是指任何能够对信息系统造成潜在影响的环境或者事件。不同威胁源发起的威胁所造成的危害和影响是不同的,比如,由国家、敌对势力、黑客、内部人员发起的威胁,其风险是不同的。因此,识别威胁源有助于更精确的风险分析。在进行威胁源识别之前,应先解决分类的问题。

交通运输行业信息系统的威胁来源可分为环境和人为的威胁。表8-5描述了交通运输行业信息系统威胁来源的一种分类方法。

威胁源列表示例　　　　　　　　　　　　　　　　　　　　表8-5

来源		描述
环境因素		由于断电、静电、灰尘、潮湿、温度、鼠蚁虫害、电磁干扰、洪灾、火灾和地震等环境条件或自然灾害,意外事故或软件、硬件、数据和通信线路方面的故障
人为因素		由于缺乏责任心、不关心或者不关注、没有遵循规章制度和操作流程导致故障或信息损坏;内部人员由于缺乏培训、专业技能不足和不具备岗位技能要求而导致信息系统故障或被攻击。 心存不满的内部人员由于了解目标系统,并具有一定的权限,往往被允许不受限制地访问系统,而且比外部的攻击者有更多的攻击机会,因此不需要掌握太多关于计算机入侵的知识,就可以破坏系统或窃取系统数据,攻击的成功率高
	恶意人员 - 境外国家力量	组织严密,具有充足资金、人力和技术资源,而且可能在必要时实施高隐蔽性和高破坏性的分发攻击,窃取组织核心机密或使信息系统全面瘫痪
	恶意人员 - 恐怖分子	恐怖分子试图破坏、致瘫或利用关键基础设施来威胁国家安全,引起大规模人员伤亡,削弱国家经济,破坏民众的士气与信心。恐怖分子可能利用钓鱼网站和恶意软件来获取资金或搜集敏感信息,也可能会伙攻一个目标以转移对其他目标的关注程度和保护力度
	恶意人员 - 黑客	黑客入侵网络是为了获得挑战的刺激或者在黑客世界里炫耀自己的能力。这类攻击者大多数不具备专业技术能力,却可以从互联网上下载易于使用且破坏力强的攻击脚本和协议,向目标发起攻击。并且他们的数量庞大,分布在全球,即使是独立或短暂的攻击破坏,也会导致严重的后果
	恶意人员 - 商业间谍	商业间谍通过暗中活动的方式企图获取有情报价值的资产和技术秘密

在实际评估中,可以细化出一个更具有深度和广度的威胁源列表,以充分反映某些重要信息保障系统面临的各种威胁来源。如表8-6所示,我们将威胁源分为两大部分:主观因素和客观因素。主观因素又细分为五个部分,包括:合法用户、内部黑客、外部黑客、敌对势力和国家行为;客观因素细分为三部分,包括:系统因素、环境因素和管理因素。

威胁源细化类表示例　　　　　　　　　　　　　　　表8-6

威胁源		说　明
主观因素	国家行为	国家(地区)有组织地对其他国家(地区)重要部门的信息资产进行的破坏、窃密行为;具体实施对象包括政府部门、金融和电力等重要信息系统
	敌对势力	境内外敌对势力对国家重要部门信息资产进行的破坏、窃密行为
	外部黑客	外部人员利用信息系统脆弱性,对网络和系统的机密性、完整性和可用性进行破坏,以获取利益或炫耀能力
	内部黑客	对国家、组织或上级不满的或有预谋的内部人员对信息系统进行恶意破坏;采用自主的或内外勾结的方式盗窃机密信息或进行篡改,获取利益
	合法用户	内部人员由于缺乏责任心,由于不关心或不专注,或者没有遵循规章制度和操作流程而导致故障或被攻击;内部人员由于缺乏培训,专业技能不足,不具备岗位技能要求而导致信息系统故障或被攻击
客观因素	系统因素	包括数据意外受损、意外故障和通信中断
	环境因素	电源中断、火灾、水灾、雷击、鼠害、地震等
	管理因素	管理不到位造成的信息资产缺失

8.2.2　威胁分类

基于表现形式的威胁分类,通常将威胁分为13类:软硬件故障、物理环境影响、无作为或操作失误、管理不到位、恶意代码和病毒、越权或滥用、网络攻击、社会工程、物理攻击、信息泄露、篡改、供应商违规和其他具体如表8-7所示。

威　胁　分　类　表　　　　　　　　　　　　　　　表8-7

威胁分类	描　述	威胁子类
软硬件故障	由于设备硬件故障、通信链路中断和系统本身或软件缺陷造成对业务实施、系统稳定运行的影响	控制组件和传感器故障、设备硬件故障、传输设备故障、存储媒体故障、系统软件故障、应用软件故障、数据库软件故障和开发环境故障等
物理环境影响	对信息系统的正常运行造成影响的物理环境问题和自然环境问题	断电、静电、灰尘、潮湿、温度、鼠蚁虫害、电磁干扰、洪灾、火灾和地震等环境问题或自然灾害等

续上表

威胁分类	描述	威胁子类
操作失误	由于应该执行而没有执行相应的操作,或无意地执行了错误的操作,对系统造成的影响	维护错误、操作失误和披露信息过多等
管理不到位	安全管理无法落实或不到位,从而破坏信息系统正常有序运行	安全管理不规范、管理混乱、职责不明和管理监督不完善等
恶意代码和病毒	具有自我复制、自我传播能力,对信息系统构成破坏的程序代码	恶意代码、木马后门、网络病毒、间谍软件和窃听软件等
越权或滥用	通过采用一些措施,超越自己的权限访问了本来无权访问的资源,或者滥用自己的职权,做出破坏信息系统的行为	未授权访问网络资源、未授权访问系统资源、滥用权限非正常修改系统配置或数据和滥用权限泄露秘密信息等
网络攻击	利用工具和技术,如侦察、密码破译、安装后门、嗅探、伪造、欺骗和拒绝服务等手段,对信息系统进行攻击和入侵	网络探测和信息采集、漏洞探测、嗅探(账户、口令、权限等)、用户身份伪造和欺骗、用户或业务数据的窃取和破坏、系统运行的控制和破坏、实施钓鱼攻击和云计算平台租户利用隔离失效发起攻击等
社会工程	综合利用社会科学,如心理学、语言学和欺诈学等,对信息安全管理过程中的人员以及薄弱环节实施欺骗、欺诈、威胁和恐吓等行为,以及配合技术手段获取信息系统的控制权限及敏感信息	钓鱼邮件、诈骗电话等
物理攻击	通过物理的接触造成对软件、硬件和数据的破坏	物理接触、物理破坏和盗窃等
信息泄露	信息泄露给不应了解的其他人	内部信息泄露、外部信息泄露等
篡改	非法修改信息,破坏信息的完整性使系统的安全性降低或信息不可用	篡改和旁路工业控制模块指令、篡改网络配置信息、篡改系统配置信息、篡改安全配置信息和篡改用户身份信息或业务数据信息等
供应商违规	供应商及其子供应商依仗其技术优势和客户依赖性,出于国家和商业利益等原因违背合同约定内容改变原有服务约定	供应商未经用户同意肆意分包工作内容、供应商利用设备和系统依赖加高运维成本或占有远程运维权限、云服务商未经用户同意操作用户数据、云服务商为系统迁出提出额外收费条件等
其他	除上述威胁以外的威胁	

8.2.3 威胁评估示例

不同资产会面临不同的威胁。对每一项资产逐项进行威胁标识之后,形成以下威胁识别表(表8-8),必要时可以进一步指定各种威胁的威胁源。

资产-威胁对应关系列表示例　　　　　　　　　　　表8-8

资产编号	面临的威胁
1001	操作失误
1001	滥用授权
1001	管理不到位
1002	软硬件故障
1003	恶意代码
1004	网络攻击
1005	泄密
1005	篡改

8.2.4 主要威胁分类

交通运输行业信息系统的威胁分类可参考《信息安全技术 信息安全风险评估规范》(GB/T 20984—2007)表8的规定方法,应主要考虑表8-9中的威胁类型。

交通运输行业信息系统主要威胁表　　　　　　　　　表8-9

系统类型	重点关注威胁类型	重点关注威胁子类
生产服务类	信息泄露	个人信息泄露等
生产服务类	恶意代码	软件后门等
生产服务类	网络攻击	拒绝服务攻击、漏洞利用和钓鱼攻击等
生产服务类	物理攻击	户外终端破坏和盗取等
生产服务类	篡改	发布信息篡改、配置信息篡改和控模块指令旁路等
生产服务类	软硬件故障	工控模块故障、通信线路故障等
生产服务类	物理环境影响	电磁干扰、自然灾害等
行政管理类	网络攻击	拒绝服务攻击、漏洞利用等
行政管理类	信息泄露	敏感信息泄露等
行政管理类	篡改	网页篡改、数据信息假冒等
行政管理类	管理不到位	管理规程缺失、职责不明确和监督控制机制不健全等

续上表

系统类型	重点关注威胁类型	重点关注威胁子类
行政管理类	越权或滥用	滥用授权、越权访问等
基础支撑类	软硬件故障	计算机硬件故障、软件系统故障和通信线路故障等
	物理环境影响	机房内部环境
	网络攻击	拒绝服务攻击、漏洞利用等
	供应商违规	违规分包、违规操作用户数据等

8.2.5 威胁赋值

交通运输行业信息系统的威胁赋值可参考 GB/T 20984—2007 表8-10 的规定方法,对行业中每种威胁发生的可能性、频率进行分析,最终进行等级化处理,等级值为 1~5,1 为最低,5 为最高。

威胁赋值表　　　　表8-10

等级	标识	定义
5	很高	出现的频率很高(或≥1次/周);或在大多数情况下几乎不可避免;或可以证实经常发生过
4	高	出现的频率较高(或≥1次/月);或在大多数情况下很有可能会发生;或可以证实多次发生过
3	中等	出现的频率中等(或>1次/半年);或在某种情况下可能会发生;或被证实曾经发生过
2	低	出现的频率较小;或一般不太可能发生;或没有被证实发生过
1	很低	威胁几乎不可能发生,仅可能在非常罕见和例外的情况下发生

8.3 网络安全脆弱性评估

资产识别和威胁识别完成之后,就是脆弱性识别。脆弱性识别的内容包括物理、系统、网络、应用和管理五个方面。

8.3.1 脆弱性分类

脆弱性是资产或资产组中可能被威胁所利用的弱点,它包括物理环境、组织机构、业务流程、人员、管理、硬件、软件及通信设施等各个方面,这些都可能被各种安全威胁利用来侵害有关资产及这些资产所支持的业务系统。在本阶段,将针对每一项需要保护的信息资产,找出每一种威胁所能利用的各种脆弱性,并对脆弱性的严重程度进行评估,对脆弱性被威胁利用的可能性进行评估,最终为其赋值。如表 8-11 所示。

交通运输行业信息系统主要识别脆弱性　　　　表 8-11

系统类别	识别对象	识别内容
生产服务类	系统软件(含操作系统及系统服务)	从补丁安装、物理保护、用户账号、口令策略、资源共享、事件审计、访问控制、新系统配置(初始化)、注册表加固、网络安全和系统管理等方面进行识别
	WEB 系统	从注入攻击、跨站脚本、页面劫持和缓冲区溢出等方面进行识别
	数据库软件	从补丁安装、鉴别机制、口令机制、访问控制、网络、服务设置、备份恢复机制和审计机制等方面进行识别
	应用系统	从审计机制、审计存储、访问控制策略、数据完整性、通信、鉴别机制和密码保护等方面进行识别
	工业控制系统	从控制协议、通信协议、无线传输、远程访问、缺省设置、冗余控制模块、预置后门、缓冲区溢出、未定义数据包、组件认证和访问控制策略等方面进行识别
	应用中间件	从协议安全、交易完整性和数据完整性等方面进行识别
	物理环境	从机房场地、机房防火、机房供配电、机房防静电、机房接地与防雷、电磁防护、通信线路的保护、机房区域防护和机房设备管理等方面进行识别
	组织管理	从安全策略、行业安全、资产分类与控制、人员安全和符合性等方面进行识别
	技术管理	从物理和环境安全、通信与操作管理、访问控制、系统开发与维护、业务连续性等方面进行识别
行政管理类	系统软件(含操作系统及系统服务)	从补丁安装、物理保护、用户账号、口令策略、资源共享、事件审计、访问控制、新系统配置(初始化)、注册表加固、网络安全和系统管理等方面进行识别
	应用系统	从审计机制、审计存储、访问控制策略、数据完整性、通信、鉴别机制和密码保护等方面进行识别
	数据库软件	从补丁安装、鉴别机制、口令机制、访问控制、网络和服务设置、备份恢复机制和审计机制等方面进行识别
	应用中间件	从协议安全、交易完整性和数据完整性等方面进行识别

续上表

系统类别	识别对象	识别内容
行政管理类	技术管理	从物理和环境安全、通信与操作管理、访问控制、系统开发与维护和业务连续性等方面进行识别
基础支撑类	物理环境	从机房场地、机房防火、机房供配电、机房防静电、机房接地与防雷、电磁防护、通信线路的保护、机房区域防护和机房设备管理等方面进行识别
	网络结构	从网络结构设计、边界保护、外部访问控制策略、内部访问控制策略和网络设备安全配置等方面进行识别
	云计算平台	从本地化存储、租户隔离、网络虚拟化、存储虚拟化、可移植性和互操作性、责任划分、访问控制、应急响应、备份恢复、供应链管理、组织和人员管理、物理环境、维护方式、安全审计、安全监测和SLA水平等方面进行识别
	技术管理	从物理和环境安全、通信与操作管理、访问控制、系统开发与维护和业务连续性等方面进行识别
	组织管理	从安全策略、行业安全、资产分类与控制、人员安全和符合性等方面进行识别

8.3.2 物理安全脆弱性评估

信息本身是一种无形的东西,但是它的存在却有赖于有形的物理实体:信息存在于各种计算设备里,这些设备要放置在一定的场所,信息的传输要依赖于一定的电磁环境或通过线路流动。这些物理实体的安全直接影响着信息本身的安全。

物理脆弱性检测主要关注上述各种与信息相关的设备和环境的安全风险,相应的标准有《电子计算机场地通用规范》(GB/T 2887—2011)、《计算站场地安全要求》(GB/T 9361—2011)等。随着安全内容的不断拓宽,物理脆弱性检测项目相对于这些标准也有所拓展。

本节介绍物理脆弱性评估,主要包括场所环境、电磁环境、设备及线路四个方面。

1) 场所环境

场所环境主要包括计算机网络专用机房内部环境、外部环境和各网络终端工作间。检测的主要采用问卷调查和现场查看方式进行。

(1) 内部环境

内部环境脆弱性检测主要是对网络节点中心等专用机房的环境进行脆弱性检测,包括如下方面:

①场地的物理访问控制

访问数据中心应有严格的限制。对场地、大楼、办公室、数据中心应有物理保护措施,门上的钥匙应有专人保管,应有防盗措施和无人值守时自动监控报告设备等。

对纸面记录应有物理保护措施,应设置碎纸机并有相关管理措施。

②供电系统的情况

终端电源防护应根据需要选用离线式或在线式不间断供电(UPS),对UPS系统的保持时间、接到UPS上的系统类型、当电源失效后UPS的启动指示等,都应有周密考虑;机房内用于动力、照明的供电线路应与计算机系统的供电线路分开;机房内不同电压的供电系统应安装互不兼容的插座。

③消防系统的情况

应设置灭火器,并根据需要安装火灾探测器;将当地消防队电话号码张贴在电话机附近;定期检查火灾探测设备、灭火器和水敏传感器,并保存对其检查的书面报告;指定并训练担负扑灭小火或闷燃火灾的消防员;数据中心严禁吸烟;禁止使用延伸接线盒和多通电源插座;机房窗帘使用阻燃材料制作;机房进出口须设置应急电话;各房间应有烟雾报警装置和洒水系统。

④环境控制的情况

通风、空调、防尘、除尘、防静电、防雷击以及温湿度等应有适宜的控制;应有环境控制失效的指示;设备安放位置应有环境控制的考虑;应有应急照明设备并设应急进出口。

应有防水患、防鼠患措施;水管、蒸汽管道等不得通过工作间的天花板;如果屋顶有水塔或冷却器,工作间内必须采用防护装置;在易受鼠害的场所和工作间内,应设置捕鼠和驱鼠装置。

(2) 外部环境

外部环境的脆弱性检测主要考察核心区周边的安全情况,包括核心区周边的安全距离与隔离情况,建筑物周围是否有足够亮度的照明设施,中心机房的物理位置及监控系统情况,出入口门禁系统及人员值守情况,外部人员来访登记及防范措施情况,识别与记录进出人员监控设备设置情况等。

(3) 计算机终端工作间环境

主要考察内外网计算机隔离、门窗安全、防尘除尘、保密柜配置、办公桌加锁、电源及网线引接、碎纸设备等。

2) 电磁环境

电磁环境的安全隐患主要体现在两个方面：一是内部电磁信息泄漏；二是外部电磁信号的干扰或冲击。

(1) 内部电磁信息泄露。计算机及网络设备在工作时能把寄生电磁信号或谐波辐射出去，造成信息泄露发射。这些电磁信号被接收下来，经过提取处理，可恢复出原来信息内容，造成信息泄密（图 8-1）。通常电磁信息泄露发射有两种途径：一是被处理的信息通过计算机、网络设备产生的电磁波向空中发射，称为辐射发射；二是这种含有信息的电磁波可以通过电源线、信号线等导体传送出去，称为传导发射。早在 20 世纪 80 年代初期，国外情报机构就把接收计算机辐射信息作为窃密的重要手段之一。

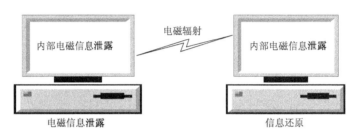

图 8-1 电磁信号泄漏还原图示

(2) 外部电磁信号的干扰或冲击。外部电磁信号的干扰和冲击也是电磁环境的安全隐患之一。电子脉冲弹是在许多资料中提到的一种武器，能产生巨大电磁脉冲瞬间击穿电子设备，瘫痪网络系统。

对电磁环境的脆弱性检测，主要通过问卷调查和现场查看，检查是否有防范上述安全隐患的有效措施。必要时，也可借助专用的设备和仪器进行核查。

目前主要防护措施有两类：一类是对传导发射的防护，主要采取对电源线和信号线加装性能良好的滤波器，减小传输阻抗和导线间的交叉耦合。另一类是对辐射的防护，其防护措施有以下两种：一是采用各种电磁屏蔽措施，如对设备的金属屏蔽和各种接插件的屏蔽，同时对机房的下水管、暖气管和金属门窗进行屏蔽和隔离；二是干扰防护措施，即在计算机系统工作的同时，利用干扰装置产生一种与计算机系统辐射相关的伪噪声，来掩盖计算机系统的工作频率和信息特征。

一般来说，计算机网络中重要的服务器、网络交换设备、载有重要数据的存储设备、数据备份系统等设备都应采取上述电磁安全防护措施。

3) 设备实体

设备实体主要指网络设备、安全防护设备、办公设备等,对设备实体安全的脆弱性检测主要涉及安放位置、保护措施、保密措施等方面。

通过问卷调查和现场查看,对以下内容逐项进行核查:

(1) 设备应附有标签或标记。
(2) 设备不得紧靠墙壁放置。
(3) 在设备周围不要堆积大量纸张,以免堵住设备的通风孔。
(4) 设备上严禁放置无关物品。
(5) 每台设备应配置防水罩;在易受鼠害的场所,电缆和电线上应涂驱鼠药剂。
(6) 计算机设备应有口令及屏幕保护措施。
(7) 办公设备应有保密防护措施。新型办公设备一般都内置大容量存储器,如复印机复印过的文件内容都留存在复印机内置存储器中(图8-2),因此打印机、复印机、碎纸机、投影仪等设备在故障送修时要有相应保密防护措施。

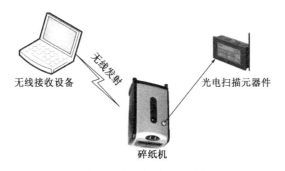

图8-2 碎纸机、传真机还原

4) 节线路

线路主要指信息网络所使用的光纤、电缆、双绞线等媒介。远程和园区光纤、电缆等线路要有一定的保护、维护措施,楼宇网络线路应关注综合布线的安全。对线路安全的检查主要采用问卷调查、顾问访谈和现场查看等形式,重点核查以下内容:

(1) 检查传输线路架设与运维是否符合国家相关规定和技术标准。
(2) 检查传输线路室外敷设情况,直埋、管道、架空明线等是否有安全保护措施。
(3) 对周边安全保密环境复杂的场所,检查电缆屏蔽、电磁辐射等情况。

(4)检测线路信号强度,检查是否有非法装置接入线路。

(5)检查配线间线路情况,是否做到布线整齐、有序、标记清晰。

(6)检查配线柜配线、跳线情况。

(7)检查租用公共线路情况,保密要求高的网络应采取设备保护和信息加密。

(8)检查外网线路与内部线路是否同槽、同缆、同架。

8.3.3 网络安全脆弱性评估

随着互联网的发展及其普及应用,开放网络环境下的安全问题已广为人们所关注。网络基础设施(包括网络拓扑结构、路由器、交换机、通信服务器等)、网络安全设备(包括防火墙、VPN、入侵检测系统、防病毒墙、网闸等)和计算设备(包括服务器和工作站)是构成网络以及保证网络安全的基本要素,如果对这些要素配置不当,系统升级不及时,或者使用不当都会给网络系统引入安全风险。本章从网络基础设施、网络安全体系和计算设备三个方面。

1)网络基础设施

网络基础设施除网络线路,还包括路由器、交换机、通信服务器、网络管理系统等网络设备。

(1)网络拓扑结构

目前,网络边界模糊化导致边界保护非常困难,网络不再局限于防火墙所圈定的范围。远程拨号用户、VPN 用户、分支机构、合作伙伴、供应商、无线局域网等,已经大大扩展了网络的边界,同时也引入了新的安全隐患。下面围绕网络系统的拓扑结构、网络边界与外部连接的脆弱性检测,介绍常用的检测方法:

①通过网络拓扑分析工具和专用工具对网络拓扑及结构进行验证,查看其是否符合设计要求,分析网络拓扑及结构设计的安全性。

②根据对网络服务器、终端机和网络设备的查看情况和对网络拓扑图的分析,判断被评估网络的地址分配和网段划分是否合理;检查网络内地址规划是否合理、先进,IP 地址分配方案是否支持不同网络主机之间互通,掩码的选择是否有利于地址的合理利用。

③利用网络流量仿真设备检查网络所有应用种类在现有网络上是否能够被有效支持,是否会出现网络超载、堵塞和延迟过高现象。

④检查网络管理方式是否科学。

通过顾问访谈或运用非法外连监测工具,了解、检测系统是否存在非法外连或非法接入行为。

(2)路由器

路由器是构成网络的关键组成部分,对其配置不当、访问控制表(ACL)设置不合理、操作系统升级不及时,往往会给网络系统带来严重的安全隐患。对其进行脆弱性检测的常用方法如下:

①检测路由器工作状态是否正常,网络应用数据流是否能够正常传输。

②通过漏洞扫描系统对路由器进行扫描,检测路由器是否存在安全漏洞和已知漏洞的补丁安装情况,检测是否开放了必要的服务端口(视管理方式而定)。

③通过模拟网络中的用户或者通过管理端直接登录检查的方式,验证路由器访问控制表的配置情况,访问控制表应对进入网络的数据包按照安全策略要求过滤。

④检查管理员对路由器口令的管理。管理员口令应按照规定设置和定期更换,口令文件应采用加密形式存储。

⑤路由器应对配置文件进行备份,重要部位路由器应采用双机热备份。

(3)交换机

交换机这种设备与将网络连接到一起的集线器很相似。交换机可以控制网络嗅探所能收集到的数据量,从而大幅度提高网络的安全性。不过,如果入侵者获得了管理员对交换机的访问权,便能利用交换端口分析器或镜像技术突破这种限制,造成机密信息的泄露。对交换机的常用检测方法有:

①通过登录查看方式,检查交接机运行状况是否良好、功能实现是否正常、是否能够保网络应用数据流的正常传输。

②通过登录查看和问卷调查方式,检查管理员口令的安全性,交换机配置文件是否进行了备份;检查 VLAN 的划分是否按照安全策略进行,实现安全域最小化,VLAN 间访问控制策略是否配置正确。

③通过控制台查看或模拟普通用户验证的方法检验访问控制的有效性;四层以上交换机的负载均衡功能、基于应用类型与用户 ID 的传输流控制功能是否正确。

④通过漏洞扫描系统,检查交换机是否存在安全漏洞、漏洞修补是否及时。

⑤通过抗攻击测试工具或系统(一些扫描器有集成),测试交换机能否抵御拒绝服务和分布式拒绝服务攻击。

(4)通信服务器

通信服务器是一个专用系统,为网络上需要通过远程通信链路传送文件或访问远地系统或网络上信息的用户提供通信服务。通信服务器根据软件和硬件能力为一个或同时为多个用户提供通信信道。对其使用不当往往会给整个信息系统引入安全隐患,对其检测方法有:

①以网络中用户身份验证通信服务器的工作状态通信服务器应保证其运行状况良好,功能正常实现。

②通过漏洞扫描系统扫描通信服务器,从结果判断服务器的漏洞弥补情况。

③检查服务器对远程连接用户能否实现严格的认证,应对用户账号和计算机进行绑定,从而保证对网络中用户的定位,确保网络数据的安全。

④使用网络嗅探工具(如 lris、Sniffer 和 Commview)对用户和通信服务器之间的通信数据进行截获,检查验证信息的传输形式,对用户认证过程应采用加密形式传输。

⑤通过登录查看的方式检查通信服务器的日志记录,通信号服务器应对网络的使用情况进行详细的日志记录。

⑥管理员口令应按照规定设置并定期更换,口令文件应采用加密形式存储,配置文件应进行备份。

(5)网络管理系统

按照国际标准化组织(ISO)的定义,网络管理是指规划、监督、控制网络资源的使用和网络的各种活动,以使网络的性能达到最优。网络管理的目的在于提供对计算机网络进行规划、设计、操作运行、管理、监视、分析、控制、评估和扩展的手段,从而合理组织和利用系统资源,提供安全、可靠、有效和友好的服务。

简单网络管理协议(SNMP)是一种著名和应用最广的网络管理协议。SNMP 管理模型中有三个基本组成部分:管理进程(manager)、管理代理(agent)及管理信息库(MIB)。它使用嵌入网络设施中的代理来收集网络通信信息和有关网络设备的统计数据。代理不断地收集统计数据,并把这些数据记录到管理信息库(MIB),网管员通过向代理的 MIB 发出查询信号可以得到这些信息。

网络管理系统作为网络管理员的辅助工具,它将不同位置的各种资产(主机、网络设备和安全设备等)进行统一管理,大大提高了管理效率。目前,网络管理系统已被行业各单位广泛使用。网络管理系统本身安全应引起高度重视,常用的检测方法如下:

①通过控制台检查网络管理系统运行状况是否良好,功能是否正常实现,对网络中的设备信息能否及时、准确获取,能否远程控制网络设备。网络管理系统应能够对网络中所有监控的设备进行动态跟踪。

②通过 SNMP 协议管理的系统,用于设备访问权限验证的公开字符串(只

读)和私密字符串(可写)不应使用系统默认设置,应由管理员按照口令管理规定进行修改。

③网络管理系统应该实现分级分权管理模式,不同管理员具有不同的管理权限。

(6)其他网络设备

采用调查问卷和登录查看方式,检测网络设施的运行状态、口令安全和配置等情况。

利用漏洞扫描系统,检测端口开放情况和是否存在安全漏洞。

利用抗攻击测试工具或系统,测试该设备能否抵御拒绝服务攻击。

2) 网络安全体系

网络安全体系指将防火墙、IDS、VPN、防病毒、入侵检测、漏洞扫描等安全技术围绕安全策略有序地组织在一起,相互协同、相互作用所构成的一个动态自适应的防范体系。网络安全强调整体性,构建一个安全、强壮的整体安全体系,需要每一个安全模块都符合安全需求,达到安全标准。

认清网络的脆弱性和潜在威胁,采取强有力的安全策略,对于保障网络的安全具有十分重要的意义。安全策略脆弱性检测主要通过顾问访谈、问卷调查和现场查看的方式,从以下六个方面进行核查:

(1)物理安全策略。检测制定的物理安全策略是否能够保护计算机系统、网络服务器、打印机等硬件实体和通信链路免受自然灾害、人为破坏和搭线攻击,以确保计算机系统有一个良好的工作环境。

(2)层次防护策略。在各个层次上部署相关的网络安全产品,增加入侵时花费的时间、成本和资源,从而有效降低被攻击的危险,达到安全防护目的。主要包括防火墙、IDS、漏洞扫描系统的配备,重要服务器中 HIDS、防病毒软件的安装等。

(3)访问控制策略。是网络安全防范的主要策略,其目的是有效保证网络资源不被非法使用和访问。主要内容包括入网访问控制、网络权限控制、目录级安全控制、属性安全控制、网络服务器安全控制、网络监测与锁定控制、网络端口与节点安全控制和防火墙控制(包括过滤型防火墙、代理防火墙、下一代防火墙)等。

(4)网络隔离策略。隔离策略主要包括以下内容:被评估网络与因特网等一切公共网络之间完全实现物理隔离(有特殊用途需要连接的除外);被评估网络与其他内部办公网或其他网的主机之间实现物理隔离(有特殊业务需求的除外);在被评估网络系统内部,不同用途的网络之间实施逻辑隔离;存储绝密信息的网络与其他密级的网络实现物理隔离;直接接入因特网的网络,应在物理地点、存储介质、线路、管理人员、接入设备方面做到与其他网络、设备物理隔离;任何连接被评估网络的计算机不得私自通过拨号等形式连接因特网(有特殊需要的除外)。若被评估网络是个多级大型的网络系统,被评估网络内部向上一级和向下一级网络的出口处应设置访问控制设备实现逻辑隔离,并对传输信息进行审计;同一单位内部,涉及不同工作内容的部门之间,应设置访问控制设备实现逻辑隔离,并对传输信息进行审计;网络中不应有未受监控的网络出口;网络中重要服务器应独立于单独网段,并进行访问控制;对网络进行安全域划分,安全域可按照不同职能部门的网络单元或具有相同安全要求的网络单元进行划分,这样可以保证各部分的安全要求,同时便于安全策略的统一管理。

(5)信息加密策略。保护网内的数据、文件、口令和控制信息,保护网上传输的数据,主要包括密码技术和密码管理。

(6)网络安全管理策略。主要包括安全管理等级、安全管理范围、网络操作使用规程、人员出入机房管理制度、接入因特网计算机的管理制度、网络系统维护策略和应急措施等。

3)计算环境

计算环境主要包括服务器和工作站。计算环境的安全主要由这些服务器和工作站的安全来保障。一般来说,计算环境应具备抵御黑客攻击的安全措施,如安装主机防火墙、主机入侵检测系统、防病毒软件、数据加密存储系统等。

(1)服务器

所谓服务器,是指能够同时对多用户的请求提供服务的大型高端计算机。服务器是网络基本资源之一,终端用户连接后可接收或发送电子邮件、保存文件或使用网络应用程序。因此,服务器被认为是网络设备的关键要素之一,保障其安全至关重要。对其脆弱性检测方法有:

①采取登录查看方式,检查服务器是否安装主机型 IDS,从而在入侵初期及时发现非法活动。

②防病毒软件检测方法,检查服务器杀毒软件的安装、使用情况。

③检查服务器重要数据是否具备数据加密存储功能,是否具备数据备份和恢复功能。

④通过控制台和模拟用户方式,验证网络用户使用服务器时的身份鉴别机制。服务器应具备严格的安全审计功能。

⑤通过漏洞扫描系统检测服务器平台安全性。

(2) 工作站

工作站是指网络终端用户在其上工作的计算机系统,通常是网络上最脆弱的设备。一旦工作站及其操作系统存在缺陷和漏洞,就会给攻击者远程访问系统、从工作站复制数据、监视网络通信和搜集口令以及访问更多网络资源提供后门和机会;工作站的数据资源往往容易受到病毒的威胁。要保证工作站的安全,必须加强防病毒、防木马、身份认证、安全审计等多种技术手段。对其脆弱性检测的方法有:

①采取登录查看方式,检查是否安装恶意代码和病毒检测软件,并通过技术手段验证其有效性。

②检查是否具备数据加密存储功能。

③利用漏洞扫描系统检查工作站操作系统平台是否存在安全漏洞。

④检查是否具备严格的用户身份鉴别机制。

⑤检查其安全审计功能,模拟安全事件,查看是否能够对安全事件进行审计。

8.3.4 系统安全脆弱性评估

系统脆弱性检测是风险评估中脆弱性检测的一个重要环节,主要对被评估服务器、工作站操作系统以及数据库系统等软件的脆弱性进行检测。

每个平台,无论是硬件平台还是软件平台,都存在漏洞。在某种意义上,被评估网络平台风险的大小,取决于操作系统漏洞的多少和严重程度。尽管众多的安全服务提供商及操作系统厂商花费大量人力财力去发现系统漏洞并对漏洞进行及时的修补,但是漏洞不但没有减少,反而有所增加。对操作系统进行脆弱性检测,就是全面地发现系统中存在的各种漏洞、错误配置等安全隐患。

数据库安全性问题一直是困扰数据库管理员的噩梦,数据库数据的丢失以及数据库被非法用户入侵,使得数据库管理员身心疲惫不堪。重要信息系统开发时,就要重点考虑数据库安全问题。

1) 登录安全检测

操作系统登录安全隐患主要来源于系统的默认设置和用户安全意识的淡薄,虽然不涉及太多的技术细节,但是对系统的威胁程度却非常大,比如"空口令"的安全隐患。对系统登录安全的检测主要采取下列措施:

(1) 采用人工登录查看方式,检测每个用户是否都设置系统启动口令。

(2)采用人工登录查看或者模拟远程登录的方式,检测是否关闭远程访问控制或者对远程访问服务进行身份认证控制。远程访问是黑客攻击操作系统的常用手段,操作系统自身集成身份认证系统是防止外来入侵最好的措施之一。

2)用户及口令安全检测

操作系统用户及口令的安全隐患主要来自系统的安全机制,比如授权机制是否合理、口令及其加密算法是否健壮等,但是用户对系统的简单配置或者误配置也能给用户和口令安全带来较大隐患。对用户及口令的安全检测主要采取下列措施:

(1)采用相应的扫描工具对系统进行本地或者远程扫描,检测系统是否实施合理的用户账号及口令策略,是否能扫到空口令或者弱口令。

(2)采用人工登录查看方式检测用户授权的合理性,确定不同用户是否具有不同分组和授权。

(3)查看是否取消或更改缺省情况下的 Everyone 组的"完全控制"权限,确保每个用户只具有相应最小的文件夹和文件访问权限。

(4)查看对系统用户是否以"组"的方式进行管理,是否给用户组定义了特定的访问控制。

(5)采用人工登录查看方式,检测是否设置账号锁定选项,这是阻止黑客入侵的有效方法。在合适的锁定时间后被锁定的账号自动打开,或者只有管理员可以打开,用户才能恢复正常。

(6)采用人工登录查看方式,检测是否启用登录工作站和登录时间限制,如果每个用户只有一个 PC,并且只允许工作时间登录,可以把每个用户的账号限制在指定的 PC 上,且只能在工作时间内使用,从而保护网络数据的安全。

(7)采用人工登录查看方式,检测是否创建 DOS 分区。由于 DOS 系统属于单任务操作系统,只能允许一个用户登录,所以该用户默认具有系统管理员权限。

(8)利用特殊密码破译工具检测口令的密码强度。

3)共享资源安全检测

操作系统共享资源安全隐患主要源于系统的默认设置和用户的不当配置,对其脆弱性检测主要采取下列措施:

采用人工登录查看方式,查看是否禁止 DOS 或其他分区操作系统分区。

(1)利用前面介绍的扫描工具检测系统现有的共享资源,确定是否仍存在系统默认安装后留下的较危险的共享资源(如 IPG $、ADMIN $、C $、D $等)。

（2）采用人工登录查看方式，检测是否在域里配置适当的 NTFS 访问控制以增强网络的安全。

（3）采用人工登录查看方式或者扫描的方式，检测打印机的共享安全。

4）系统服务安全检测

操作系统的安全很大程度上来源于其所开放的系统服务，对其具体检测措施如下：

（1）采用人工登录查看方式或者枚举服务方式，检测是否开启了多余的影响系统安全的服务，比如前面提到的注册表远程控制服务。

（2）采用扫描工具对各种应用系统的安全使用情况进行检测，这些系统具体包括 www 服务器、FTP 服务器、E-mail 服务器、文件服务器等，详细方法请参阅第 10 章"应用脆弱性检测"。

5）系统安全补丁检测

操作系统漏洞层出不穷，微软主页上会定期发布操作系统的各种补丁，目的是尽量降低和减少操作系统的安全隐患。补丁安装的不及时或者不安装，会给系统带来致命性的影响，因为互联网上随处可以下载到各种系统漏洞的测试和利用程序。对系统安全补丁的常用检测方法如下：

（1）使用相关工具（MBSA、绿盟）检测是否及时安装 NT 系列相应操作系统的最新补丁。

（2）采用相应的漏洞扫描和攻击工具进行验证性测试。

6）审计安全检测

操作系统提供审计和审计跟踪功能，能对系统关键信息进行跟踪记录，记录内容包括系统运行状况、安全性和应用程序等信息，并以系统日志的形式进行保存。但是却存在配置不当和被修改的安全隐患，使其无法发挥正常的安全审计功能。针对操作系统审计安全隐患，常用检测方法如下：

（1）检查系统审计功能的配置情况，检测配置是否完备、是否合理。

（2）对实际记录的系统日志进行检测，检查是否具有记录入侵尝试等关键敏感信息的功能。

8.3.5 应用安全脆弱性评估

应用系统脆弱性检测是风险评估中脆弱性检测的一个关键环节，主要对业务应用系统软件的脆弱性进行检测。

应用系统的开发语言、框架结构、使用的应用发布平台软件及相关组件都千差万别,其本身就有较多的安全漏洞,再加上其在设计、编写、开发实施等过程中,未考虑安全因素或未严格按照安全代码开发规范进行编写,造成应用系统安全功能缺失,或代码存在安全漏洞等安全隐患。对其进行脆弱性识别可以从以下几个方面开展:

1) 身份鉴别

应用系统应提供专用的登录控制措施模块对用户身份的合法性进行核实,只有通过验证的用户才能在系统规定的权限内进行操作,对用户进行身份鉴别是防止非法入侵最基本的一种保护措施;关键应用系统应采取两种或两种以上组合的鉴别技术来实现身份鉴别;应提供用户身份标识唯一和鉴别信息复杂度检查功能,保证应用系统中不存在重复用户身份标识,身份鉴别信息不易被冒用。为了防治非授权用户对应用系统用户的身份鉴别信息进行暴力猜测,应用系统应提供登陆失败处理功能。常用检测方法如下:

(1) 询问系统管理员,该系统是否提供专用的登录控制模块对用户进行身份标识和鉴别,如果提供则询问其标识和鉴别的方式。

(2) 检查应用系统,标识和鉴别的方式是否与管理员回答的一致。

(3) 测试应用系统(如首先以正确的密码登录系统,然后再以错误的密码重新登录,查看是否成功),验证其登录控制功能是否有效。

(4) 询问系统管理员,该系统是否采用了两个及两个以上身份鉴别技术对用户进行身份鉴别,如果是,则查看系统其配置是否与管埋员回答的一致。

(5) 询问系统管理员,该系统是否具有登录失败处理的功能(如结束会话,限制非法登录次数,当登录连接超时自动退出等),如果有,则查看是否进行了相关的配置。

2) 访问控制

应用系统的访问控制功能是为了保证应用系统被合法使用,用户只能根据管理员分配的权限来访问应用系统相应的功能,不得越权访问。访问控制的细粒度,应控制用户对文件、数据库表等客体的访问,并且安全策略可以由用户定制。常用的检测方法如下:

(1) 询问系统管理员,该系统是否提供访问控制功能,访问控制策略是什么? 访问控制的粒度是否达到文件、数据库表?

(2) 检查应用系统的访问控制功能和策略配置与管理员回答得是否一致。

(3) 以某一用户身份登录系统,依据安全策略对客体进行访问,测试是否成功;该用户不依据安全策略对客体进行访问,测试是否成功。

(4)访问控制的覆盖范围应包括与资源访问相关的主体、客体及它们之间的操作。

3)安全审计

应用系统必须对应用系统所有用户的重要操作进行审计,并且对系统异常等事件进行审计。应保证无法单独中断审计进程,无法删除、修改或覆盖审计记录;应用系统应对审计进程或功能进行保护,不允许非授权用户对进程进行中断;应防止非授权用户关闭审计功能,防止非授权删除、修改或覆盖审计记录,审计记录的内容至少应包括事件的日期、时间、发起者信息、类型、描述和结果等。常用的检测方法如下:

(1)询问安全审计员,应用系统审计方式,如果审计模块是独立的进程,则试图非授权中断审计进程,查看是否成功系统是否有安全审计功能,如果审计模块是一个独立的功能,则试图非授权关闭审计功能,查看是否成功。

(2)以非授权用户身份登录系统,试图删除、修改或覆盖自身的审计记录,查看能否成功;试图删除、修改或覆盖其他人的审计记录,查看能否成功。

(3)如果审计记录能够导入,则导出审计记录并进行修改后导入系统,查看能否覆盖以前的审计记录。

4)剩余信息保护剩余信息保护

应用系统应将用户的鉴别信息所在的存储空间(如硬盘或内存)清除后才能分配给其他用户,常用检测方法如下:

(1)询问系统管理员并可查看其设计、验收文档,应用系统是否采取措施保证对存储介质(如硬盘或内存)中的用户鉴别信息及时进行清除,防止其他用户非授权获取该用户的鉴别信息,采取什么具体措施。

(2)如果用户的鉴别信息存放在文件中,则用另一个用户登录系统试图获取该用户的鉴别信息;查看是否成功。如果用户的鉴别信息存放在数据库中,则通过用户界面或其他方式能否获取这些敏感信息。

(3)在条件允许的情况下,可查看其相关源代码,确保应用系统采取了措施保证用户鉴别信息所在的存储空间被释放或再分配给其他用户前得到完全清除。

5)通信完整性

通信双方利用密码算法(如利用 Hash 函数计算通信数据的散列值,并用非对称加密算法对散列值进行加解密)来保证数据的完整性。常用检测方法如下：

(1)询问系统管理员,通信双方是否采取密码技术保证通信过程中数据的完整性,则可查看系统设计、验收文档,查找相关内容,如果条件允许,则可查看系统的源代码与系统管理员回答得是否一致。

(2)设计测试用例,通过篡改通信一方的数据报文,查看系统的另一方能否识别。

6) 通信保密性

在通信双方建立连接之前应进行会话初始化验证(必须采用密码技术来进行验证),因为在通信建立之前双方需要交换一些保密信息(如密码等);应对通信过程中的整个报文或会话过程进行加密。常用检测方法如下：

(1)询问系统管理员,该系统在通信双方连接建立之前是否需要交换密码等敏感信息,则询问采用什么技术来进行会话初始化验证的。

(2)应检查设计、验收文档,查看其是否有通信保密性的说明,如果有则查看是否有利用密码技术进行通信会话初始化验证的说明。

(3)可利用抓包工具(如 Sniffer)对会话进行抓包分析,查看应用系统是否对会话初始化验证信息进行加密。

7) 抗抵赖

应用系统必须提供必要的功能保证数据发送者或接收者获取证据,证明该条数据是该发送者发出的。应用系统必须提供必要的功能保证数据发送者或接收者获得证据,证明该条数据已被该接收者接收。应用系统的管理数据、鉴别信息和重要业务数据在传输过程中的完整性进行检测,并在检测到完整性受到破坏时采取恢复措施,如重传或其他方式。应能够检测到系统管理数据、鉴别信息和重要业务数据在存储过程中完整性受到破坏,并在检测到完整性错误时采取必要的恢复措施。常用检测方法如下：

(1)询问系统管理员,该系统是否具有抗抵赖的措施,具体措施有哪些。

(2)测试应用系统,通过双方进行通信,查看系统是否提供在请求的情况下为数据原发者提供数据原发证据的功能。

(3)询问系统管理员,该系统是否具有抗抵赖的措施,具体措施有哪些。

(4)测试应用系统,通过双方进行通信,查看系统是否提供在请求的情况下为数据接收者提供数据接收证据的功能。

(5)询问系统管理员,该系统的鉴别信息和重要业务数据在传输过程中是否有完性保证措施,具体措施有哪些。

8) 数据完整性

对应用系统的管理数据、鉴别信息和重要业务数据在传输过程中的完整性进行检测,并在检测到完整性受到破坏时采取恢复措施,如重传或其他方式。应能够检测到系统管理数据、鉴别信息和重要业务数据在存储过程中完整性受到破坏,并在检测到完整性错误时采取必要的恢复措施。常用检测方法如下:询问系统管理员,该系统的鉴别信息和重要业务数据在传输过程中是否有完整性保证措施,具体措施有哪些。

9) 数据保密性

对应用系统的管理数据、鉴别信息和重要业务数据在传输过程中采取的加密措施,如对这些数据进行加密等。常用检测方法如下:

(1)询问系统管理员,该系统的鉴别信息和重要业务数据是否采用加密或其他有效措施实现传输保密性。

(2)检查应用系统,查看其管理数据、鉴别信息和重要业务数据是否采用加密或其他有效措施实现传输保密性。

8.3.6 安全管理脆弱性评估

信息系统的安全不仅取决于技术,更取决于管理。因此,管理脆弱性检测是信息安全风险评估的重要方面。

管理脆弱性检测主要考察机构、制度、运行、人员四大方面。

(1)机构:考察是否存在能够对管理制度制定和实施起到执行和监督作用的安全管理机构。

(2)制度:考察是否具有明确、系统、适用的安全管理规章制度。

(3)运行:考察是否有足够的措施保障系统网络正常运行、业务连续运转。

(4)人员:考察是否对工作人员和系统用户有充分的管理措施。

下面我们分别简述各方面的安全检测方法和安全实施重点。除特殊声明外,各部分的安全实施重点即相应的安全检测准则,被评估方应当根据实际情况,在管理上尽量围绕相关的安全实施重点开展工作,否则会带来安全风险。

1) 机构

安全管理机构的存在,能够对管理制度的制定和实施起到执行和监督的作用,机构建设得不完全、不合理,会给被评估系统的安全带来风险。

对机构脆弱性评估主要考察如下内容：

①安全管理组织体系是否健全。安全管理组织体系应能启动和控制组织范围内系统安全的实施。

②组织内是否有定期的安全管理专题会议制度。被评估方应有相应制度确保系统安全控制的协调和工作的顺利开展。

③系统安全职责的划分是否合理、明确。

④安全策略的实施是否得到独立评审。信息安全策略的实施应独立地予以评审，以保证该策略的可行性和有效性。

⑤是否对第三方访问信息处理设施进行了风险控制。一般应确定访问条件和许可限度，并制定相关的合同。

(1) 组织体系

被评估组织应设置安全管理领导机构，建立管理框架，以启动和控制组织范围内系统安全的实施。

一般来说，安全管理领导机构应由以下人员组成：

①单位技术负责人或网络安全负责人。

②系统安全分析员：根据需要。

③安全专家：当发生安全事故时，以便提供支持。

④系统管理员。

⑤系统审计员。

⑥安全管理员。

根据系统规模的大小，系统管理员、系统审计员和安全管理员有时可由 2～3 人担任。

(2) 系统安全职责

信息安全策略应对内部的安全角色和职责分配提供全面指导。各个物理及信息资产和安全过程（诸如业务连续性规划）的局部职责应予以清晰地定义。系统安全职责划分得是否合理明确尤为重要。

2) 制度

被评估组织应建立明确的、系统的安全管理规章制度，并通过颁发和遵守这些制度来支持系统安全。制度脆弱性检测主要对安全管理规章制度严密性和完备性进行检测。另外，被评估系统本身的设计、运行、使用和管理应符合党和国家的法律、法规并满足交通运输行业的管理要求。

一般来说，为保障信息系统的安全，被评估方应该具备系统安全策略审查、通信和操作管理、媒体处置管理、物理访问控制、系统资产管理、环境管理等各种制度。这些规章制度应建立在国家或行业相关的政策、法规基础之上,为组织提供安全管理方向,并支持系统安全。下面我们列出了对这些制度的检测重点。

(1) 系统安全策略审查制度

应针对系统的安全策略定期审查系统的安全,以确保系统安全符合安全策略以及相关标准。安全策略文件应由管理部门批准,将其传达给有关部门和人员。策略文件应说明管理承诺,并提出管理信息安全的途径。应包括下列内容:

①信息安全定义、总目标和范围以及作为信息共享机制安全的重要性。

②管理目标的说明,以支持信息安全的目的和原则。

③对信息系统特别重要的安全策略、原则、标准和符合性要求的简要说明,例如:

  a. 服从法律和合同要求;

  b. 安全教育要求;

  c. 防止和检测病毒及其他恶意软件;

  d. 业务连续性管理;

  e. 安全策略违反的后果。

④安全信息管理(包括报告安全事故)的总职责和特定职责的定义。

⑤引用可以支持策略的文件,例如,特定信息系统的更详细的安全策略和规程,或用户应遵守的安全规则。

应以可访问和可理解的形式将策略传递给整个系统的用户。

至少应指定一名责任人(专职或兼职),负责按照一定的程序对信息安全策略进行维护和评审。当发生重大安全事件、出现新的脆弱性和基础设施变更时,应进行评审。周期性评审应包括下列内容:

⑥通过所记录安全事故的性质、数目和影响,证明该策略的有效性。

⑦控制的成本和对业务效率的影响。

⑧技术变更的影响。

(2) 通信和操作管理制度

应建立所有信息处理设施的管理职责和操作规程。必要时,应实施责任分离,以减少疏忽或故意滥用系统带来的风险。

由安全策略所标识出的操作规程应形成文件并加以维护。操作规程文件的变更应由管理部门授权。

(3) 媒体处置管理制度

为使文件、计算机媒体(磁盘、磁带等)、输入/输出数据和系统文件免遭损坏、偷窃和未授权访问,应建立合适的操作规程。所有规程和授权级别应形成文件。

①可移动的计算机媒体

对于可移动的计算机媒体(如磁带、磁盘、盒式磁带和打印的报告等)的管理应有规程。控制应包括:

a. 对取走的任何可重用媒体中的先前内容,如果不再需要,应将其擦除掉;

b. 对于取走的所有媒体应要求授权,所有这种移动的记录应加以保持,以保留审计踪迹;

c. 应将所有媒体存储在符合制造商规范的安全、保密环境中。

②不再需要的媒体

当媒体不再需要时,应秘密和安全地处置。应建立秘密处置媒体的正式规程,以使风险减至最小。控制应包括:

a. 包含有敏感信息的媒体应秘密、安全地存储和处置,例如,利用焚化或切碎的方法,或者将数据清空以供系统内另外的用户使用;

b. 把所有媒体部件收集起来并进行秘密处置;

c. 应选择具有足够经验的合同商,对记录纸、设备和媒体进行收集和处置;

d. 处置敏感部件宜做记录,以便保留审计踪迹。

(4) 物理访问控制制度

物理访问控制制度主要是为了防止未经授权访问办公室、计算机机房、档案室等办公场所等现象的发生,包括内部人员访问控制和外部人员访问控制两部分:

①内部人员访问控制

内部人员所从事的一切活动都应在其职责范围涉及的区域,避免对安全区域的未授权访问。

②外部人员访问控制

当系统需要外部人员提供服务时,应制定相应的管理制度,以免给系统引入风险。外部人员包括:

a. 硬件和软件的维护或支持人员;

b. 清洁、保养、安全保卫或其他服务人员;

c. 顾问或实习生等。

上述人员的访问控制应在协议中反映出来并形成制度。

(5) 信息资产管理制度

信息资产管理制度是对单位信息资产进行管理的重要文件,其可以按照类型、行业分类、重要程度等对信息资产进行分类,并针对其信息资产的特点和属性,配置相应的安全管理和技术措施进行防护。建立信息资产管理制度是信息安全管理的标志性工作,其制度的情况能够在一定程度上反映单位在信息安全工作开展方面所处的阶段。

信息系统的资产应包括：

①信息资产：数据库和数据文件,系统文档,用户手册,培训材料,操作或支持规程,连续性规划,后备运行安排,归档的信息。

②软件资产：应用软件,系统软件,开发工具和实用程序。软件应由专人负责登记和保管。

③物理资产：计算机设备(处理器、监视器、膝上计算机、调制解调器),通信设备[路由器、自动用户交换机(PABX)、传真机、应答机],存储媒体(磁带、磁盘、光盘、闪存等),其他技术设备(电源、空调装置),家具,用具。系统所使用的设备应是符合国家相关标准、有检验合格证的产品。

④服务：计算和通信服务,一般公用服务(例如供暖、照明、能源、空调等)。

(6) 环境管理制度

环境管理是指保持合适的系统运行环境(温度、湿度、卫生等),减少天灾、设备故障和服务不到位等带来的安全风险,以使系统设备处于有效的运行状态,维护系统的完整性和可用性。

3) 运行

运行安全是指网络正常运行、数据完整统一、业务连续运转。运行安全检测的要素包括：防止非法外连与接入、备份与恢复、防止恶意软件、安全审计、升级、拆除、应急响应和日常维护等。关键业务网络往往应与互联网物理隔离,这就需要防止内部用户的非法外连和外部用户的非法接入;一个正常运行的网络要求保证数据的一致性和完整性,这就需要对数据进行备份和恢复;恶意软件会给整个系统带来灾难性的影响,采取防止恶意软件的措施可以减轻这种风险;安全审计是对系统运行过程各种安全策略和日志进行审查,有助于及时发现安全隐患;经过长时间的运行或系统需求的提升,升级可以满足新应用的需求以及提高效率,保障计算机网络的安全和可持续运行,升级包括设备升级和软件升级;拆除是为了废弃旧设备,或者对固有设备进行升级;在网络运行中应急响应和日常维护是必不可少的,应急响应的目的是在紧急事件或安全事故发生时,保障计算机网络系统继续运行或紧急恢复,维护的目的是保证计算机网络的日常运行。

（1）非法外连与接入

非法外连检测主要针对与外网采取物理隔离措施的内网。目前，国内涉密局域网与因特网之间多采用物理隔离的安全措施，在一定程度上保证了内部网络的安全。然而，由于因特网上的信息量十分丰富，某些内网用户安全意识淡薄，往往会采用以拨号上网为主的各种方式将内部计算机连接因特网，从而给整个内部网络带来非常严重的安全隐患。虽然，各个单位采取各种行政措施严格控制这种非法连接的行为，但由于缺乏有效的技术检测措施，内部网络计算机非法连接因特网的情况仍然时有发生，危害很大。

非法接入检测就是检测系统中的用户是否都是合法用户以及网络中是否存在非法接入点。检测的内容包括网络中是否存在非法接入；系统对内网用户的管理方式以及能否对内网用户上下线、IP 和 MAC 地址进行监控；系统能否对非法接入的行为进行报警等。

（2）备份与恢复

对备份与恢复的检测主要包括备份软件、备份方案、备份策略及管理三个方面。具体内容包括：现场检查数据备份软件，查看其是否经过认证以及选用的备份软件是否与操作系统相兼容；查看局域网内的备份服务器及其采用的备份策略；检查备份方案的时间特性，要求从发现故障到完全恢复系统，耗时一般不应超过 3 天。

备份策略一般分为本地备份和异地备份两种，分别指数据保存在本地和异地。备份策略包括数据备份拷贝、数据恢复训练、记录事件和故障，必要时监控设备环境。

为执行商定的备份策略，应建立例行规程。如：应定期产生最重要业务信息和软件的备份拷贝；应提供足够的备份设施，确保在天灾或媒体故障后恢复所有最重要的业务信息和软件；应定期测试各个系统的备份设备，确保它们满足业务连续性计划的要求。一般来说，组织应制定如下有关备份的管理制度：

①最低级别的备份信息以及备份拷贝准确完整的记录和文件化恢复规程，应存储在有足够距离的远程地点，以避免主要场地遭受天灾损坏。对于重要的业务应用至少应保留三代或若干周期的备份信息。

②应给予备份信息一个与主要场地应用标准相一致的合适的物理和环境保护级别。应扩充应用于主要场地媒体的控制，以覆盖备份场地。

③若可行，应定期测试备份媒体，以确保当需要应急使用时可以依靠这些备份媒体。

④应定期检查和测试恢复规程，以确保在运行规程所分配的时间内有效

完成。

⑤应确定最重要业务信息的保存周期和需要长久保存的档案拷贝的要求。

(3) 防止恶意软件

应实施恶意软件的检测和预防控制,加强用户防恶意软件的意识。尤其要采取预防措施检测和防止个人计算机上的病毒。具体措施应包括:

①使用经许可的软件,禁止使用未授权软件。

②具备防止风险增大的策略。该风险与来自或经由外部网络、与任何其他媒体上获得的文件和软件相关,该策略应明确采取什么保护措施。

③安装并定期更新防病毒检测和修复软件。

④对支持关键业务处理的系统软件和数据内容应进行定期审查。

⑤对于不明来历或未授权的电子媒体上的任何文件、从不可信网络上收到的文件,在使用前应进行病毒检查。

⑥任何电子邮件附件在下载或使用前应针对恶意软件进行检查。该检查可以在不同的位置进行,例如在电子邮件服务器、台式计算机处或者当进入网络时。

⑦关于系统培训、报告病毒攻击、病毒预防、从病毒攻击中恢复等管理的规程和职责。

⑧相应的从病毒攻击中恢复业务连续性的计划,包括所有必要数据和软件备份以及恢复安排。

⑨管理应确保使用合格的软件来源(例如可靠的 Internet 网站或防病毒软件供应商),以区分欺骗和实际病毒。应让人员了解欺骗问题以及在收到它们时要做什么。

(4) 安全审计

安全审计涉及的领域很广,包括网络安全审计、操作系统安全审计、网络设备安全审计、防火墙安全审计、WEB 系统安全审计等。

测试该项的主要方法是检查被评估系统的审计策略、审计记录以及系统日志,并分析其审计策略设置的合理性、审计记录的真实性和完整性。若系统具有单独的安全审计系统,则首先要查看该依系统是否通过有关部门的认证。另外还可通过对审计员进行问卷调查了解更多的情况。

一个全面息系统的审计应达到下列要求:

①被评估系统能创建和维护受保护客体的访问审计跟踪记录,并能阻止非授权访问或破坏。

②被评估系统能记录下述事件:身份鉴别机制的使用,将客体引入用户地址

空间(例如打开文件、程序初始化),删除客体,操作员、系统管理员或系统安全管理员实施的动作,其他与系统安全有关的事件。

③事件审计记录包括:用户、时间、类型、是否成功。身份鉴别事件审计记录包含请求的来源(如终端标示符),对于客体引入用户地址空间的事件及客体删除事件,审计记录包括客体名及客体的安全级别。

④对不能由被评估系统独立分辨的审计事件,审计机制应提供审计记录接口,可由授权主体调用。

⑤应能监控可审计安全事件的动态趋势,并视情报警。

(5)应急响应

应急响应是应对系统安全事故和故障、确保系统安全和连续运行的重要举措。一般来说,安全要求高的组织应制定应急响应方案和规程。对于具有关键业务的信息系统,除制定应急响应方案和规程外,还应考虑业务连续性管理,以保证出现安全事故和故障时关键业务仍能不间断地连续运转。对应急响应的检测包括:检查并分析应急响应方案,检查并分析应急响应规程,检查并分析业务连续性管理和计划。

①应急响应方案

当系统出现安全事故和故障时,应启动应急响应方案,将安全事故和故障的损害减到最小,并监视所发生的事故和从事故中学习。

应急响应方案的要点包括:影响安全的事故应尽快通过合适的管理渠道报告;在出现事故之后,应尽快地收集证据;对安全违规的处理,应制定正式的处理办法。

a. 报告安全事故

应建立正式的报告规程和事故响应规程,并在收到事故报告时提出应采取的措施。要让所有工作人员知道报告安全事故的规程,并要求他们尽可能快地报告事故。相应的反馈过程应予以实现,以确保事故处理结束后将结果通知报告事故的人员。在用户培训时,应将典型事故作为范例,说明事故是怎样发生的、发生后如何响应,如何避免类似事故再次发生,以便从中吸取教训。

b. 报告安全弱点

应要求信息服务用户通知并报告任何观察到或预测到的系统或服务的安全弱点,并通知用户在任何情况下不要企图证明预测到的弱点。

c. 报告软件故障

应建立报告软件故障的规程。该规程应包括下列内容:

(a)记录故障症状和屏幕上出现的故障信息。

(b)故障计算机应加以隔离,并停止使用,立即报告;在待检设备重新加电之前,应与网络断开;故障计算机的磁盘不要转移到其他计算机。

(c)立即向信息系统的安全管理人员报告。

用户不要试图移去可疑软件,除非被授权。应由受过专门培训的、有经验的人员进行恢复。

(d)从事故中学习

应建立适当的机制,对安全事故和故障的类型、影响、代价进行量化和监控,并将这些信息用于对将来安全事故的预防和限制。

②纪律处理办法

对于违反单位安全政策和规程的工作人员,要有正式的纪律处理办法。对工作人员来说,这种办法可以起到威慑的作用,否则他可能倾向于不顾安全规程。

③应急响应规程

应建立事故管理职责和规程,以确保快速、有效和有序地响应安全事故。控制应包括:

a.应建立规程,以涵盖所有潜在的安全事故类型,包括:

(a)信息系统故障和服务丢失;

(b)拒绝服务;

(c)由不完整或不准确的业务数据导致的差错;

(d)保密性违规。

b.除正常的应急计划外,还应涵盖下列规程:

(a)事故原因的分析和标识;

(b)如果必要,规划和实施补救措施;

(c)收集审计记录和证据;

(d)与受事故影响或涉及恢复的人员联系;

(e)向有关部门报告。

c.必要时,应对下列内容收集审计和相关证据并且使其安全保密:

(a)内部问题分析;

(b)用作潜在合同违规、管理要求违规、民事或刑事活动的证据;

(c)软件和服务供应商赔偿谈判。

d.应控制从安全违规中恢复和纠正系统故障的操作,并确保:

(a)只有已授权的人员才允许访问运行中的系统和数据;

(b)所采取的全部应急动作应形成文件;

(c)将应急动作报告给管理部门,并按有序的方式进行评审;

(d)尽快对业务系统和控制的完整性加以证实。

④业务连续性管理

业务连续性管理(Business Continuity Management,简称BCM),是一项综合管理流程,它使单位认识到潜在的危机和相关影响,制订响应、业务和连续性的恢复计划,其总体目标是为了提高单位的风险防范能力,以有效地响应非计划的业务破坏并降低不良影响。

a. 业务连续性管理的关键要素

信息系统的业务连续性管理过程应包括下列关键要素:

(a)业务连续性组织管理;

(b)业务连续性计划;

(c)业务连续性资源建设;

(d)业务连续性演练;

(e)业务连续性持续改进;

(f)运营中断事件应急处理。

b. 业务连续性管理的原则

(a)职责明确、分工协作原则。通过建立完善的组织体系,明确和落实各级机构、部门和员工的具体责任,加强部门间协调配合、分工合作。

(b)预防为主、防患未然原则。通过开展业务影响分析和风险评估,对各项业务进行全面分析,确定关键业务功能,识别和控制风险,减少风险隐患。

(c)控制损失、兼顾成本原则。权衡业务恢复所需关键资源配置成本,制定适当的业务连续性恢复策略,降低突发事件对业务的影响和损失。

(d)分级管理、快速响应原则。不同类别的突发事件,由相关部门按照突发事件的严重程度实行差别化处理,并通过建立高效的突发事件应急响应机制,做好应对突发事件的各项准备工作,明确与成员行之间的联动规程等相关规定,保证重大事件信息传递和决策的及时性。

(e)周期维护、持续改进原则。通过定期进行业务影响分析和风险评估、修订业务连续性策略和预案,并进行周而复始的演练、更新维护,以及对突发事件的事后总结和评估,持续改进完善业务连续性管理工作。

(f)合规经营、规范管理原则。业务连续性管理应严格遵守国家相关法律、法规以及监管机构相关要求,并保障单位制定的业务连续性管理制度的贯彻执行。

c. 业务连续性管理工作阶段

（a）日常建设阶段：是业务连续性管理日常工作阶段，主要包括业务影响分析、风险评估、业务连续性策略制定、业务连续性计划建设和维护、业务连续性资源建设以及培训和演练循环往复的工作过程。

（b）应急响应及灾难恢复阶段：是突发事件发生时，按照日常建设阶段制定的业务连续性计划对突发事件进行响应和恢复的工作阶段，包括预警、报告、人员召集、评估、决策、宣告、业务恢复、危机公关等工作。

（c）持续改进阶段：是在生产中心环境、生产系统或相关业务目标、流程发生重大变更、突发事件应急响应及灾难恢复工作完成后，对业务连续性管理的整体流程、业务连续性策略和业务连续性计划进行回顾、评估、持续改进的工作阶段。

8.4 网络安全风险计算

交通运输行业信息系统安全评估评价的方法，为行业信息系统安全状态程度提供量化的依据。通过构建交通运输行业网络和信息系统安全状态评价方法，主要解决方法的普遍适用性问题和方法的科学性问题，使得建立的方法符合行业不同的业务特点、网络特点和信息系统安全特性要求。通过本部分研究，能够衡量行业网络和信息系统在不同阶段的安全防护水平和保障能力，即风险评估结果的报告。针对行业信息系统安全保障水平评价方法的科学性研究难题，主要有如下的两种相结合解决方法。

8.4.1 行业风险关联评估方法

充分考虑到网络信息的互联互通特性，安全评估分布及扩散特性，安全防护的短板原理，安全状态评价方法不可分离地综合分析系统管理安全状态和技术安全状态，能够清楚地梳理安全防护指标之间的关联关系和影响特性，构建一类或一组安全评估的算法或方法来解决安全防护水平评价方法的科学性。例如，构建了基于 ASMI（安全现状 Actuality、参考基准 Standard、测量模型 Model 和工程实施 Implementing）的风险评估思想的安全评估分析方法。安全风险分析关联方法示意图如图 8-3 所示。

8.4.2 基于国标的风险评估方法

目前国家信息安全标准体系中，关于风险评估的主要有两个标准，分别为《信息安全技术 信息安全风险评估规范》（GB/T 20984—2007）和《信息安全

技术 信息安全风险管理指南》(GB/Z 24364—2009)。根据国标风险评估的有关要求,行业的风险评估中主要涉及信息资产、安全威胁、资产脆弱性三个基本要素。每个要素有各自的属性,信息资产的属性是资产价值;安全威胁的属性可以是威胁主体、影响对象、出现频率、动机等;脆弱性的属性是资产弱点的严重程度。

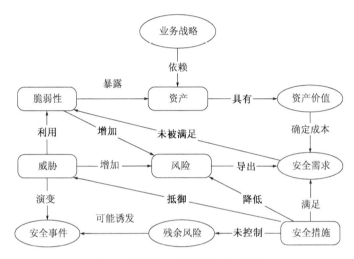

图 8-3 安全风险分析关联方法示意图

风险分析的主要内容为:
(1)对资产进行识别,并对资产的价值进行赋值;
(2)对威胁进行识别,描述威胁的属性,并对威胁出现的频率赋值;
(3)对脆弱性进行识别,并对具体资产的脆弱性的严重程度赋值;
(4)根据威胁及威胁利用脆弱性的难易程度判断安全事件发生的可能性;
(5)根据脆弱性的严重程度及安全事件所作用的资产的价值计算安全事件的损失;
(6)根据安全事件发生的可能性以及安全事件出现后的损失,计算安全事件一旦发生对组织的影响,即风险值,见图 8-4。

8.4.3 基于 CMM 和等级保护的策略方法

在构建行业信息系统安全防护水平评价方法中,借鉴如下评价方法和标准:
(1)借鉴《信息安全技术 信息系统安全保障评估框架》(GB/T 20274—2008)标准,分析 TCML、ECML、MCML 在 Level 1-Level 5 安全评估方法在行业信息系统安全技术、安全工程、安全管理等方面的安全防护水平判断上的适用性。

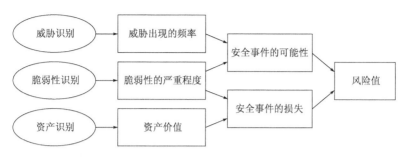

图 8-4　风险分析原理图

（2）借鉴《信息安全技术　网络安全等级保护基本要求》（GB/T 22239—2019）标准，分析信息系统等级保护一级、二级到五级的指标差别，安全指标的分析方法，包括单元指标衡量方法、控制间指标衡量方法、层面间指标衡量方法、区域间安全指标分析方法、一级整体安全防护水平分析方法等，将其适合的方法借鉴到交通运输行业信息系统安全风险评估方法中。

（3）借鉴 CNCERT 国家互联网应急响应中心关于国家互联网安全状态的评价方法。国家互联网应急响应中心通过对丰富数据资源的综合分析和多渠道的信息获取实现网络安全威胁的分析预警、网络安全事件的情况通报、宏观网络安全状况的态势分析等，将互联网安全水平划分为优、良、中、差、危五个级别。

8.4.4　资产风险计算

交通运输行业信息系统安全风险需要通过具体的计算方法实现风险值的计算。

交通运输行业信息系统资产风险计算方法可参考《信息安全技术　信息安全风险评估规范》（GB/T 20984—2007）中的附录 A 中风险的计算方法。

8.4.5　信息系统风险结果判定

交通运输行业信息系统资产风险判定结果可参考《信息安全技术　信息安全风险评估规范》（GB/T 20984—2007）表 11，划分为很高、高、中、低和很低五个风险级别。交通运输行业信息系统安全风险判定结果应根据资产风险等级划分为高风险、中风险及低风险三个风险级别。

交通运输行业信息系统风险等级评价工作通过对信息系统所含资产风险等级进行统计分析，依据各等级风险的资产所占全部资产的百分比确定信息系统风险等级。表 8-12 给出确定信息系统风险等级的一种方法，信息系统各等级风险的资产所占全部资产的百分比满足表 8-12 中确定的某一条件,信息系统风险等级是此条件对应的风险评价结果。

交通运输行业信息系统风险等级评价表　　表 8-12

信息系统风险评价结果	各等级风险的资产所占全部资产的百分比				
	很高	高	中等	低	很低
高风险	≥10%	≥25%			
	≥25%				
中风险			≥35%		
	≥35%				
低风险					

高风险:很高等级风险的资产所占全部总产的百分比大于 10%,或者高等级风险的资产所占全部总产的百分比大于 25%;或者很高等级风险的资产和高等级风险的资产之和所占全部总产的百分比大于 25%。

中风险:中等级风险的资产所占全部总产的百分比大于 35%,或者很高等级风险的资产、高等级风险的资产、中等级风险的资产之和所占全部总产的百分比大于 35%。

8.5　风险评估文件记录

8.5.1　风险评估文件记录的要求

记录风险评估过程的相关文件,应符合(但不仅限于)以下要求:
(1)确保文件发布前是得到批准的。
(2)确保文件的更改和现行修订状态是可识别的。
(3)确保文件的分发得到适当的控制,并确保在使用时可获得有关版本的适用文件。
(4)防止作废文件的非预期使用,若因任何目的需保留作废文件时,应对这些文件进行适当的标识。

对于风险评估过程中形成的相关文件,还应规定其标识、储存、保护、检索和保存期限以及处置所需的控制。

相关文件是否需要以及详略程度由组织的管理者来决定。

8.5.2 风险评估文件

在整个风险评估过程中产生的评估过程文档和评估结果文档,但不仅限于表 8-13 中列出的内容。

风险评估文件列表　　　　表 8-13

工作阶段	风险评估文件	文件内容
风险评估准备	系统调研报告	对被评估系统的调查情况描述,涉及系统业务应用、网络结构和系统资产等内容
	风险评估方案	根据调研情况及评估目的,确定评估目标、范围、对象、工作计划、职责分工和主要技术手段等
风险要素识别	资产识别清单	根据资产识别和赋值的结果,形成重要资产列表,包括重要资产名称、描述、类型、重要程度、责任人和部门等
	威胁识别列表	根据威胁识别和赋值的结果,形成威胁列表,包括威胁名称、种类、来源和动机及出现的频率等
	脆弱性列表	根据脆弱性识别和赋值的结果,形成脆弱性列表,包括具体弱点的名称、描述和类型及严重程度等
	已有安全措施确认表	根据对已采取的安全措施确认的结果,形成已有安全措施确认表,包括已有安全措施名称、类型和功能描述及实施效果等
	风险评估过程记录	根据风险评估程序,要求风险评估过程中的各种现场记录的现象可复现评估过程
风险分析	风险评估报告	对整个风险评估过程和结果进行总结,详细说明被评估对象、风险评估方法、资产、威胁、脆弱性的识别结果、风险分析、风险统计和结论等内容
风险处理	风险处理建议	对评估结果中不可接受的风险制定风险处理计划,选择适当的控制目标及安全措施,明确责任、进度和资源,并通过对残余风险的评价以确定所选安全措施的有效性

第二篇

交通运输行业网络安全实践

第9章 行业网络安全等级保护测评实践

信息系统安全等级保护是国家信息安全保障工作的基本制度、基本策略、基本方法。开展信息系统安全等级保护工作不仅是加强国家信息安全保障工作的重要内容,也是一项事关国家安全、社会稳定的政治任务。交通运输行业信息安全等级保护实施是结合行业的关键网络与重要信息系统安全保障的要求和行业特点,依据国家信息安全等级保护相关政策和标准,开展行业信息系统定级、建设整改和测评工作,明确行业关键网络与重要信息系统安全等级保护流程、方法,构筑行业信息安全保障体系,提升信息安全防范能力。通过交通运输行业信息系统安全等级保护工作的实施,提升交通运输行业关键基础信息设施的网络信息安全保障水平,为交通运输行业的健康、科学、安全、高效发展提供基础保障。

9.1 行业等级保护定级

信息系统定级是行业等级保护工作的首要环节,是开展信息系统建设整改、等级测评等工作的重要基础。本节根据《信息系统安全等级保护定级指南》和《交通运输行业信息系统安全等级保护定级指南》,以实际案例介绍交通运输行业信息系统信息等级保护的定级方法和流程,使读者对交通运输行业信息系统安全等级保护定级指南有更加直观的认识。

9.1.1 系统一级要素定级案例(某省交通部门的门户网站)

1)信息系统总体情况

某省交通部门的门户网站是该省交通运输行业主管部门政策发布、政务公开、信息查询、在线审批的官方权威渠道,是对外宣传、方便办事的重要窗口,政府与群众交流互动的桥梁。该网站所传递的信息是属于公民、法人和其他组织的专有信息。省级交通运输厅是该系统的主管部门,是该系统的定级责任部门省通信信息中心负责网站的运维管理。

门户网站系统承载着相对独立的对外信息服务业务。门户网站系统具有清晰的系统网络结构和系统边界,边界具备安全的防护设备和访问控制策略。

2)信息系统安全保护等级确定流程

(1)确定定级对象

某省门户网站信息系统处理的主要业务信息是承载行业管理的重要信息,包括对外发布的政务信息、政策法规宣贯信息、信息综合查询、在线申请审批服务业务、各个子站导航等专有信息。根据系统实际情况确定某省门户网站系统服务。

(2)直接确定一级要素

在信息系统所侵害的客体和对客体侵害程度能够被轻易判定时,直接以一级要素判定定级对象的业务信息安全和系统服务安全保护等级,如下:

①业务信息受到破坏时所侵害客体的确定

业务信息遭到破坏后,所侵害的客体是行业特有的侵害客体以及社会秩序和公共利益,即会造成业务信息泄露、丢失、被篡改等,其结果会导致敏感信息泄露,影响社会秩序,造成一定的不良影响。

②业务信息受到破坏后对侵害客体的侵害程度的确定

上述结果的程度表现为严重损害,即较大范围的社会不良影响,出现较严重的法律问题。如表9-1所示。

信息受到破坏后对侵害客体的侵害程度　　表9-1

影 响 对 象						损害程度
工作职能	业务能力	法律问题	财产损失	社会影响	对其他组织和个人的损害	
使交通运输行业管理、服务工作职能受到严重影响	公路、航道通行能力,交通运输场站、港口服务能力,交通运输企业正常经营能力显著下降且严重影响主要功能执行	出现较严重的法律问题	造成较高的财产损失	较大范围的社会不良影响	对其他组织和个人造成较严重损害。	严重损害

③系统服务安全受到破坏时所侵害客体的确定

系统服务安全遭到破坏后,所侵害的客体是行业特有的侵害客体以及社会秩序和公共利益,即会影响交通运输行业行政管理及公共服务职能,造成社会秩序混乱和公共利益的损害。

④系统服务安全受到破坏后对侵害客体的侵害程度的确定

上述结果的程度表现为一般损害,即有限的社会不良影响,出现较轻的法律问题,如表9-2所示。

系统服务安全受到破坏后对侵害客体的侵害程度　　　　表9-2

影响对象						损害程度
工作职能	业务能力	法律问题	财产损失	社会影响	对其他组织和个人的损害	
使交通运输行业管理、服务工作职能受到局部影响	公路、航道通行能力,交通运输场站、港口服务能力,交通运输企业正常经营能力有所降低但不影响主要功能执行	出现较轻的法律问题	造成较低的财产损失	有限的社会不良影响	对其他组织和个人造成较低损害。	一般损害

(3)确定二级要素

在可以直接确定定级对象一级要素时,则不必再确定二级要素。

(4)确定业务信息安全保护等级

对照表9-1、表9-3知,业务信息安全保护等级为第三级。

业务信息安全被破坏时所侵害的客体及侵害程度　　　　表9-3

业务信息安全被破坏时所侵害的客体	对相应客体的侵害程度		
	一般损害	严重损害	特别严重损害
公民、法人和其他组织的合法权益	第一级	第二级	第二级
社会秩序、公共利益	第二级	第三级	第四级
国家安全	第三级	第四级	第五级

(5)确定系统服务安全保护等级

对照表9-2、表9-4知,系统服务安全保护等级为第二级。

业务信息安全被破坏时所侵害的客体及侵害程度　　　　　表9-4

业务信息安全被破坏时所侵害的客体	对相应客体的侵害程度		
	一般损害	严重损害	特别严重损害
公民、法人和其他组织的合法权益	第一级	第二级	第二级
社会秩序、公共利益	第二级	第三级	第四级
国家安全	第三级	第四级	第五级

(6)将业务信息安全保护等级和系统服务安全保护等级的较高者确定为定级对象的安全保护等级

信息系统的安全保护等级由业务信息安全等级和系统服务安全等级较高者决定(表9-5),最终确定某省门户网站系统安全保护等级为第三级。

信息系统等级保护列表　　　　　表9-5

信息系统名称	安全保护等级	业务信息安全等级	系统服务安全等级
门户网站系统	第三级	第三级	第二级

9.1.2 系统二级要素定级案例

9.1.2.1 行政办公类定级示例——OA办公系统

1)行政办公类定级示例信息系统描述

某单位OA办公系统是该机构内部办公的重要工作平台。OA办公系统所传递的信息是属于公民、法人和其他组织的专有信息。由各省级交通主管部门负责建设运维,并对其具有信息安全定级和保护的责任。

OA办公系统具有清晰的系统网络结构和系统边界,边界具备安全的防护设备和访问控制策略,OA办公系统系统承载着相对独立的对外信息服务业务。

2)信息系统安全保护等级确定流程

(1)确定定级对象

OA办公系统处理的主要业务信息是承载行业管理的重要信息。

(2)直接通过一级要素确定等级

假定OA办公系统运营使用单位或主管部门无法直接确定一级要素,则跳过此步骤。

(3)通过二级要素辅助确定一级要素判定等级

在无法确定定级对象一级要素时,可先根据信息系统自身固有的特征确定二级要素,再通过二级要素辅助推导出一级要素。

OA办公系统目前是面向该单位内部机构,承载单位运行管理的重要信息,主要范围涉及普通公民、法人等。如表9-6所示。

业务信息系统二级要素　　　　　　　　　　　　　　表9-6

信息系统类别	二级要素		一级要素	
	系统服务范围	承载信息类别	侵害的客体	侵害程度
行政办公类	全国	涉及国家安全的信息	国家安全	严重损害
		重要信息	社会秩序、公共利益	严重损害或特别严重损害
		一般信息	社会秩序、公共利益	一般损害
	区域	涉及国家安全的信息	国家安全	一般损害
		重要信息	社会秩序、公共利益	严重损害或特别严重损害
		一般信息	社会秩序、公共利益	一般损害
	全省	涉及国家安全的信息	国家安全	一般损害
		重要信息	社会秩序、公共利益	严重损害
		一般信息	社会秩序、公共利益	一般损害
	机构内	涉及国家安全的信息	国家安全	一般损害
		重要信息	社会秩序、公共利益	一般损害
		一般信息	公民、法人、其他组织	一般损害

（4）确定业务信息安全保护等级

对照《定级指南》表2、表3知,业务信息安全保护等级为第二级。如表9-7所示。

业务信息安全被破坏时所侵害的客体及侵害程度　　　　表9-7

业务信息安全被破坏时所侵害的客体	对相应客体的侵害程度		
	一般损害	严重损害	特别严重损害
公民、法人和其他组织的合法权益	第一级	第二级	第二级
社会秩序、公共利益	第二级	第三级	第四级
国家安全	第三级	第四级	第五级

系统服务受到破坏后,人工可替代,对公民、法人、其他组织造成一般损害。如表9-8所示。

系统服务安全二级要素　　　　　　　　　　　　　　　表9-8

信息系统类别	二级要素		一级要素	
	系统服务范围	业务依赖程度	侵害的客体	侵害程度
行政办公类	全国	人工可替代	社会秩序、公共利益	一般损害
		人工可部分替代	社会秩序、公共利益	一般损害
		人工不可替代	社会秩序、公共利益	严重损害
	区域	人工可替代	社会秩序、公共利益	一般损害
		人工可部分替代	社会秩序、公共利益	一般损害
		人工不可替代	社会秩序、公共利益	严重损害
	全省	人工可替代	社会秩序、公共利益	一般损害
		人工可部分替代	社会秩序、公共利益	一般损害
		人工不可替代	社会秩序、公共利益	严重损害
	机构内	人工可替代	公民、法人、其他组织	一般损害
		人工可部分替代	公民、法人、其他组织	严重损害
		人工不可替代	公民、法人、其他组织	特别严重损害

(5)确定系统服务安全保护等级

对照表9-9知,系统服务安全保护等级为第一级。

业务信息安全被破坏时所侵害的客体及侵害程度　　　　表9-9

业务信息安全被破坏时所侵害的客体	对相应客体的侵害程度		
	一般损害	严重损害	特别严重损害
公民、法人和其他组织的合法权益	第一级	第二级	第二级
社会秩序、公共利益	第二级	第三级	第三级
国家安全	第三级	第四级	第五级

(6)将业务信息安全保护等级和系统服务安全保护等级的较高者确定为定级对象的安全保护等级

信息系统的安全保护等级由业务信息安全等级和系统服务安全等级较高者决定,最终确定OA办公系统安全保护等级为二级。如表9-10所示。

省级OA办公系统安全保护等级确定　　　　　　　　表9-10

信息系统名称	安全保护等级	业务信息安全等级	系统服务安全等级
OA办公系统	第二级	第二级	第一级

9.1.2.2 业务管理类定级示例——高速公路联网收费系统省级平台

高速公路联网收费系统依托先进、可靠的通信系统网络平台进行数据传输，采用收费站数据直传收费总中心的方式，对通行费进行集中清分。收费中心主要对所辖各收费分中心收费业务进行处理、统计、分析、管理，联网收费系统分级部署、集中的监管模式也促进了交通运输行业的发展。高速公路联网收费系统所传递的信息是属于公民、法人和其他组织的专有信息。由各省市交通主管部门负责建设运维，交通运输主管部门对其具有信息安全定级和保护的责任。高速公路联网收费系统承载着相对独立的信息服务业务。

高速公路联网收费系统具有清晰的系统网络结构和系统边界，边界具备安全的防护设备和访问控制策略。

信息系统安全保护等级确定流程：

（1）确定定级对象

高速公路联网收费系统处理的主要业务信息是承载行业管理的重要信息，包括业务信息、资金数据等专有信息。

（2）直接通过一级要素确定等级

假定高速公路联网收费系统运营使用单位或主管部门无法直接确定一级要素，则跳过此步骤。

（3）通过二级要素辅助确定一级要素判定等级

在无法确定定级对象一级要素时，可先根据信息系统自身固有的特征确定二级要素，再通过二级要素辅助推导出一级要素。

高速公路联网收费系统目前是面向省内区域交通运输行业的行业管理重要信息系统，承载行业重要信息，主要服务范围涉及省内区域范围内的普通公民、法人等。如表9-11所示。

业务信息安全二级要素确定 表9-11

信息系统类别	二级要素		一级要素	
	系统服务范围	承载信息类别	侵害的客体	侵害程度
业务管理类	全国	涉及国家安全的信息	国家安全	严重损害
		重要信息	社会秩序、公共利益	严重损害或特别严重损害
		一般信息	社会秩序、公共利益	一般损害
	区域	涉及国家安全的信息	国家安全	严重损害

续上表

信息系统类别	二级要素		一级要素	
	系统服务范围	承载信息类别	侵害的客体	侵害程度
业务管理类	区域	重要信息	社会秩序、公共利益	严重损害或特别严重损害
		一般信息	社会秩序、公共利益	一般损害
	全省	涉及国家安全的信息	国家安全	一般损害
		重要信息	社会秩序、公共利益	严重损害
		一般信息	社会秩序、公共利益	一般损害
	机构内	涉及国家安全的信息	国家安全	一般损害
		重要信息	社会秩序、公共利益	一般损害
		一般信息	公民、法人、其他组织	一般损害

(4)确定业务信息安全保护等级

如表 9-12 所示,业务信息安全保护等级为第三级。

业务信息安全被破坏时所侵害的客体及侵害程度 表 9-12

业务信息安全被破坏时所侵害的客体	对相应客体的侵害程度		
	一般损害	严重损害	特别严重损害
公民、法人和其他组织的合法权益	第一级	第二级	第二级
社会秩序、公共利益	第二级	第三级	第四级
国家安全	第三级	第四级	第五级

系统服务受到破坏后,人工不可替代,对社会秩序和公共利益造成严重损害。如表 9-13 所示。

系统服务安全二级要素确定 表 9-13

信息系统类别	二级要素		一级要素	
	系统服务范围	业务依赖程度	侵害的客体	侵害程度
业务管理类	全国	人工可替代	社会秩序、公共利益	一般损害
		人工可部分替代	社会秩序、公共利益	一般损害
		人工不可替代	社会秩序、公共利益	严重损害或特别严重损害
	区域	人工可替代	社会秩序、公共利益	一般损害
		人工可部分替代	社会秩序、公共利益	一般损害
		人工不可替代	社会秩序、公共利益	严重损害

续上表

信息系统类别	二级要素		一级要素	
	系统服务范围	业务依赖程度	侵害的客体	侵害程度
业务管理类	全省	人工可替代	社会秩序、公共利益	一般损害
		人工可部分替代	社会秩序、公共利益	一般损害
		人工不可替代	社会秩序、公共利益	严重损害
	机构内	人工可替代	公民、法人、其他组织	一般损害
		人工可部分替代	公民、法人、其他组织	严重损害
		人工不可替代	公民、法人、其他组织	特别严重损害

(5) 确定系统服务安全保护等级

如表 9-14 所示,系统服务安全保护等级为第三级。

系统服务安全被破坏时所侵害的客体及侵害程度　　表 9-14

系统服务安全被破坏时所侵害的客体	对相应客体的侵害程度		
	一般损害	严重损害	特别严重损害
公民、法人和其他组织的合法权益	第一级	第二级	第二级
社会秩序、公共利益	第二级	第三级	第四级
国家安全	第三级	第四级	第五级

(6) 将业务信息安全保护等级和系统服务安全保护等级的较高者确定为定级对象的安全保护等级

信息系统的安全保护等级由业务信息安全等级和系统服务安全等级较高者决定,最终确定高速公路联网收费系统安全保护等级为第三级。如表 9-15 所示。

信息系统安全保护等级确定　　表 9-15

信息系统名称	安全保护等级	业务信息安全等级	系统服务安全等级
高速公路联网收费系统	第三级	第三级	第三级

9.1.2.3　基础支撑类定级示例——省级高速公路光纤网

1) 信息系统描述

省级高速公路光纤网是实现联网收费、业务监控调度、信号通信等业务和应用实现的基础支撑网络,所传递的信息是属于公民、法人和其他组织的专有信息。大多数由各省市交通运输主管部门所属通信信息中心、运管部门或高速公路集团(公司)负责运营维护,交通运输主管部门对其负有信息安全等级保护定级指导的责任。目前,大多数省级高速公路光纤网具有清晰的系统网络结构和系统边界,边界具备安全的防护设备和访问控制策略,高速公路光纤网承载着相对独立的信息服务业务。

2) 信息系统安全保护等级确定流程

(1) 确定定级对象

省级高速公路光纤网承载的主要业务信息是承载行业管理、运营的重要信息,包括业务信息、资金数据、信号控制等专有信息。根据系统实际情况确定省级高速公路光纤网系统边界。

(2) 直接通过一级要素确定等级

假定高速公路光纤网运营使用单位或主管部门无法直接确定一级要素,则跳过此步骤。

(3) 通过二级要素辅助确定一级要素判定等级

在无法确定定级对象一级要素时,可先根据信息系统自身固有的特征确定二级要素,再通过二级要素辅助推导出一级要素。

省级高速公路光纤网目前是面向区域交通运输行业的行业管理重要信息系统,主要服务范围涉及区域范围内的普通公民、法人等。如表 9-16 所示。

系统服务安全二级要素确定　　　　　　表 9-16

信息系统类别	二级要素		一级要素	
	系统服务范围	承载信息类别	侵害的客体	侵害程度
基础支撑类	全国	涉及国家安全的信息	国家安全	严重损害
		重要信息	社会秩序、公共利益	严重损害或特别严重损害
		一般信息	社会秩序、公共利益	一般损害
	区域	涉及国家安全的信息	国家安全	严重损害
		重要信息	社会秩序、公共利益	严重损害或特别严重损害
		一般信息	社会秩序、公共利益	一般损害
	全省	涉及国家安全的信息	国家安全	一般损害
		重要信息	社会秩序、公共利益	严重损害
		一般信息	社会秩序、公共利益	一般损害
	机构内	涉及国家安全的信息	国家安全	一般损害
		重要信息	社会秩序、公共利益	一般损害
		一般信息	公民、法人、其他组织	一般损害

(4) 确定业务信息安全保护等级

如表 9-17 所示，业务信息安全保护等级为第三级。

业务信息安全被破坏时所侵害的客体及侵害程度　　　表 9-17

业务信息安全被破坏时所侵害的客体	对相应客体的侵害程度		
	一般损害	严重损害	特别严重损害
公民、法人和其他组织的合法权益	第一级	第二级	第二级
社会秩序、公共利益	第二级	第三级	第四级
国家安全	第三级	第四级	第五级

系统服务受到破坏后，人工不可替代，对社会秩序和公共利益造成严重损害。如表 9-18 所示。

系统服务安全二级要素确定　　　表 9-18

二级要素			一级要素	
信息系统类别	系统服务范围	业务依赖程度	侵害的客体	侵害程度
基础支撑类	全国	人工可替代	社会秩序、公共利益	一般损害
		人工可部分替代	社会秩序、公共利益	严重损害
		人工不可替代	社会秩序、公共利益	严重损害或特别严重损害
	区域	人工可替代	社会秩序、公共利益	一般损害
		人工可部分替代	社会秩序、公共利益	严重损害
		人工不可替代	社会秩序、公共利益	严重损害
	全省	人工可替代	社会秩序、公共利益	一般损害
		人工可部分替代	社会秩序、公共利益	严重损害
		人工不可替代	社会秩序、公共利益	严重损害
	机构内	人工可替代	公民、法人、其他组织	一般损害
		人工可部分替代	公民、法人、其他组织	严重损害
		人工不可替代	公民、法人、其他组织	特别严重损害

(5) 确定系统服务安全保护等级

如表9-19所示,系统服务安全保护等级为第三级。

业务信息安全被破坏时所侵害的客体及侵害程度　　　表9-19

业务信息安全被破坏时所侵害的客体	对相应客体的侵害程度		
	一般损害	严重损害	特别严重损害
公民、法人和其他组织的合法权益	第一级	第二级	第二级
社会秩序、公共利益	第二级	第三级	第四级
国家安全	第三级	第四级	第五级

(6) 将业务信息安全保护等级和系统服务安全保护等级的较高者确定为定级对象的安全保护等级

信息系统的安全保护等级由业务信息安全等级和系统服务安全等级较高者决定,最终确定省级高速公路光纤网系统安全保护等级为三级。如表9-20所示。

省级高速公路光纤网系统安全保护等级确定　　　表9-20

信息系统名称	安全保护等级	业务信息安全等级	系统服务安全等级
省级高速公路光纤网	第三级	第三级	第三级

9.2 网络安全等级测评

网络安全等级测评是网络安全等级保护制度的重要环节,其核心在于测评所依据标准和选取的测评指标。交通运输行业的网络安全等级测评首先是要满足《信息安全技术　信息系统安全等级保护基本要求》(GB/T 22239—2008)的要求,其次结合《交通运输行业信息系统安全等级保护基本要求》的特殊指标,另外还可以结合信息系统的其他属性,参照相关行业的标准要求,添加特殊指标。如门户网站、OA系统有电子政务属性的系统,可以参照《国家电子政务外网安全等级保护基本要求》添加部分特殊指标;一卡通、清分结算系统、网上充值等带有金融属性的信息系统,可以参照《金融行业信息系统信息安全等级保护测评指南》(JR/T 0072—2012)的标准选取特殊指标等。

9.2.1 测评概述

1) 测评目的

网络安全等级保护制度已经成为国家在信息系统安全方面的重要制度,对关系国计民生的重要信息系统进行定级和保护,是维护社会秩序稳定、保证信息化高速有序发展的有效保证,信息系统的安全建设和维护都必须遵循和符合国家标准。

为了落实网络安全等级保护要求,健全网络与信息安全防护体系,统一网络与信息安全防护标准和策略,按照信息系统不同安全等级,通过合理分配资源,规范网络与信息系统安全建设与防护,对信息系统分等级实施全面保护,以提高某单位网络与信息安全的整体防护水平。

通过等级保护测评工作,全面、完整地了解某单位电子收费系统的现有安全状况,并测评其与《信息安全技术 信息系统安全等级保护基本要求》《交通运输行业信息系统安全等级保护基本要求》《金融行业信息系统信息安全等级保护测评指南》对应级别的差距,达到以检查促安全的目的,实现重要信息系统的分等级保护与监管、信息安全事件分等级响应的目的,并协助某单位电子收费系统的安全保护落实到位,实现信息系统的完整性、保密性和可用性。

该测评报告主要用以描述某单位电子收费系统等级保护工作情况,为某单位等级保护工作提供指导性作用。

2)测评依据

本次测评参考的标准规范如下:

(1)《信息安全等级保护管理办法》(公通字〔2007〕43号);

(2)《计算机信息系统 安全保护等级划分准则》(GB 17859—1999);

(3)《交通运输行业信息系统安全等级保护实施指南》(JT/T 904—2014);

(4)《金融行业信息系统信息安全等级保护实施指引》(JR/T 0071—2012);

(5)《金融行业信息系统信息安全等级保护测评指南》(JR/T 0072—2012);

(6)《信息安全技术 信息系统安全保护等级定级指南》(GB/T 22240—2008);

(7)《信息安全技术 信息系统安全等级保护基本要求》(GB/T 22239—2008);

(8)《信息安全技术 信息系统安全等级保护实施指南》(GB/T 25058—2010);

(9)《信息安全技术 信息系统安全等级保护测评要求》(GB/T 28448—2012);

(10)《信息安全技术 信息系统安全等级保护测评过程指南》(GB/T 28449—2012);

(11)《信息安全技术　信息系统安全通用技术要求》(GB/T 20271—2006);

(12)《信息安全技术　网络基础安全技术要求》(GB/T 20270—2006);

(13)《信息安全技术　操作系统安全技术要求》(GB/T 20272—2006);

(14)《信息安全技术　数据库管理系统安全技术要求》(GB/T 20273—2006);

(15)《信息安全技术　信息系统安全管理要求》(GB/T 20269—2006);

(16)《信息安全技术　服务器安全技术要求》(GB/T 21028—2007);

(17)《信息安全技术　防火墙技术要求和测试评价方法》(GB/T 20281—2006);

(18)《信息安全技术　路由器安全技术要求》(GB/T 18018—2007)。

3) 测评过程

本次测评项目实施过程共分为测评准备、方案编制、现场测评、分析及报告编制四个阶段,测评双方之间的沟通与洽谈贯穿了整个等级测评过程。

(1) 测评准备阶段

本阶段召开了现场项目启动会,明确了此次工作的任务与计划,双方签署了项目的《保密协议》与《现场测评授权书》,测评中心对被测系统进行了现场详细调研,掌握了被测系统的基本情况。

(2) 方案编制阶段

方案编制工作中,主要对测评对象与测评指标进行了确定与识别,确定了测试工具接入点,开发编制了符合本次项目的《测评指导书》与《测评方案》。方案编制工作的主要任务包括:测评对象制定、测评指标确定、测试工具接入点确定、测评内容确定、测评指导书开发及测评方案编制。

(3) 现场测评阶段

首先与被测评单位就测评方案达成了一致意见,并进一步确定了测评配合人员,完成了测评指导书中各项测评工作内容,获取了足够的测评证据。现场测评活动的主要任务包括:现场测评准备、现场测评和结果记录、等级保护现场测评问题分析及解决方案、结果确认和资料归还。

(4) 分析与报告编制阶段

测评人员对现场测评获得的测评证据和资料进行了分析,判定了单项测评结果及单元测评结果,进行了整体测评分析和风险分析,最终形成了《等级测评报告》。分析与报告编制工作的主要任务包括:单项测评结果判断、单元测评结果判定、整体测评、风险分析、等级测评结论形成及测评报告编制。

(5) 等级测评工作建议

等级测评是后续整改工作的基础,结合电子收费系统的实践经验,建议在实际测评过程中,将测评工作分为初次测评和二次测评两个阶段。初次测评,也叫差距测评,在整改工作之前完成,其目的主要在于根据系统确定的安全等级,查找系统现有安全措施与等级保护基本要求之间的差距,明确后续安全整改的重点;二次测评在安全整改完成后进行,其目的主要是检验整改工作的成效。如果经二次测评,系统安全状况还没有达到等级保护基本要求,就需要进一步整改并进行多次测评,直至达到等级保护基本要求,获得系统等级测评报告

9.2.2 被测系统情况

1) 承载的业务

某单位电子收费系统,依托互联网,实行 7×24 小时在线服务。系统安全等级定级为 3 级。该系统是某单位开展收费业务的综合管理系统,承载着数据管理、对账管理、报表查询、办公管理等多项关键业务。网络结构、主机和网络等设备情况及应用系统等情况略。

2) 系统资产

以列表形式给出被测信息系统中的资产。

(1) 机房 (表 9-21)

机　房　　　　　　　　　　　　　　　　表 9-21

序　号	机 房 名 称	物 理 位 置
1	信息系统机房	××××

(2) 网络设备 (表 9-22)

网　络　设　备　　　　　　　　　　　　表 9-22

序号	设备名称	操作系统版本	品牌	型号	用途	数量(台/套)	重要程度
1	核心交换机	7.3	华为	7001	用于数据交互与转发	1	非常重要
2	网络防火墙	6.4	华为	6300	安全防护,地址转换,访问控制	1	非常重要

(3) 服务器(表 9-23)

服务器　　　　　　　　　　表 9-23

序号	设备名称	操作系统版本	版本/IP	业务应用软件	数量(台/套)	重要程度
1	应用系统服务器	6.5	192.168.1.100	电子收费系统	1	非常重要

(4) 业务应用软件(表 9-24)

业务应用软件　　　　　　　表 9-24

序号	软件名称	主要功能	开发厂商	重要程度
1	应用系统服务	业务办理,信息查询	北京×××有限公司	非常重要

(5) 安全相关人员(表 9-25)

安全相关人员　　　　　　　表 9-25

序号	姓名	岗位/角色	联系方式
1	王红	网络安全管理员	135×××7890
2	沈涛	数据库管理员	135×××7890
3	李丽	系统管理员	135×××7890

(6) 安全管理文档(表 9-26)

安全管理文档　　　　　　　表 9-26

序号	文档名称	主要内容
1	信息安全保障体系	制定了信息安全工作的总体方针和安全策略,对安全工作的总体目标、范围、原则和安全框架进行了详细说明
2	信息安全管理制度	涉及制度管理、机构管理、人员管理、系统建设管理和系统运维管理等各个方面

3) 测评范围与方法

《基本要求》中对不同等级信息系统的安全功能和措施提出了具体要求,等级测评应根据信息系统的安全保护等级从中选取相应等级的安全测评指标,并依据《测评要求》和《测评过程指南》对信息系统实施安全测评。

本次安全等级测评范围内的测试系统的安全保护等级为第三级,其中业务信息安全保护等级为第三级,系统服务安全保护等级为第二级(S3A2G3)。

(1) 基本指标

依据信息系统确定的业务信息安全保护等级和系统服务安全保护等级,选择《信息安全技术信息系统安全等级保护基本要求》《交通运输行业信息系统安全等级保护基本要求》《金融行业信息系统信息安全等级保护测评指南》中对应级别的安全要求作为等级测评的基本指标,以表格形式在表 9-27 中列出。鉴于信息系统的复杂性和特殊性,个别要求项可能不适用,对于这些不适用项应在表后给出不适用原因。

测评指标统计列表(S3A2G3)　　　　　表 9-27

技术/管理	安全分类	测评指标			
		安全子类数量			
		S3	A2	G3	小计
安全技术	物理安全	1	1	8	10
	网络安全	1	0	6	7
	主机安全	3	1	3	7
	应用安全	5	2	2	9
	数据安全及备份恢复	2	1	0	3
安全管理	安全管理制度	0	0	3	3
	安全管理机构	0	0	5	5
	人员安全管理	0	0	5	5
	系统建设管理	0	0	11	11
	系统运维管理	0	0	13	13
合计					73

(2)不适用指标

鉴于信息系统的复杂性和特殊性,《基本要求》的某些要求项可能不适用于整个信息系统,对于这些不适用项应在表后给出不适用原因说明。如表 9-28 所示。

不 适 用 指 标　　　　　表 9-28

安全层面	安全控制点	不适用项	原因说明
系统建设管理	自行软件开发	应确保开发环境与实际运行环境物理分开,开发人员和测试人员分离,测试数据和测试结果受到控制	系统为外包开发,不存在自行开发部分,该条不适用
		应制定软件开发管理制度,明确说明开发过程的控制方法和人员行为准则	系统为外包开发,不存在自行开发部分,该条不适用

9.2.3 测评对象

1) 测评对象选择方法

测评对象的确定一般采用抽查的方法,即抽查信息系统中具有代表性的组件作为测评对象并且在测评对象确定任务中应兼顾工作投入与结果产出两者的平衡关系。在确定测评对象时,需遵循以下原则:

(1) 恰当性,选择的设备、软件系统等应能满足相应等级的测评强度要求;
(2) 重要性,应抽查对被测系统来说重要的服务器、数据库和网络设备等;
(3) 安全性,应抽查对外暴露的网络边界;
(4) 共享性,应抽查共享设备和数据交换平台/设备;
(5) 代表性,抽查应尽量覆盖系统各种设备类型、操作系统类型、数据库系统类型和应用系统类型。

综合业务系统为第三级信息系统,重点抽查主要的设备、设施、人员和文档等。可以抽查的测评对象种类主要考虑以下几个方面:

(1) 主机房(包括其环境、设备和设施等)和部分辅机房,应将放置了服务于信息系统的局部(包括整体)或对信息系统的局部(包括整体)安全性起重要作用的设备、设施的辅机房选取作为测评对象;
(2) 存储被测系统重要数据的介质的存放环境;
(3) 办公场地;
(4) 整个系统的网络拓扑结构;
(5) 安全设备,包括防火墙、入侵检测设备和防病毒网关等;
(6) 边界网络设备(可能会包含安全设备),包括路由器、防火墙、认证网关和边界接入设备(如楼层交换机)等;
(7) 对整个信息系统或其局部的安全性起作用的网络互联设备,如核心交换机、汇聚层交换机、路由器等;
(8) 承载被测系统主要业务或数据的服务器(包括其操作系统和数据库);
(9) 管理终端和主要业务应用系统终端;
(10) 能够完成被测系统不同业务使命的业务应用系统;
(11) 业务备份系统;
(12) 信息安全主管人员、各方面的负责人员、具体负责安全管理的当事人、业务负责人;
(13) 涉及信息系统安全的所有管理制度和记录。

信息系统中配置相同的安全设备、边界网络设备、网络互联设备、服务器、终端以及备份设备,每类应至少抽查两台作为测评对象。

2) 测评对象选择结果

本次测评对象根据试验环境对系统资产进行全部选择。

3) 测评方法

描述等级测评工作中采用访谈、检查、测试和风险分析等方法。

(1) 访谈

访谈是测评人员通过与信息系统有关人员(个人/群体)进行交流、讨论等活动,获取证据以证明信息系统安全等级保护措施是否有效的一种方法。

(2) 检查

检查是指测评人员通过对测评对象进行观察、查验、分析等活动,获取证据以证明信息系统安全等级保护措施是否有效的一种方法。

(3) 测试

测试是指测评人员通过对测评对象按照预定的方法/工具使其产生特定的响应等活动,查看、分析响应输出结果,获取证据以证明信息系统安全等级保护措施是否有效的一种方法。

4) 测评工具

测评工具见表9-29。

测 评 工 具　　　　　　　　　表9-29

序号	工具名称	工具描述
1	漏洞扫描系统	可以对操作系统、网络设备系统和数据库管理系统等多种系统进行安全扫描,漏洞库遵循国家及国际标准
2	网络侦听工具集	网络数据包侦听工具

9.2.4 单元测评

1) 等级测评结果记录

以表格形式给出现场测评结果,如表9-30所示。符合程度根据被测信息系统实际保护状况进行赋值,完全符合项赋值为5,其他情况根据被测系统在该测评指标的符合程度赋值为0~4(取整数值)。

等级测评结果记录

表9-30

测评对象	安全控制点	测评指标	结果记录	测评项权重	符合程度
信息系统机房	物理访问控制	a)机房出入口应安排专人值守,控制、鉴别和记录进入的人员	机房出入口有专人值守,进入机房前需网上预约申请	0.2	5
		b)需进入机房的来访人员应经过申请和审批流程,并限制和监控其活动范围	网上预约申请经信息部门审批同意后方可进入	0.5	5
核心交换机	网络设备防护	a)应对登录网络设备的用户进行身份鉴别	开启了用户+密码+IP限制的身份认证策略	1	5
		b)应对网络设备的管理员登录地址进行限制	对可进行网络设备管理的IP地址进行了限制	0.5	5
		c)身份鉴别信息应具有不易被冒用的特点,口令应有复杂度要求并定期更换	身份鉴别信息使用用户+密码+IP限制的身份认证策略,口令包含数字、字母、特殊符号	1	5
网络防火墙	安全审计	a)应对网络系统中的网络设备运行状况、网络流量、用户行为等进行日志记录	开启了日志审计功能,可对防火墙的运行状况、网络流量、用户行为等进行日志记录	1	5
		b)审计记录应包括事件的日期和时间、用户、事件类型、事件是否成功及其他与审计相关的信息	审计记录包含事件的时间和日期、用户、事件类型、事件级别、事件内容	0.5	5
网络结构	结构安全	a)应保证接入网络和核心网络的带宽满足业务高峰期需要	通过流控设备查看各网段带宽使用情况,且按需求保障相应系统的带宽	0.5	5
		b)应绘制与当前运行情况相符的网络拓扑结构图	拓扑图绘制完整,安全区域划分详细	0.5	5

续上表

测评对象	安全控制点	测评指标	结果记录	测评项权重	符合程度
网络结构	结构安全	c)应根据各部门的工作职能、重要性和所涉及信息的重要程度等因素,划分不同的子网或网段,并按照方便管理和控制的原则为各子网、网段分配地址段	已按安全域划分vlan和网段	1	5
应用系统服务器	访问控制	a)应启用访问控制功能,依据安全策略控制用户对资源的访问	操作系统未启用具体的访问控制功能	0.5	0
应用系统服务器	访问控制	b)应严格限制默认账户的访问权限,重命名系统默认账户,修改这些账户的默认口令	Linux操作系统使用默认账户登录,默认是123456进行系统登录	0.5	1
应用系统服务器	访问控制	c)应及时删除多余的、过期的账户,避免共享账户的存在	Linux系统中禁用、删除了多余的、过期的账户	0.5	5
应用系统服务	身份鉴别	a)应提供专用的登录控制模块对登录用户进行身份标识和鉴别	应用系统提供用户名加密码方式进行登录	0.5	5
应用系统服务	身份鉴别	b)应对同一用户采用两种或两种以上组合的鉴别技术实现用户身份鉴别	应用系统使用用户名加密码方式进行登录,未启用两种或两种以上组合的鉴别技术实现用户身份鉴别	1	0
应用系统服务	身份鉴别	c)应提供登录失败处理功能,可采取结束会话、限制非法登录次数和自动退出等措施	应用系统通过采取结束会话、限制非法登录次数和自动退出等措施进行登录失败处理	0.5	5

续上表

测评对象	安全控制点	测评指标	结果记录	测评项权重	符合程度
数据安全及备份恢复	数据备份与修复	a)应能够检测到鉴别信息和重要业务数据在传输过程中完整性受到破坏	未使用密码技术对数据的完整性进行校验	0.5	2
		b)应采用加密或其他保护措施实现鉴别信息的存储保密性	服务系统中目前尚未使用任何密码技术保证数据传输过程中的保密性	1	0
		c)应能够对重要信息进行备份和恢复	未启用备份策略对信息系统数据进行备份	0.5	1
		d)应提供关键网络设备、通信线路和数据处理系统的硬件冗余,保证系统的可用性	硬件设备存在冗余,同时虚拟机可实现热迁移,保证了系统的高可用性	1	5
安全管理制度	管理制度	a)应制定信息安全工作的总体方针和安全策略,说明机构安全工作的总体目标、范围、原则和安全框架等	已建立《信息安全管理办法》,其中说明单位信息安全总体目标、方针、策略和信息安全各方面的总体要求。说明单位网络与信息安全组织架构和职责	0.5	5
		b)应对安全管理人员或操作人员执行的重要管理操作建立操作规程	《系统日常安全维护制度》中说明运维人员日常在安全维护时的工作细则和工作量	0.5	5
安全管理机构	岗位设置	a)应设立安全主管、安全管理各个方面的负责人岗位,并定义各负责人的职责	设立信息安全领导小组、信息安全管理小组、信息安全实施小组。已设立安全主管、安全管理负责人岗位,按照不同岗位定义职责	1	5
		b)应设立系统管理员、网络管理员、安全管理员等岗位,并定义各个工作岗位的职责	《安全岗位人员管理办法》中规定了系统管理员、网络管理员、安全管理员等岗位,并定义各个工作岗位的职责	0.5	5

续上表

测评对象	安全控制点	测评指标	结果记录	测评项权重	符合程度
人员安全管理	人员录用	a)应指定或授权专门的部门或人员负责人员录用	会对录用人员的专业、身份进行审查,也会对相应的技能做考核	0.5	5
		b)应规范人员录用过程,对被录用人的身份、背景、专业资格和资质等进行审查,对其所具有的技术技能进行考核	对于专业资格、身份背景有审查	1	5
系统建设管理	安全方案设计	a)应以书面形式描述对系统的安全保护要求、策略和措施等内容,形成系统的安全方案	有相关系统建设设计文档,总体建设规划和详细设计方案。已设置相关总体安全策略、安全技术框架、安全管理策略	1	5
		b)应对安全方案进行细化,形成能指导安全系统建设、安全产品采购和使用的详细设计方案	已对安全方案进行细化,形成指导安全建设的指导书	1	5
		c)应组织相关部门和有关安全技术专家对安全设计方案的合理性和正确性进行论证和审定,并且经过批准后,才能正式实施	已组织相关部门和安全技术专家对方案合理性和正确性进行评审	0.5	5
	自行软件开发	a)应确保开发环境与实际运行环境物理分开,开发人员和测试人员分离,测试数据和测试结果受到控制	系统为外包开发,不存在自行开发部分,该条不适用	0.2	不适用
		b)应制定软件开发管理制度,明确说明开发过程的控制方法和人员行为准则	系统为外包开发,不存在自行开发部分,该条不适用	0.5	不适用

续上表

测评对象	安全控制点	测评指标	结果记录	测评项权重	符合程度
系统运维管理	资产管理	a）应编制与信息系统相关的资产清单，包括资产责任部门、重要程度和所处位置等内容	有编制资产清单，对资产进行标识，对资产的重要程度、所处位置、管理部门等进行说明	0.2	5
		b）应建立资产安全管理制度，规定信息系统资产管理的责任人员或责任部门，并规范资产管理和使用的行为	资产安全管理制度完善，有其他类似制度文件约束资产管理	0.5	5

2）控制点符合情况汇总

根据测评项的符合程度得分，以算术平均法合并多个测评对象在同一测评项的得分，得到各测评项的多对象平均分。

根据测评项权重（参见）测评项权重赋值表，其他情况的权重赋值另行发布，以加权平均合并同一安全控制点下的所有测评项的符合程度得分，并按照控制点得分计算公式得到各安全控制点的 5 分制得分。单元测评结果分类统计见表 9-31。

单元测评结果分类统计表　　　　表 9-31

序号	安全层面	安全控制点	安全控制点得分	符合情况			
				符合	部分符合	不符合	不适用
1	物理安全	物理访问控制	5.00	√			
2	网络安全	结构安全	5.00	√			
3		安全审计	5.00	√			
4		网络设备防护	5.00	√			
5	主机安全	访问控制	2.00		√		
6	应用安全	身份鉴别	2.50		√		
7	数据安全及备份恢复	数据完整性	2.50		√		
8		数据保密性					
9		备份和恢复					
10	安全管理制度	管理制度	5.00	√			

续上表

序号	安全层面	安全控制点	安全控制点得分	符合情况			
				符合	部分符合	不符合	不适用
11	安全管理机构	岗位设置	5.00	√			
12	人员安全管理	人员录用	5.00	√			
13	系统建设管理	安全方案设计	5.00	√			
14		自行软件开发	N/A				√
15	系统运维管理	资产管理	5.00	√			
16							

3) 安全问题汇总

针对单元测评结果中存在的部分符合项或不符合项加以汇总(表9-32),形成安全问题列表并计算其严重程度值。依其严重程度取值为1~5,最严重的取值为5。安全问题严重程度值是基于对应的测评项权重并结合对应测评项的符合程度进行的。具体计算公式如下:

安全问题严重程度值 = (5 - 测评项符合程度得分) × 测评项权重

安全问题汇总表　　　　　　　　　　　　　　表9-32

问题编号	安全问题	测评对象	安全层面	安全控制点	测评项	测评项权重	问题严重程度值
W001	操作系统未启用具体的访问控制功能	应用系统服务器	主机安全	访问控制	a) 应启用访问控制功能,依据安全策略控制用户对资源的访问	0.5	2.5
W002	Linux操作系统使用默认账户登录,默认是123456进行系统登录				b) 应严格限制默认账户的访问权限,重命名系统默认账户,修改这些账户的默认口令	0.5	2.0
W003	应用系统使用用户名加密码方式进行登录	业务应用系统	应用安全	身份鉴别	c) 应对同一用户采用两种或两种以上组合的鉴别技术实现用户身份鉴别	1	5.0

续上表

问题编号	安全问题	测评对象	安全层面	安全控制点	测评项	测评项权重	问题严重程度值
W004	未使用密码技术对数据的完整性进行校验	备份恢复	数据安全	数据备份与恢复	a) 应能够检测到鉴别信息和重要业务数据在传输过程中完整性受到破坏	0.5	1.5
W005	服务系统中目前尚未使用任何密码技术保证数据传输过程中的保密性				b) 应采用加密或其他保护措施实现鉴别信息的存储保密性	1	5.0
W006	未启用备份策略对信息系统数据进行备份				c) 应能够对重要信息进行备份和恢复	0.5	2.0

9.2.5 整体测评

信息系统的复杂性和多样性决定了保障信息系统的安全措施也是千变万化的,安全措施的落地不是一成不变的。有些时候,某些安全技术措施即可以在网络上实现也可以在主机上实现,甚至可通过较强的管理手段来弥补技术上的薄弱环节。因此,应分析安全控制措施之间的关联互补。

根据整体测评结果,修改安全问题汇总表中的问题严重程度值及对应的修正后测评项符合程度得分,并形成修改后的安全问题汇总表(仅包括有所修正的安全问题)。可根据整体测评安全控制措施对安全问题的弥补程度将修正因子设为 0.5~0.9。

修正后问题严重程度值 = 修正前的问题严重程度值 × 修正因子

修正后测评项符合程度 = 5 - 修正后问题严重程度值/测评项权重

1) 网络安全层面安全分析

以表格形式汇总被测信息系统已采取的安全保护措施情况(表9-33),并根据单元测评结果分类统计表的安全控制点得分,以算术平均合并同一安全层面下的所有安全控制点得分,并转换为安全层面的百分制得分。根据表格内容描述被测信息系统已采取的有效保护措施和存在的主要安全问题情况。

$$层面得分 = \frac{\sum_{k=1}^{p} 测评项 k 的多对象平均分 \times 测评项权重}{\sum_{k=1}^{p} 测评项 k 权重} \times 20, p 为该层$$

面下的总测评项数,不含不适用的控制点和测评项,有修正的测评项以修正后测评项符合程度得分带入计算。

系统各安全层面安全防护情况得分表　　　　　表 9-33

序　号	安全层面	安全控制点	安全层面得分
1	物理安全	物理访问控制	100.00
2	网络安全	结构安全	100.00
3		安全审计	
4		网络设备防护	
5	主机安全	访问控制	40.00
6	应用安全	身份鉴别	50.00
7	数据安全及备份恢复	数据完整性	50.00
8		数据保密性	
9		备份和恢复	
10	安全管理制度	管理制度	100.00
11	安全管理机构	岗位设置	100.00
12	人员安全管理	人员录用	100.00
13	系统建设管理	安全方案设计	100.00
14		自行软件开发	
15	系统运维管理	资产管理	100.00
16			

2) 总体等级测评结论

综合上述几章节的测评与风险分析结果,根据符合性判别依据给出等级测评结论,并计算信息系统的综合得分。

等级测评结论应表述为"符合""基本符合"或者"不符合"。

结论判定及综合得分计算方式见表9-34。

结论判定及综合得分计算方式 表9-34

测评结论	符合性判别依据	综合得分计算公式
符合	信息系统中未发现安全问题,等级测评结果中所有测评项得分均为5分	100分
基本符合	信息系统中存在安全问题,但不会导致信息系统面临高等级安全风险	$\dfrac{\sum_{k=1}^{p} 测评项的多对象平均分 \times 测评项权重}{\sum_{k=1}^{p} 测评项权重} \times 20$ 式中,p为总测评项数,不含不适用的控制点和测评项,有修正的测评项以修正后测评项符合程度得分带入计算
不符合	信息系统中存在安全问题,而且会导致信息系统面临高等级安全风险	$\left(60 - \dfrac{\sum_{k=1}^{l} 修正后问题严重程度值}{\sum_{k=1}^{p} 测评项权重} \times 12\right)$ 式中,l为安全问题数,p为总测评项数,不含不适用的控制点和测评项

注:修正后问题严重程度赋值结果取多对象中针对同一测评项的最大值。

可根据特殊指标重要程度为其赋予权重,并参照上述方法和综合得分计算公式,得出综合基本指标与特殊指标测评结果的综合得分,见表9-35。

表9-35

测评结论	判别依据	综合得分
基本符合	信息系统中存在安全问题,但不会导致信息系统面临高等级安全风险	82.35分

系统的等级测评结论为:基本符合。

第10章 行业网络安全风险评估实践

交通运输业作为国家基础性支撑行业,在经济社会发展中具有基础性、先导性和服务性的突出特点。交通运输行业业务范围广,面向对象多,业务对信息化依存度越来越高,与信息化是一体之双翼的网络安全问题越发受到重视。根据国家及行业相关标准有效落实交通运输行业关键网络和重要信息系统安全风险评估工作,确定评估对象、选择评估时间阶段、采用规范的评估的流程、通过科学的评估指标,利用适用的安全防护水平评价方法得出被检测信息系统风险评估报告,掌握行业信息系统安全防护状态,促使安全防护建设工作有的放矢,优化资源投入,从而推动交通运输行业关键信息基础设施保护(CIIP)安全保障工作。

本章主要就交通运输行业某单位数据中心的安全风险评估项目案例介绍交通运输行业信息系统安全风险评估工作方法和主要流程,使读者更加深入地了解风险评估相关标准规范网络,对评估工作有更加直观的认识。本章按照风险评估工作的具体实施步骤进行了介绍:包括风险评估准备、资产梳理、威胁识别与分析、脆弱性识别与分析、综合评价与分析等。

10.1 风险评估准备

10.1.1 确定评估目标

交通运输行业某一单位的数据中心进行整体性网络安全风险评估工作,了解该数据中心信息系统网络与网网络安全现状,深入挖掘网络与信息系统存在的风险点,对其现有的技术措施有效性进行评估。提出相关安全控制建议以及时进行加固修补,降低安全隐患,为本项目工作奠定基础,最终符合国家相关法律、法规及政策要求和该企业的相关规定。

10.1.2 参考标准

本次网络安全风险评估依据的标准如表10-1所示。

依据标准 表10-1

类　别	名　　　称
综合类	《信息安全技术 信息安全风险评估规范》(GB/T 20984—2007)
管理类	《信息安全技术 信息系统安全工程管理 要求》(GB/T 20282—2006)
	《信息技术 安全技术 信息安全事件管理 指南》(GB/Z 20985—2007)
	《信息技术 安全技术 信息安全管理实用 规则》(GB/T 22081—2008)
	《信息技术 安全技术 信息安全管理体系 要求》(GB/T 22080—2008)
	《信息保障技术框架》(IATF)3.1版本
技术类	《信息安全技术 信息系统通用安全技术要求》(GB/T 20271—2006)
	《信息技术 系统安全工程 能力成熟度模型》(GB/T 20261—2006)
	《信息安全技术 网络基础安全技术要求》(GB/T 20270—2006)
	《信息技术 安全技术 信息技术安全性评估准则》(GB/T 18336—2008)
	《信息安全技术 信息安全事件分类分级指南》(GB/Z 20986—2007)

10.1.3 工作原则

本次评估工作中严格遵循以下原则：

(1) 管理与技术检查相结合的原则。在组织机构、规章制度等安全管理检查的基础上，采用多种技术检测手段进行检查评估。

(2) 全面普查与重点检查相结合的原则。在全面普查的基础上，对关键部位和环节进行深度重点检查。

(3) 正向测试与反向渗透测试相结合的原则。在现场面对面检查评估的基础上，运用远程渗透测试技术开展背对背的检查评估。

(4) 规范性原则。遵循《信息安全技术 信息安全风险评估规范》(GB/T 20984—2007) 和国内外的有关安全标准，规范工作过程和文档。

(5) 可控性原则。评估的工具、方法和过程要在双方认可的范围之内，安全评估的进度要跟上进度表的安排。

(6) 针对性原则。紧密结合被评估信息系统的业务特点、实际环境及安全机制，制定评估工作方案。

(7) 保密性原则。在评估前和评估过程中对评估数据严格保密，在评估结束后不可将评估中的数据用于任何有损被评估方利益的用途，双方签署保密协议。

10.1.4 评估内容

本次风险评估任务主要是对某单位数据中心网络、主机及正在运行的信息系统进行整体性网络安全风险评估,即对数据中心进行特征描述,数据中心内所涉及的信息资产进行识别,分析信息系统面临的威胁,检测信息系统自身的脆弱性,验证信息系统已有安全措施的有效性,找出信息系统的安全风险,并给出有针对性的加固建议。评估重点包括以下内容:

1) 现场评估部分

(1) 资产评估;
(2) 威胁评估;
(3) 网络脆弱性检测;
(4) 系统脆弱性检测;
(5) 应用脆弱性检测;
(6) 物理脆弱性检测;
(7) 管理脆弱性检测;
(8) 漏洞扫描(内网);
(9) 渗透测试(内网)。

2) 远程评估部分

(1) 漏洞扫描(外网);
(2) 渗透测试(外网)。

10.1.5 评估方法

本次网络安全风险评估主要采用了问卷调查、顾问访谈、现场查看、管理制度和技术文档审查、入侵检测日志分析、漏洞扫描、登录查看、主机安全核查、密码安全性分析、现场渗透性测试和远程渗透性验证等检测手段,制定了几十项检测评估用例,保证了评估的全面性。

通过对风险的三个要素"资产""威胁"和"脆弱性"进行安全分析,客观地根据所有资产面临的风险状况提出安全需求,并通过针对性的选择和实施某些安全控制措施来满足安全需求,从而达到降低风险的目的。

10.1.6 调研

该数据中心承担着该单位主要信息系统的运行维护和管理工作,经过多年的建设,PC 服务器达 50 余台,虚拟化服务器 100 多台,网络设备 20 多台。有 2 个物理机房,一个是数据中心机房,另一个是灾备机房。

1) 物理环境

风险评估机房的基本环境。

2) 网络架构

该数据中心采用多层次的星形网络体系结构,按照功能划分可以将整个网络分为互联网接入区域、骨干网区、DMZ 区域、内网服务器区域 4 部分功能区域。

各区主要功能如下:

互联网区:主要实现网络出口安全接入及出口的安全管理,带宽管理,负载均衡控制。

骨干网区:承载核心交换功能,部署核心交换设备并集群部署,同时为系统安全性考虑,在骨干网区配备堡垒主机、内容审计等设备。

DMZ 区:通过部署 VPN 设备、流控设备,对外部运维人员及本部外出人员访问内部应用提供安全加密接入。

服务器内网区:放置提供 WEB 服务的服务器,应用服务器及数据库服务器,通过服务器内网防火墙与骨干网区相连,重要系统又单独放置独立的防火墙进行安全防护。

目前已制定较为规范的网络安全相关制度,例如信息化立项、项目管理、运维管理、应急管理、机房管理等。但还是缺乏大量的管理制度,未形成由安全策略、管理制度、操作规程等构成的网络安全管理制度体系。

10.1.7 现有安全措施

1) 物理层面主要安全措施情况

物理机房整体情况良好,数据中心机房和灾备机房都安装了电子门禁系统,对出入的人员进行鉴别和记录;机房出入口及重要区域安装视频监控,监控人员进出情况;配备市电与 UPS 双路电源,保障电力故障造成的业务中断;部署精密空调,对机房的温度进行恒温控制;采用七氟丙烷气体灭火系统,对发生的火灾进行自动灭火。

2) 网络层面主要安全措施情况

防火墙、核心交换机等重要设备冗余部署,通过链路负载均衡实现不同运营商链路流量调配、转换,有效防止因不同运营商链路中断而导致业务中断,同时通过端口转换等措施对应用服务端口进行映射,对非业务请求进行丢弃,减小外部对内部网络的攻击。

3) 系统层面主要安全措施情况

通过对远程管理主机操作系统的管理员 IP 地址进行限定,使得主机安全得到较大的提高和加强;Windows 操作系统主机统一安装了趋势防病毒软件,并带有入侵防御的功能,有效地对网络入侵行为以及网络恶意代码进行防范。

4) 应用层面主要安全措施情况

通过设置复杂的口令策略对应用系统用户身份进行鉴别;应用系统根据业务需求为不同账号赋予分配任务所需的最小权限,并形成有效制约;部分应用系统采用密码技术对通信数据的完整性进行校验。

5) 管理层面主要安全措施

设置了安全管理职能部门,并配备安全管理相关的岗位人员,建立部分信息系统安全管理制度体系,建立部分系统建设与运维管理方面制度,规范了系统建设和运维过程中的人员行为、流程等;基本建立了监测预警及应急保障机制,并制定相应《应急预案》等,实现部分网络与系统的实时监测。

10.2 资产识别与分析

10.2.1 资产识别

根据系统业务的归类及依据《信息安全技术 信息安全风险评估规范》(GB/T 20984—2007)中的资产统计分类方法,资产统计主要以实体资产为主,分为网络设备及安全设备、主机资产、应用资产、管理资产等,分类方法使我们能更容易地快速了解该单位总体的信息资产状况和开展资产识别工作。

1) 物理环境

本次评估工作开展地点位于×××市×××区×××路×××号×层的数据中心机房,机房的基础运行环境为本次检测的物理环境。

2) 网络资产

通过对资产管理人员的询问,查阅设备台账等方式,共识别网络及安全设备资产 24 台,如表 10-2 所示。

网络及安全设备列表　　　　　　　　表 10-2

资产编号	资产类型	资产名称	ip 地址	型号	资产用途
N001	网络设备	×××	×××	CISCO-××	核心网络交换
N002	网络设备	×××	×××	Huawei-××	AP 控制设备
N003	网络设备	×××	×××	H3C-××	级联网络交换
...	...	...	...	...	...

3) 主机资产

通过对资产管理人员的询问,查阅台账等方式,共识别出主机服务器资产 104 台,如表 10-3 所示。

主机设备核查列表　　　　　　　　表 10-3

资产编号	资产类别	资产名称	ip 地址	资产用途	操作系统及版本	机器类型
S001	主机服务器	IBM 服务器	10.128.11.1	数据库	Windows Server 2003 5.2.3790	物理机
S002		OA 服务器	10.128.11.2	OA 系统	Windows Server 2003 5.2.3790	物理机
S003		WEB 服务器	10.128.11.4	WEB 服务	Windows Server 2003 5.2.3790	物理机
...		...	...	...	...	...

4) 数据库资产

通过查阅台账、对资产管理人员的询问等方式,共识别出数据库系统资产 8 套,如表 10-4 所示。

数据库核查列表　　　　　　　　　　表10-4

资产编号	资产类别	资产名称	ip 地 址	资产用途	数据库类型	机器类型
D001	数据数据库	系统数据库软件	10.128.11.5	主数据库	oracle 11g	物理机
D002		系统数据库软件	10.128.11.6	人事数据库	sql server 2005	物理机
D003		系统数据库软件	10.128.11.7	财务数据库	sql server 2005	物理机
…		…	…	…	…	…

5) 应用资产

通过对资产管理人员的询问，查阅台账等方式，共识别出应用系统资产12个，如表10-5所示。

应 用 核 查 列 表　　　　　　　　　　表10-5

资产编号	资产类型	资产名称	访问地址
A001	应用系统	办公应用系统	×××
A002		门户网站	×××
A003		财务web service	×××
A004		邮件web service	×××
…	…	…	…

6) 管理资产

通过对管理要求所涉及的内容，对相关人员的现场询问、现场检查等方式，管理类资产主要情况如表10-6所示。

安全管理核查列表　　　　　　　　　　表10-6

资产编号	资产类型	资产名称	资产内容
Z01	管理要求	《信息化建设管理制度》	信息化建设的对象、要求、职能部门等管理要求
		《信息化项目管理办法》	信息化项目的全生命周期的管理要求
		《网络安全运行管理办法》	网络各区域及线路光纤的建设、开通、运维、监控管理要求
		《计算机及网络设备管理办法》	网络设备、机房、计算机终端、存储介质的建设、管理要求
		《信息系统开发规范》	信息系统开发生命周期的规范要求

续上表

资产编号	资产类型	资产名称	资产内容
Z01	管理要求	《计算机信息系统安全管理办法》	计算机信息系统安装、使用、操作、备份管理规定
		《信息化建设项目审查管理办法》	信息化建设项目审查管理要求
		《数据中心安全管理制度》	数据中心机房消防、机房设备等安全管理
		《网络安全事件应急预案》	网络安全事件责任人、预防、应急程序、调查评估等管理
		《机房出入管理制度》	机房进出入管理、机房门禁等管理要求
		《系统用户、口令、权限管理办法》	系统口令设置、权限管理等管理要求
		《机房设备标识规则》	机房服务器、安全设备、小机、刀片、虚拟机等标识规则
		《设备运行部资产管理规定》	机房物品、设备、消耗品、资料、文档、数据等规定
		《系统备份日常维护制度》	系统备份的定期巡检、备份策略、备份操作管理

10.2.2 资产抽样

根据资产的识别和赋值情况,通过对资产管理人员的询问,在识别出的资产中抽出重要资产并对重要资产进行威胁识别、脆弱性识别,分析资产的风险等级。

主机服务器资产抽样是根据资产的赋值情况、重要程度、类型、配置参数等因素进行抽取,本次评估涉及服务器100台,抽取50台,抽样比例为50%。

网络及安全设备资产抽样是根据资产的赋值情况、重要程度、类型、配置参数等因素进行抽取,本次评估涉及网络及安全设备24台,抽取12台,抽样比例为50%。

数据库系统资产抽样是根据资产的赋值情况、重要程度、类型、配置参数等因素进行抽取,本次评估涉及数据库系统8套,抽取8套,抽样比例为100%。

应用系统资产抽样是根据资产的赋值情况、重要程度进行抽取,本次评估涉及应用系统12个,抽取4个,抽样比例为33.3%。

10.2.3 资产赋值

对信息资产进行赋值,形成资产赋值表。按保密性、完整性和可用性分别对资产进行赋值,通过综合评定,将资产价值分为1~5五个级别,级别越高说明资产越重要。具体赋值原则如表10-7所示。

资产赋值理由　　　　　　　　　　表10-7

序号	类别	赋值理由
1	机密性赋值	内部公用的信息处理设备,扩散后有可能会对单位的利益造成严重损害
2	完整性赋值	被操纵、破坏、篡改、伪造、拒绝、否认后,会对单位造成影响,对业务冲击明显
3	可用性赋值	可用性高,不允许中断

资产价值 = AVERAGE(资产保密性赋值,资产完整性赋值,资产可用性赋值)

对系统信息资产进行赋值,形成资产赋值表。按保密性、完整性和可用性分别对资产进行赋值,通过综合评定,将资产分为1~5五个级别,级别越高说明资产越重要。具体赋值原则如表10-8、表10-9所示。

资产赋值原则　　　　　　　　　　表10-8

等级	标识	描述
5	很高	非常重要,其安全属性破坏后可能对组织造成非常严重的损失
4	高	重要,其安全属性破坏后可能对组织造成比较严重的损失
3	中	比较重要,其安全属性破坏后可能对组织造成中等程度的损失
2	低	不太重要,其安全属性破坏后可能对组织造成较低的损失
1	很低	不重要,其安全属性破坏后对组织造成很小的损失,甚至忽略不计

资产类型与赋值表　　　　　　　　　　表10-9

资产编号	资产名称	资产价值
N001	×××	4.0
N002	×××	3.6
S001	IBM 服务器	4.0
D001	系统数据库软件	4.0
A001	办公应用系统	3.67
…	…	…

10.3　威胁识别与分析

威胁分析主要参照《信息安全技术　信息安全风险评估规范》(GB/T 20984—2007)对威胁的描述和定义,分析威胁的来源和威胁的种类,综合了威胁来源和种类后得到的威胁列表,并对列表中的威胁发生可能性的评估赋值。通过对安全威胁的统计,可以分析得出该单位目前面临的主要威胁包括设备故障、内部恶意人员、粗心、好奇心、责任心或培训不足的雇员、外部恶意人员、环境危害或自然灾害等。

10.3.1　威胁识别

对威胁分析通过防火墙日志查看和系统管理员和网络管理员等进行访谈两种方式,如表10-10所示为与业务系统相关的级别较高的威胁源。

威胁识别分析列表　　　　　　　　　　　表10-10

序号	威胁源	威胁描述
1	操作失误	系统管理员、安全管理员和数据库管理员在工作中发生错误或疏忽的可能性
2	滥用授权	信息网络中合法用户滥用授权破坏系统的可能性
3	行为抵赖	管理员用户对自己的操作行为不承认的可能性
4	身份假冒	非法用户试图假冒合法用户获得系统/网络信息的可能性
5	口令攻击	恶意用户通过非法手段获取系统/网络口令

10.3.2　威胁赋值

检测过程中我们对各类威胁出现的频率进行等级化处理,将威胁的权值分为1~5五个级别,不同等级分别代表威胁出现的频率的高低。等级数值越大,威胁出现的频率越高。赋值方法参见《信息安全技术　信息安全风险评估规范》(GB/T 20984—2007),如表10-11、表10-12所示。

威胁赋值等级列表　　　　　　　　　　　表10-11

等级	标识	描述
5	极高	威胁发生的可能性很高,在大多数情况下几乎不可避免或者可以证实发生过的频率较高
4	高	威胁发生的可能性较高,在大多数情况下很有可能会发生或者可以证实曾发生过

续上表

等级	标识	描述
3	中等	威胁发生的可能性中等,在某种情况下可能会发生但未被证实发生过
2	低	威胁发生的可能性较小,一般不太可能发生,也没有被证实发生过
1	很低	威胁几乎不可能发生,仅可能在非常罕见和例外的情况下发生

威 胁 赋 值 表 表 10-12

资产编号	资产名称	操作失误	滥用授权	行为抵赖	身份假冒	密码分析	安全漏洞	拒绝服务	恶意代码	窃听数据	物理破坏	社会工程	意外故障	通信中断	电源中断	灾难
N001	×××	3	2	2	3	2	2	2	2	2	2	2	3	2	2	1
N002	×××	3	2	2	3	2	2	2	2	2	2	2	3	2	2	1
S001	IBM 服务器	3	3	3	3	3	4	2	3	2	4	3	3	2	2	0
D001	系统数据库软件	3	3	3	3	3	4	2	0	4	0	3	3	2	2	0
A001	办公应用系统	3	2	3	3	3	4	2	2	4	0	3	3	2	2	0

10.3.3 脆弱性识别与分析

脆弱性是指资产本身存在的,可以被威胁利用,并引起资产或商业目标的损害。脆弱性包括物理环境、组织、人员、配置、硬件、软件和信息等各种资产的脆弱性。值得注意的是,脆弱性虽然是资产本身固有的,但它本身不会造成损失,它只是一种条件或环境、可能导致被威胁利用而造成资产损失,所以如果没有相应的威胁发生,单纯的脆弱性并不会对资产造成损害。脆弱性分析主要包括两方面的内容:脆弱性数据采集、脆弱性数据分析和赋值。

针对数据中心信息系统的特点,脆弱性数据采集的内容主要包括:物理脆弱性检测、网络脆弱性检测、系统脆弱性检测、应用脆弱性检测、管理脆弱性检测五个方面,并增加了木马检测、渗透性测试两个重点检测项目。

脆弱性数据分析和赋值将针对每一项需要保护的信息资产,找出每一种威胁所能利用的脆弱性,并对脆弱性的严重程度进行评估,即对脆弱性被威胁利用的可能性进行评估,最终为其赋相对等级值。最终脆弱性的赋值采用定性定量结合的相对等级方式。脆弱性的等级划分为五级,1~5分别代表五个级别的某种脆弱程度。等级越大,脆弱程度越高。对采集的脆弱性数据进行整理,形成详细的脆弱性列表(表10-13)。

脆弱性赋值表   表10-13

资产编号	脆弱性名称	脆弱性赋值
N001	设备未对登录地址进行限制	3
N001	snmp协议启用,团体字符串为tpitcnet弱密码,可读写RO	4
N001	使用telnet进行设备管理	3
N001	通过口令方式登录,未建立管理、审计账号	3
N002	日志本机存储,未对日志进行备份	2
N002	密码为cisco弱密码,明文保存	5
N002	设备未对登录地址进行限制	3
N002	idle-timeout登录超时未设置	2
N002	使用telnet进行设备管理	3
N002	通过口令方式登录,未建立管理、审计账号	3
S1、S2	未在技术层面对账户口令的设置进行限制,如口令复杂度、口令更换周期等	2
S1、S2	未在技术层面对账户登录次数做限制	3
S1、S2	远程管理方式为mstsc,未安装数字证书	3
S1、S2	未禁用默认的管理员administrator	3
S1、S2	只有1个管理员权限的账户,未对特权用户进行权限分离	3
S1、S2	未完全开启系统审核策略	3
S1、S2	未配备专业审计工具,无法按需生成审计报表	4
S1、S2	未对审计进程做保护	3
S1、S2	未对审计日志做保护	3
S1、S2	未更新操作系统安全补丁	4
S1、S2	不能对系统服务水平进行监测,在系统服务水平降低的时候,无法及时报警	3

10.3.4 脆弱性数据采集

1)脆弱性分类原则

脆弱性分类的主要依据是,针对特定的威胁事件,组织所应对的技术与管理防范措施的脆弱性,威胁因素通过相关的脆弱点对系统产生影响。脆弱性可分为技术脆弱性和管理脆弱性,技术脆弱性是指由于采用技术存在的缺陷导致了可能被威胁因素利用,对资产造成损害;管理脆弱性是指由于管理体系存在的缺陷导致了可能被威胁因素所利用,对资产造成损害。

2)脆弱性赋值原则

对脆弱性进行赋值时,将针对每一项需要保护的信息资产,考虑两个关键因素:①信息资产存在脆弱性的严重程度;②信息资产存在的脆弱性被威胁所利用的可能性大小。首先对信息资产脆弱性的严重程度进行评估,并找出每一种脆弱性能被威胁所利用的程度,最终为其赋相对等级值。在进行脆弱性赋值时,提供的数据应该来自这些资产的拥有者或使用者,来自相关业务领域的专家以及软硬件信息系统方面的专业人员。采用问卷调查、人员问询、工具扫描、手动检查、文档审查、渗透测试等方法提取数据,综合分析,最后采用定性相对等级的方式对脆弱性赋值。

具体赋值原则如表 10-14 所示。

脆弱性赋值原则　　　　　　　　　表 10-14

等级	标识	定义
5	很高	如果被威胁利用,将对资产造成完全损害
4	高	如果被威胁利用,将对资产造成重大损害
3	中等	如果被威胁利用,将对资产造成一般损害
2	低	如果被威胁利用,将对资产造成较小损害
1	很低	如果被威胁利用,将对资产造成的损害可以忽略

10.3.5 常规脆弱性检测

1)管理脆弱性

本部分对以下内容进行安全性检测:
①安全管理制度;
②安全管理机构;
③人员安全管理;
④系统建设管理;
⑤系统运维管理。
检测结果如下:
(1)安全管理制度
根据现场安全评估记录,针对该数据中心安全管理制度方面的"管理制度"

"制定和发布"以及"评审和修订"等评估指标,判断出与其相对应的各评估项的评估结果。根据现场评估记录结果,该数据中心安全管理制度方面采取的安全保护措施和存在的主要问题具体如下:

脆弱性分析:尚未针对安全制定总体的安全策略及方针,未建立管理人员或操作人员执行的日常管理操作建立详细的操作规程,未形成由安全政策、安全策略、管理制度、操作规程等构成的全面的网络安全管理制度体系。

(2)安全管理机构

根据现场安全评估记录,针对该单位安全管理机构方面的"岗位设置""人员配备""授权和审批""沟通和合作"以及"审核和检查"等评估指标,判断出与其相对应的各评估项的评估结果。

①岗位设置

设置网络安全网信办,由部门领导担任安全主管,并明确了各负责人的职责,分别设立了系统管理员、网络管理员和安全管理员等岗位。且通过人事部制定安全管理的岗位职责、分工和技能要求。

脆弱性分析:未设立管理网络安全工作的委员会或领导小组。

②人员配备

配置系统管理员 2 名、网络管理员 2 名、专职安全管理员 1 名,且关键岗位配备多名管理员。

③授权和审批

根据 ISO9000 管理体系对各个部门和岗位的职责明确授权审批事项、审批部门和批准人等,批准签字后方可执行,相应的审批过程均有文档记录并将其保存。

④沟通和合作

会经常召开有针对性的安全会议,加强了各类管理人员之间、组织内部机构之间、网络安全职能部门、兄弟单位的合作与沟通。

脆弱性分析:未建立包括外联单位名称、合作内容、联系人和联系方式等信息外联单位联系列表。

⑤审核和检查

定期对普通员工电脑季度性保密安全检查、敏感信息检查以及定期进行安全扫描检测;不包括系统日常运行、数据备份等。

脆弱性分析:未建立包括现有安全技术措施的有效性、安全配置与安全策略的一致性、安全管理制度执行情况的全面安全检查,无法形成安全检查报告并对安全检查结果进行通报。

(3) 人员安全管理

根据现场安全评估记录,针对机关内网人员安全管理方面的"人员录用""人员离岗""人员考核""安全意识教育和培训"以及"外部人员访问管理"等评估指标,判断出与其相对应的各评估项的评估结果。

脆弱性分析:未完善对安全责任和惩戒的措施、未制定全面的安全意识和教育培训计划,安全教育和培训的情况和结果未进行记录并归档保存。外部人员进入机房审批和记录不完整。

(4) 系统建设管理

根据现场安全评估记录,针对机关内网统建设管理方面的"系统定级""安全方案设计""产品采购和使用""自行软件开发""外包软件开发""工程实施""测试验收""系统交付"以及"安全服务商选择"等评估指标,判断出与其相对应的各评估项的评估结果。

①系统定级脆弱性分析:该单位门户网站系统没有详细的安全设计方案,未组织有关部门和技术专家对方案的合理性和正确性进行论证,无法根据该单位门户网站系统形成具有针对性的整体安全策略、安全技术框架、安全管理策略、总体建设规划、详细设计方案等调整。

②自行软件开发脆弱性分析:未要求开发单位提供软件设计的相关文档和使用指南,软件开发完成后没有对软件是否存在后门进行审查。

2) 网络脆弱性

网络安全现场检查包括网络拓扑结构分析和网络设备配置分析两个方面的内容。以下根据网络及安全设备资产抽样的核查结果,分别对各个安全机制在每一个检查对象上的检查结果进行汇总,并对安全机制的实现情况进行分析,主要如下:数据中心在结构上划分为互联网区、DMZ 区、服务器内网区,各区之间逻辑隔离。重要设备如互联网负载均衡、互联网出口防火墙、互联网流量控制、集团骨干网交换机、服务器内网防火墙、服务器内部核心交换机等双机部署,实现了设备的冗余,通过防火墙进行各区边界隔离,通过部署 VPN 设备、流控设备,对外部运维人员及本部外出人员访问内部应用提供安全加密接入。

①网络拓扑结构脆弱性分析:在网络上未对互联网入侵行为进行检测,服务器内网区有入侵检测设备,但未开启;未在网络上对恶意代码进行检测、清除;虽然部署防火墙进行网络安全防护,但也存在财务管理系统防火墙未启用安全策略,灾备机房防火墙存在全通策略等情况;子网划分过粗,未按系统重要程度进行子网划分,无法进行二层隔离。

②网络设备配置分析脆弱性分析:未部署网络安全审计设备对网络行为进行日志记录,一旦发生安全事件无法进行追查。

③网络设备防护脆弱性分析:对网络设备使用 telnet 协议管理,无法保障鉴别信息在传输过中被监听。部分设备未关闭不需要的服务、未关闭未使用端口、未限制管理员登录地址,可能导致未授权的访问。

④安全审计脆弱性分析:审计记录存储在系统本地存储中,无法保护审计记录,避免受到未预期的覆盖等;部分设备未开启系统审核策略,可能导致审计信息不全面等。

3) 应用脆弱性

分析主要通过访谈、手工查看等方式,对数据中心应用系统抽样资产的安全情况、业务系统的安全性和运行情况进行检查和分析,从而得出应用脆弱性信息。测评内容包括身份鉴别、访问控制、安全审计、通信完整性、通信保密性、软件容错、资源控制方面。主要如下:

(1)身份鉴别脆弱性分析

应用系统不具有鉴别信息复杂度检测功能,无登录失败检测机制。

(2)安全审计脆弱性分析:

门户网站系统不具有审计记录保护机制,无法保证审计进程被非法中断。

(3)通信完整性脆弱性分析

系统仅采用 HTTP 协议通信。系统未使用密码技术保证通信数据的完整性。

(4)通信保密性脆弱性分析

系统仅采用 HTTP 协议登录,未对通信过程中的整个报文或会话过程进行加密。

(5)资源控制脆弱性分析

系统通信双方的某一方登录时间超过 30 分钟,系统自动断开连接。门户网站系统未对单个账户的多重并发会话进行限制;中间件程序采用默认式安装,部分多余文件未删除。

4) 物理安全脆弱性

主要是通过现场查看方式对场所环境(各系统的专用机房内部环境、外部环境)、电磁环境、物理位置选择、物理访问控制、防盗窃、防雷击、防火,防水,供电等方面分析出物理方面存在的脆弱性。

(1)防静电脆弱性分析:机房采用防静电地板和防静电地点防止设备受到静电破坏,但机柜及设备无接地,可能导致设备受到静电影响。

(2)温湿度脆弱性分析:无动力环境监控系统,发生温湿度失控时无法及时获得报警信息。

(3)电磁防护脆弱性分析:机房电源线和通信线缆应隔离铺设,避免互相干扰。

10.3.6 脆弱性专项检测

1)渗透测试

渗透测试是模拟渗透攻击者对系统进行渗透,检测系统抵抗攻击的能力,但与恶意的攻击者不同,这种模拟的渗透攻击不会对被测试系统造成损害。

渗透测试角度主要从互联网向服务器网段进行渗透。渗透测试为手工测试和应用安全漏洞扫描相结合的方式进行,测试以发现问题为主,不做破坏性及其他有违安全生产的攻击行为。

本阶段按照图10-1所示过程,针对应用系统开展渗透测试工作。

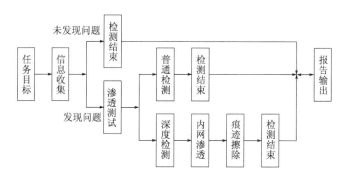

图10-1 渗透测试服务流程

本次风险评估工作开展现场和远程渗透测试工作,拟采用如表10-15所示测试工具。

渗透测试工具表　　　　　　　　　　表10-15

序号	工具名称	备注
1	端口扫描工具(Nmap)	
2	网络抓包工具(Burp Suite)	
3	网络抓包工具(fiddler)	
4	跨站脚本漏洞测试工具(XSSvectorMaker)	
5	密码破解工具(John the Ripper)	

①信任系统检测分析:采用"网络截包分析辅助工具"捕获身份认证数据,运用密码分析技术分析认证机制中的脆弱性,并对 Web 应用安全及数字证书认证进行分析。

②网络应用服务检测:对系统中的 Web 服务进行识别和渗透测试。

③代码审查检测、文件接口模块检测:采用正向或逆向分析技术对程序代码的安全性及文件接口模块进行分析验证。

④网络安全防护措施响应检测:采用仿真测试模板数据包,模拟攻击手法,检测验证报警防护措施响应机制的有效性。

⑤端口信息检测:在信息收集阶段,渗透团队需要尽量多的收集关于目标 Wed 应用的各种信息,比如:脚本语言的类型、服务器类型、目录的结构、使用的形原软件、数据库类型,所有链接原面,用到的框架等,并根据已收集到的信息采用不同的检测方法,这里列举部分已知端口信息和相应的检测方法。

(1)Sql 注入攻击漏洞(表 10-16)

Sql 注入攻击漏洞　　　　　　　　　表 10-16

漏洞名称	Sql 注入漏洞	风险等级	高
URL	××× ××× ××× ×××		
漏洞危害与说明	Sql 注入漏洞产生的原因是网站应用程序在编写时未对用户提交至服务器的数据进行合法性校验,即没有进行有效的特殊字符过滤,导致网站服务器存在安全风险,这就是 Sql Injection,即 Sql 注入漏洞。主要危害如下: 核心业务数据易被窃取和篡改;数据库所在服务器易被攻击并被控制,从而导致局域网(内网)被入侵		
渗透信息			
修复建议	1. 在网页代码中对用户输入的数据进行严格过滤; 2. 部署 Web 应用防火墙; 3. 对数据库操作进行监控		

(2)编辑器后台地址泄漏(表 10-17)

编辑器后台地址泄漏　　　　表 10-17

漏洞名称	后台泄露	风险等级	低
URL	×××　×××　×××　×××		
漏洞危害与说明	攻击者可利用后台地址进行暴力破解,上传木马、取得控制权限等,为后续攻击做准备		
渗透信息			
修复建议	将默认后台地址更改为更复杂的路径		

2) 网络扫描

扫描器接入互联网交换机对网络设备、主机设备进行扫描,以发现网络设备、主机设备在没有边界防火墙的保护下,是否存在安全漏洞。采用工具扫描对主机进行脆弱性的识别和人工分析相结合的方式,存在的主要漏洞如表 10-18 所示。

OpenSSL 'dtls1_clear_queues' 函数缓冲区溢出漏洞(CVE-2014-8176)。

存在的主要漏洞　　　　表 10-18

漏洞名称	OpenSSL 'dtls1_clear_queues' 函数缓冲区溢出漏洞(CVE-2014-8176)	风险等级	高
URL	×××		
漏洞说明与危害	OpenSSL 是 OpenSSL 团队开发的一个开源的能够实现安全套接层(SSL v2/v3)和安全传输层(TLS v1)协议的通用加密库,它支持多种加密算法,包括对称密码、哈希算法、安全散列算法等。 OpenSSL 的 ssl/d1_lib.c 文件中的 'dtls1_clear_queues' 函数存在安全漏洞,该漏洞源于客户端将特殊的应用程序数据(在服务器发送的 ChangeCipherSpec 消息和 Finished 消息之间到达客户端)存储在缓冲区时,会造成无效的释放。远程攻击者可借助应用程序数据利用该漏洞造成拒绝服务(内存损坏和应用程序崩溃)。以下版本受到影响:OpenSSL 0.9.8za 之前版本,1.0.0m 之前 1.0.0 版本,1.0.1h 之前 1.0.1 版本		
修复建议	厂商补丁: 目前厂商已经发布了升级补丁以修复此安全问题,补丁获取链接: https://www.openssl.org/news/secadv_20150611.txt		

10.4 综合评价与分析

10.4.1 资产风险计算

风险是指特定的威胁利用资产的一组脆弱性,导致资产的丢失或损害的潜在可能性,即特定威胁事件发生的可能性与后果的结合。风险只能预防、避免、降低、转移和接受,但不可能完全被消灭。本节主要是在完成资产、威胁和脆弱性的评估赋值后,计算信息资产的风险值。

风险存在两个属性:后果(Consequence)和可能性(Likelihood)。不同的资产面临的主要威胁各不相同。而随着威胁可以利用的、资产存在的弱点数量、途径、手段的增加,会增加风险的可能性;随着弱点严重级别的提高,会增加该资产一旦受到侵害后所造成的影响。

在许多情况下,某资产风险的可能性是面临的威胁的可能性和资产存在的脆弱性的函数,而风险的后果是资产的价值(影响)的函数。

本次评估我们采用相乘法来得到资产的风险赋值:

计算公式如下:

$$z = f(x,y) = x \otimes y$$

当 f 为增量函数时,$\otimes$ 可以为直接相乘,也可以为相乘后取模等,例如:

$$z = f(x,y) = x \cdot y \quad 或 \quad z = f(x,y) = \sqrt{x \cdot y}$$

风险值 = 风险发生的可能性 × 风险产生后果

风险发生的可能性 = SQRT(资产威胁 × 资产脆弱性)

风险产生后果 = SQRT(资产价值 × 资产脆弱性)

上述公式主要考虑到各参数的取值并不是特别精确的数据,加入了安全中心参与风险评估的人员以及顾问的经验和判断,使用乘法方法,来获得最终的风险等级(表10-19)。

资产风险等级的含义　　　　　　　　表10-19

等级	标识	风险含义	风险值	评价
5	VH(很高)	风险很高,导致系统受到非常严重影响的可能性很大	20~25(包含25)	严重不可接受风险
4	H(高)	风险高,导致系统受到严重影响的可能性较大	15~20(包含20)	不可接受风险

续上表

等级	标识	风险含义	风险值	评价
3	M(中)	风险中,导致系统受到影响的可能性较大	10~15(包含15)	一般不可接受风险
2	L(低)	风险低,导致系统受到影响的可能性较小	5~10(包含10)	有条件接受风险(需要关注)
1	VL(很低)	风险很低,导致系统受到影响的可能性很小	1~5(包含5)	可接受风险

计算示例:

以 N001 资产为例,计算密码分析威胁的风险等级,它的资产赋值 = 4,威胁赋值 = 2,脆弱性赋值 = 3。

风险发生的可能性 = SQRT(2×3) = 2.4。

风险产生后果 = SQRT(4×3) = 3.5。

风险值 = 2.4×3.5 = 8.5,依据表 12-20 风险值进行判断,风险值 8.5 在 5~10 区间内,属于低风险等级,即得出资产 N001 的威胁为密码分析的风险等级为:2(低)。

按照上述方法,计算 N001 的其他风险威胁窃听数据、身份假冒的风险等级,按照风险就高不就低原则,得出 N001 资产风险等级为:3(中),具体如表 10-20 所示。

资产风险等级结果表　　　　　　　　　　　　　　表 10-20

资产编号	资产赋值	威胁名称	威胁赋值	脆弱性	脆弱性赋值	可能性	后果	风险值 (1~25)	风险等级 (1~5)	资产风险等级 (1~5)
N001	4.00	密码分析	2	设备未对登录地址进行限制	3	2.4	3.5	8.5	2	3
		窃听数据	2	snmp 协议启用,团体字符串为 tpitcnet 弱密码,可读写 RO	4	2.8	4.0	11.3	3	

续上表

资产编号	资产赋值	威胁名称	威胁赋值	脆 弱 性	脆弱性赋值	可能性	后果	风险值 (1~25)	风险等级 (1~5)	资产风险等级 (1~5)
N001	4.00	窃听数据	2	使用 telnet 进行设备管理	3	2.4	3.5	8.5	2	3
		身份假冒	3	通过口令方式登录,未建立管理、审计账号	3	3.0	3.5	10.4	3	

以上对资产 N001 的资产风险进行了计算,并得到其风险等级,其他被纳入抽样的资产逐一对其风险进行计算,并得出所有被抽样资产的资产风险等级。

按照(表10-18 资产风险等级统计表)方式统计出各资产风险等级资产数量及风险等级所占比例,依据(表10-17 安全风险评价结果表)判断标准,进而得出被测系统的风险等级计算结果。

10.4.2 综合风险分析

参照《交通运输行业信息系统安全风险评估指南》,可对风险评价结果进行判断,交通运输行业信息系统安全风险等级评价工作通过对信息系统所含资产风险等级进行统计分析,依据各等级风险的资产所占全部资产的百分比确定信息系统风险等级。表10-21 给出确定信息系统风险等级的一种方法,信息系统各等级风险的资产所占全部资产的百分比满足表10-21 中确定的某一条件,信息系统风险等级是此条件对应的风险评价结果。

安全风险判定表 表10-21

风险评价结果	各等级风险的资产所占全部资产的百分比				
	很高	高	中	低	很低
高风险	≥10%	≥25%			
	≥25%				
中风险			≥35%		
	≥35%				
低风险					

高风险:很高等级风险的资产所占全部总产的百分比大于10%,或者高等级风险的资产所占全部总产的百分比大于25%;或者很高等级风险的资产和高

等级风险的资产之和所占全部总产的百分比大于25%。

中风险:中等级风险的资产所占全部总产的百分比大于35%,或者很高等级风险的资产、高等级风险的资产、中等级风险的资产之和所占全部总产的百分比大于35%。

10.4.3 数据中心风险等级判定

在计算完成数据中心所有抽样资产风险值之后,对其风险等级进行统计,数据中心面临的五个等级风险划分主要如下:其中很高风险(5等级)占0%,高风险(4等级)占39%,中风险(4等级)占28%,低风险(2等级)占33%,很低风险(1等级)占0%。主要风险来自弱口令、安全配置不合理、补丁更新、安全审计未启用等。部分服务器、应用系统存在高危漏洞,存在被非法人员利用的安全隐患;办公内外网的安全防范措施不到位,通过内网渗透,非法人员可以控制部分主机,从而对数据中心系统构成威胁,难以抵御来自内部、内外结合的恶意人员的恶意攻击行为,对数据中心信息系统的安全性,构成极大的风险。如表10-22所示。

数据中心资产风险统计表　　　　表10-22

风险等级	资产数量	所占比例
很高(5)		
高(4)	29	39%
中(3)	21	28%
低(2)	24	33%
很低(1)		

上述计算结果比与安全风险判定表(表12-21)进行比对,按照就高不就低原则,其高风险(4等级)占39%属于高风险区间,因此,数据中心网络安全风险评估的结果为:高风险。

10.4.4 综合评价

1) 总体安全防护情况

(1)基础设施与网络环境方面:物理机房整体情况良好,核心、灾备机房安装了电子门禁系统,对出入的人员进行鉴别和记录;机房出入口及重要区域安装视频监控,监控人员进出情况;配备了UPS和精密空调,保障电力、制冷安全。防火墙、核心交换机等重要设备冗余部署,通过链路负载均衡实现不同运营商链路流量选择、转换,有效防止因不同运营商链路故障导致业务中断。

(2)数据保护方面:对业务应用数据、日志数据、设备配置信息等均采取了备份措施,并且重要设备和通信线路均提供冗余机制,基本可以满足数据备份和恢复的需要。

(3)安全管理方面:设置了安全管理职能部门,并配备安全管理相关人员,建立部分信息系统安全管理制度,建立部分系统建设与运维管理方面制度,规范了系统建设和运维过程中的人员行为、流程等。

2)存在问题

(1)网络安全管理工作有待进一步加强

未设置专门的安全管理机构和安全管理负责人,缺乏网络安全专职管理技术人员,人员编制不足,岗位交叉,责任不清晰;安全管理人员由系统维护人员兼职,缺乏网络安全专业相关知识,不利于网络安全工作的开展;网络安全管理制度体系不健全,安全管理制度、操作规程等内容不完善。

(2)安全防护技术措施不完善

互联网网络出口入侵检测、恶意代码安全防范技术手段缺失;部分防火墙访问控制策略不完善,未按业务系统重要程度进行网段划分,存在多个业务系统在同一个网段情况;部分网络设备未设置口令复杂度策略,存在弱口令。

主机操作系统未进行安全加固,存在未启用密码复杂度及登录失败处理功能,部分主机存在弱口令、存在默认账户,部分主机未安装防病毒软件等情况。

部分应用系统身份鉴别强度不足,未提供密码复杂度校验及登录失败处理功能,导致系统存在弱口令;安全审计功能不完善,未对用户的重要操作进行记录。

机房内未安装防盗报警系统,未对空调、漏水、动力环境进行监测;缺乏终端准入、审计控制措施,无法对外部接入设备和内部办公终端的非法外联行为进行管控。

(3)安全应急响应的措施和规范不完善

网络安全应急预案不健全,应急预案框架未包括启动预案的条件、应急处理流程、系统恢复流程及培训等内容,无应急处理人员和联系方式,未定期开展应急预案培训、演练工作,未根据应急预案演练结果对应急预案进行完善。

未建立网络安全预警机制,缺少安全风险预警措施,无法对网络安全风险信息进行分析评估,预测事件发生的可能性、影响范围和危害程度。

无法应对突发安全事件和严重的自然灾害;未制定有针对性的安全事件应

急响应预案,并开展应急演练;无法及时有效地采取措施应对各种的网络安全事件。

10.5 安全整改意见

针对评估中发现的较高风险等级的薄弱环节,提出以下几个方面的建议。

1) 物理安全风险整改建议

(1) 进入机房提前申请及审批

建议进入机房要提前申请,并有专人审批,获审批方可进入,并建立完善审批流程和相关制度。

(2) 介质分类管理

建议对介质分类标识(如磁盘、磁带等介质),存储在介质库或档案室中,要分类存放,并做好相关存放、保存记录以便管理。

(3) 安装光、电等技术的防盗报警系统

建议机房内安装利用光、电等技术设置机房防盗报警系统,加强物理安全管理。

(4) 机柜及设备无接地

建议核心机房中的机柜做好接地,避免造成设备的损毁。

2) 网络安全风险整改建议

(1) 访问控制

建议启用或细化如财务管理系统防火墙、灾备机房防火墙、服务器内网区内部防火墙安全防护策略,细化粒度到端口级。

(2) 安全审计

建议合理建立设备账号,如建立管理员、操作员、审计员账号,以实现对特权用户权限分离,避免多人共用一个账号,或只有一个管理账号情况。

(3) 身份鉴别

建议通过管理、技术措施对设备登录密码长度、复杂度进行限制,如:密码长度8位以上,数字、字母、字符组合,并定期更换。

3) 主机安全风险整改建议

(1) 口令管理策略

建议完善口令管理策略,在重要服务器和数据库全面开启口令复杂度、口令更换周期、失败登录次数等口令管理策略,从技术层面限制弱口令或者长期使用同一口令等安全隐患。

(2)远程登录管理

建议为重要服务器开启安全的远程管理协议,如由 ssh 替代 telnet、https 替代 http,并严格限制远程登录的 IP 地址,防止用户口令由于不安全的连接方式导致口令泄露。

(3)安全补丁管理

建议配备统一的补丁升级服务器,统一为重要的服务器和数据库更新安全补丁,防止高危安全漏洞导致的系统故障。

4)应用安全风险整改建议

(1)身份鉴别

建议系统加入用户账户唯一性和口令复杂度策略,保证应用系统中不存在重复用户身份标识,限制相同用户同时登录。

(2)用户登录锁定及会话超时限制

建议为系统加入错误登录锁定功能,用户连续 5 次错误登录,锁定该账户 5 分钟。为系统代码层加入提供超时响应自动结束会话功能,会话超时操作应结束会话。

(3)用户权限管理

建议为系统加入由系统管理员配置访问控制策略,默认账号没有访问权限,需赋予相应角色。限制系统管理员以最大权限操作应用系统。

5)管理制度风险整改建议

通过对风险评估结果的综合分析,结合被测单位的实际情况,在管理制度安全方面应对以下内容进行整改:

(1)管理制度

建议完善安全管理制度,并通过正式、有效、权威方式发布并执行;建议制定安全管理体系,并进行论证和审定。

(2)安全操作规程

建议对安全管理人员或操作人员执行的日常管理操作建立安全操作规程。

(3)管理岗位

建议岗位设置成立指导和管理网络安全工作的委员会或领导小组,其最高领导由单位主管领导委任或授权;岗位要设置系统管理员、网络管理员、安全管理员,并定义各个工作岗位的职责,不可兼职。

(4) 人员配置

(5) 安全意识及培训

建议对安全教育和培训进行书面规定,针对不同岗位制定不同的培训计划,对网络安全基础知识、岗位操作规程等进行培训(要求安全培训记录表)。

(6) 系统建设

建议授权专门的部门对信息系统的安全建设进行总体规划,制定近期和远期的安全建设工作计划;并定期调整和修订总体安全策略、安全技术框架、安全管理策略、总体建设规划、详细设计方案等相关配套文件。

(7) 系统安全管理

建议定期进行漏洞扫描,对发现的系统安全漏洞及时进行修补;建立健全系统安全管理制度,对系统安全策略、安全配置、日志管理和日常操作流程等方面作出具体规定;指定专人对系统进行管理、划分系统管理角色,明确各个角色的权限、责任和风险,权限设定应当遵循最小授权原则。

第11章　行业网络安全技术研究

行业网络安全技术研究要在满足交通运输信息安全发展需要的同时符合国家等级保护基本要求和设计技术要求，为交通运输行业的信息安全建设提供方法论及具体的建设措施和技术指导。本技术指南依据国家《信息系统相关标准》，结合交通运输行业特点，对多安全域身份认证交互、配置基线策略库和模型设计进行了具体要求，以保障将国家等级保护要求行业化、具体化，提高交通运输系统重要网络和信息系统信息安全防护水平。

11.1　可信安全技术

随着我国交通运输行业的飞速发展，行业信息化建设的步伐显著加快。如何在信息化建设的基础上，构建行业的可信安全技术体系，是直接影响行业安全、健康和快速发展的关键问题。本节将研究如何建立行业可信安全技术体系以及构建技术体系涉及的若干关键问题。

信息安全等级保护制度是国家信息安全保障工作的基本制度。我国多年来一直非常重视行业信息安全工作，相继颁布了一系列相关标准，为各个行业进行基础信息网络保护以及行业重要信息系统的等级划分提供了理论依据。当前，交通行业重要信息系统之间随着网络互联互通，面临的安全风险进一步增加，同时各个系统在信息安全等级、运行模式、信任机制等多方面存在差异，在交通运输行业已定级的重要信息系统之间建立跨域的互信关系，构建行业内部可信的网络互连架构是行业内部各种资源和各类信息安全交互和共享的前提和基础。

11.1.1　可信网络互联机制

可信计算组织 TCG(Trusted Computing Group)是对于可信计算相关领域进行研究的专业组织，曾于2004年5月专门设立了的一个分组机构，名称为"可信网络连接分组"(Trusted Network Connect Sub Group，TNC-SG)，该机构制定了可信网络连接的一系列规范，同时将可信研究从终端扩展到如何保障网络完整性以及安全性方面。依据TCG提出的网络可信互联思想，将网络连接可信框架引入交通运输行业等级化信息系统的跨域互联中，可以建立一种面向行业等级保护的多级别信息系统间的可信安全互联体系。该体系能有效保障交通运输行业不同等级重要信息系统应用平台的跨域互联，为提高行业信息安全水平提供了有效的互联技术框架和方法。

可信网络连接的基本思想如下：当某个终端想要访问网络时，其身份信息会首先被输入并鉴别，鉴别操作主要是检查身份状态信息的完整性，同时终端的安全逻辑条件还要与系统的安全逻辑约束关系进行比对，一旦终端符合了系统的安全条件，那么认为其是可以信任的，终端就可以接入网络中；当终端不符合系统的安全策略要求时，终端的访问要求将被拒绝或者被隔离，意味着该终端不能接入网络。当某个终端处于被隔离的状态时，可以参照系统的安全策略对该终端进行相关的修复操作。通过修复操作，使得终端的相关安全状态信息符合系统的安全约束要求时，终端就可以连入网络中。整个网络可以始终保持在一个可信、安全的互联状态。

TNC-SG研究制定了网络进行安全互连需要遵循的连接规范(Trusted Network Connection，TNC)，同时还研究了终端在接入可信网络之前的完整性策略以及接入网络之后终端完整性策略符合验证。研究发布的系列规范包括了安全互操作的相关标准以及开放式终端的完整性体系结构，通过对用户的完整性自定义保护整个网络的完整性。

TNC架构体系具有两大特性：开放性和通用性。总共包含三个层次：网络访问层、可信评估层以及可信度量层。可信评估层主要对相关可信属性进行评估，可信度量层主要对于可信属性进行采集和校验。通过可信评估层和可信度量层，对发出网络连接请求者进行身份等相关信息的状态校验，可以对网络连接进行安全控制；同时TNC-SG还对标准接口进行了定义，使得不同厂家的产品可以有效兼容，同时将现有的身份鉴别、网络访问控制等相关网络安全技术结合起来。

如图11-1所示，TNC由3个不同的层次构成，在传统访问层之上，构建了两个新的可信层次，分别完成可信评估和可信度量。在基础架构中，还包括了5个实体角色，分别为：网络访问请求发起者、安全策略执行者、安全决策者、数据存储点以及相关的控制器。为了有效地将各个组件连接，还包括一些关键的接口组件，以保证组件之间的顺利连接。

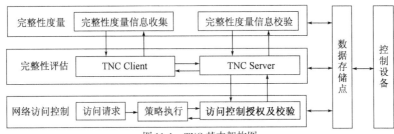

图 11-1　TNC 基本架构图

该 TNC 架构在网络访问层的基础上，又添加了另外两个层次对状态信息进行评估和度量。整个控制流程如下：首先网络访问请求者先向安全策略执行者发起一个网络接入的请求，安全策略执行者将该访问请求发送到安全决策者，而安全决策者按照认证流程对该请求进行决策。认证流程如下：

（1）用户身份鉴别；

（2）应用平台认证；

（3）可信属性评估和度量。

上述三个层次的认证逐层进行，假如有任何一个层次的认证未通过，则整个可信信任链断裂，认证失败；假如逐层认证每个层次都成功认证，那么将建立一条完整的可信链。在通过认证流程进行决策之后，安全决策者将给网络访问授权者发送一条认证结果的信息，网络访问授权者将根据该信息决定执行何种网络连接策略。通常网络连接策略设置为三种：同意接入、隔离、禁止接入。

通过参考可信网络连接相关标准及规范，结合交通运输行业重要信息系统网络连接需求，并分析调研了目前网络连接的现状，建立了一种符合交通运输行业特点的可信网络连接架构。该可信网络连接框架如图 11-2 所示。

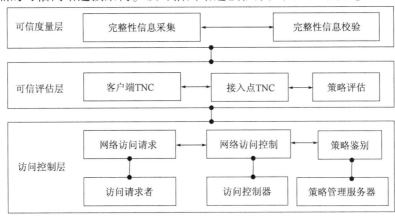

图 11-2　交通运输行业可信网络连接架构图

该架构采用集中管理的模式,同时保留三层基本架构,并引入了由第三方进行管理的信任控制机制。

由于目前交通运输行业重要信息系统正在依据我国颁布的一系列等级保护相关文件标准进行定级保护工作,因此,不同等级信息系统之间的可信互联也具有重要性。

目前交通运输行业内部对于重要信息系统定级主要为二级和三级系统,本章依据国家颁布的《信息安全技术 信息系统等级保护安全技术设计要求》(GB/T 25070—2010),同时结合可信计算的相关思想,建立了交通运输行业二级以及三级重要信息系统的可信、安全支撑平台,同时研究建立了一个多维度的安全防护机制,包括诸多安全影响因素,例如系统所处的计算环境、网络各个区域的界限、安全的网络接入、网络通信等。本章建立的防护机制结构如图11-3所示。

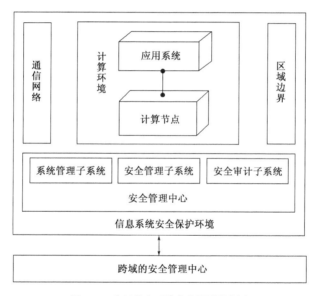

图11-3 各级信息系统安全设计结构图

由于信息系统定级的不同,在同样的三重防护体系下,不同等级信息系统安全控制点的布设也不同,并且采用的相关安全控制策略也不尽相同。为了防止信息系统等级化之后,无法进行可信的互联互通,从而出现新的"信息孤岛"现象,因此必须构建等级信息系统之间的安全可信互连机制。

由于不同等级信息系统之间的差异,信息系统在连入网络时会面临各种安全风险,例如当系统进行跨域访问时,不同级别的安全标记是不同的,因此非常容易出现系统及用户权限发生外泄的隐患;同时还会面临虚假身份及假冒安全级别的风险;当不同等级系统进行数据交换或者共享时,还存在数据泄露、数据完整性被破坏等多种风险。为了有效保障不同等级信息系统之间的信息交换及共享、用户交互访问以及多系统协同办公等操作的安全性,本节在充分考虑信息系统自身安全影响、信息系统所部署的环境以及应用支撑等多种因素,将构建一种面向不同级别的信息系统互联的可信模式。

本节构建的这种解决等级差异系统安全互联问题的多级互联的应用模式包括两种子模式。

第一种子模式:域内可信互联

在交通运输行业的电子政务应用系统以及行业内企业的信息系统中,存在这样一类信息系统,它同时包括多个信息系统,这些信息系统的等保级别是不同的,但是这些系统之间不存在明确的物理边界。这类信息系统之间的互联即域内可信互联模式。该类模式的构建主要包括建立明确的信息系统之间的逻辑边界、采用安全的数据共享机制、进行逻辑隔离操作以保护某些高级别信息系统中的关键信息等方面。

第二种子模式:域间可信互联

当不同级别的信息系统之间的区域边界明确,同时它们位于不同的计算环境中,彼此之间的网络互联即域间互联。由于不同的计算环境之间本身的差异显著,同时由于不同级别访问控制需求不同,因此进行域间可信互联比较困难。

本模式主要关注域间可信互联问题,通过分析不同的计算环境,并对不同等级系统的应用支撑平台进行分析,结合可信安全网络互连机制,提出了域间可信互联的方法,该方法对可信服务、可信软件、可信平台等进行设置,能够有效提高多级信息系统跨区域网络互联的可信性与安全性。

首先参考 TCG 相关规范中定义的 TNC 基本架构,引入可信任的第三方机制,该机制包括三个内容:可信服务、可信软件、可信平台,可对跨域行为进行管理。同时制定和管理互联安全策略,并对网络接入行为进行控制,从而实现不同域间的多级认证,建立一条多级信任链,该信任链的信任关系逐层认证、逐层传递,层与层之间的信任关系互为依托、互相保障。不同等级的可信互联架构图如图 11-4 所示。

图 11-4 中的可信互联架构包含 3 个层次。第一层是传统的网络访问控制层,该层主要处理网络访问请求,该层支持并兼容目前主流的各类有线及无线网络连接技术;第二层为网络互联的评估层,该层主要功能对应用平台的各类状态信息进行可信评估,同时对平台进行认证;第三层为可信信息度量层,该层次主

要采集和验证应用支撑平台自身的状态信息。

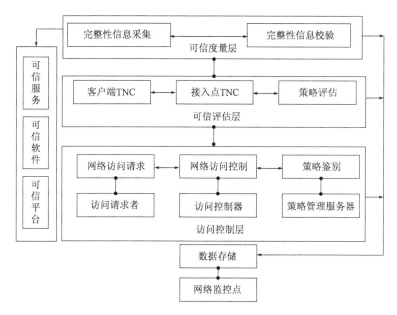

图11-4　等级化安全应用支撑平台域间多级可信互联架构图

在该可信互连结构中,还包含以下5个不同的实体角色:

(1)网络接入请求者:该实体是在某一类计算环境中发出网络连接请求的具体设备,可以是各类网络设备或者组件。该实体可以依据功能区分为以下三个部分:完整性信息度量采集者,该部分主要采集各种终端信息,通过采集的各种信息测量终端的完整性;已定级的交通运输行业重要信息系统平台,该部分采集进行完整性测量信息收集操作的收集者的信息,评估并衡量收集者自身的状态信息,并将评价结果报告完整性,依据评估结果报告自身的完整性信息;第三部分主要是指发起访问请求网络访问请求者,该请求者要求建立跨域网络互连的位于计算环境中的某个终端。

(2)边界控制器:主要指依据策略管理器发出的安全策略,对网络访问请求者的接入请求执行某种控制操作,包括完成接入、隔离操作或者拒绝接入请求三种操作。边界控制器包括三个部分:完整性信息收集者,主要采集发出互联请求的节点的信息,对其完整性进行评估测量;互联接入点,主要采集完整性度量者的自身信息完整性的信息,同时发送终端节点的安全状态信息,并对自身的完整性信息进行度量;网络访问控制者,主要对试图接入设备的网络请求进行控制,并依据策略控制器最终发布的粗略进行安全操作。

(3)互联安全策略控制器：主要功能是依据相关安全互联策略，决定是否允许网络访问请求终端的访问请求，同时还具有对执行平台进行安全策略评估的功能，能实现对执行平台的完整性信息度量功能。该控制器包括三个部分：验证完整性信息，通过采集相关完整性属性信息，依据策略控制器发布的验证信息，将验证结果发送给策略安全性评估者；策略安全性评估者，该部分根据第一部分得出的结果，对于整个网络互联过程进行可信评估和鉴别，根据评估的具体结论，将相应的安全策略发送给进行安全策略鉴别的实体；鉴别策略服务者是一个策略鉴别实体，该实体能依据目前网络互联的相应状态，将网络互联的所有信息例如身份状态信息、网络授权以及联网策略等发送给下一个实体协助进行网络边界访问控制操作。

(4)数据访问点：该部分实际是独立的数据服务器，功能是保存不同的用户、各种网络终端、应用支撑平台等实体的各种相关信息，包括系统、用户的状态信息、网络安全策略等。该部分是整个网络中进行数据安全交互、共享的平台。

(5)网络监控：该部分主要功能是进行网络安全管理和监控，通过实时收集网络中各种信息，并将这些信息转发给策略控制器，从而实现网络控制。依据这些信息，策略控制器可以动态调整网络中的安全访问策略，实现安全策略的及时更新和调整。

在构建了交通运输行业不同等级信息系统多个域间多级可信互联架构之后，本节还将确定不同级别的信息系统跨域网络安全、可信、互联的流程，通过细化并梳理整个跨域访问的过程，建立一个包含多个步骤的流程控制过程，该流程如图11-5所示。

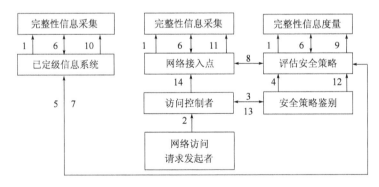

图11-5 不同等级信息系统域间互联流程图

步骤1：首先对行业的重要业务系统进行定级，当已经定级的系统发起网络访问请求时，在连入网络之间，首次要发现并绑定该系统平台以及连入网络时的接入点,同时进行初始化操作,以确认系统平台和网络接入点状态信息的实时性和有效性。评估策略服务者也必须发现并载入相关的完整性信息度量校验者,进行初始化。

步骤2:当定级信息系统平台请求互联时,网络访问请求发起者发送互联请求。

步骤3:当网络访问控制者收到来自网络访问请求发起者的请求互联消息后,网络访问控制者向进行安全策略鉴别操作的服务器发出策略实施请求。该服务者设定认证操作是一个连续的有序操作过程,并设置认证工程为用户、实体、平台以及状态信息完整性等过程。如果前一个认证不成功,那么后继的认证操作不能进行,整个认证过程失败。前两步认证过程在鉴别策略服务者和网络接入请求组件之间进行,平台认证和完整性认证发生在网络接入请求组件和安全评估策略者之间。

步骤4:用户身份认证操作在鉴别策略服务者和网络接入请求组件之间进行,如果认证成功,认证结果被发送给安全评估策略者,告知其有一个网络接入的请求。

步骤5:安全评估策略者和已经定级信息系统之间进行平台认证。

步骤6:平台认证操作在已经定级信息系统和安全评估策略者之间进行,若认证成功,以下步骤并发执行:

①安全评估策略者通知完整性信息度量校验者一个网络互联请求已经发生,需要进行完整性验证。

②已经定级信息系统将发生一个网络互联请求的信息发送给信息度量者,同时要求其提供状态信息。

③网络互连接入点也会发生一个网络互联请求的信息发送给信息度量者,也要求提供状态信息。

信息度量者在接收了信息系统和网络互联接入点的告知信息之后,也将向它们发回反馈信息。

步骤7:已经定级信息系统和安全评估策略者彼此交换各种状态信息,这些被交换的信息会被其他相关实体例如网络访问请求发起者、鉴别策略服务者以及网络访问控制者进行转发。直到网络接入请求者的状态信息满足安全评估策略者的要求。

步骤8:网络互联接入点与安全评估策略者彼此之间也会交换各种状态信息,这些被交换过的信息被网络访问请求发起者、网络访问控制者和鉴别策略服务者转发,直到完整性状态满足安全评估策略者的要求。

步骤9:安全评估策略者将每个度量者的状态信息发送给校验者。完整性信息度量校验者分析完整性信息度量者信息,若完整性信息度量校验者觉得还需更多完整性信息,就通过相关接口组件发送需求信息;若完整性信息度量校验者已经对状态信息进行了判断鉴别,则完整性信息度量校验者接口将结果发送给安全评估策略者。

步骤10:已经定级的信息系统充当中间传递角色,安全评估策略者发送的信息经由已经定级的信息系统传递给信息度量者,并将来自度量者的信息发送给安全评估策略者。

步骤11:网络互联接入点充当中间传递角色,将安全评估策略者发出的信息传递给信息度量者,并将来自信息度量者的信息发送给安全评估策略者。

步骤12:假定安全评估策略者完成和已经定级信息系统的完整性认证,则安全评估策略者将决策发送给鉴别策略服务者。

步骤13:鉴别策略服务者发送安全评估策略者的决策给网络访问控制者,网络访问控制者根据该决策实施相关控制行为。该决策也将发送给信息系统。

步骤14:实施相关的安全互联策略,整个互联完成。网络互联接入点实施鉴别策略服务者转发的安全评估策略者决策。互联过程结束。

在上述的控制流程中,需要进行一系列的信任认证,包括对计算环境的可信认证、对用户身份进行鉴别、对网络中涉及的相关实体进行认证、对网络中的应用支撑平台进行认证以及对完整性信息实行鉴别,这些对彼此之间互相关联的鉴别认证是一个连续不间断的过程,最终建立一条不同等级的信息系统网络连接的信任链条,构建一个可信、安全的网络互连环境。这条信任链的建立以及传递流程如图11-6所示。

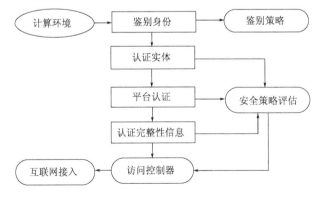

图11-6　不同等级的信息系统网络连接的信任链

图 11-6 表明,该信任链包含多重信任关系,这多重关系之间互相关联,前一层的信任关系是后继一层信任关系认证的前提,只有当前一层的认证成功,其后一层的认证操作才能继续进行;如果前一层的认证失败,则意味着整个认证流程失败,后继一层的认证不再进行。其中,结构中引入的可信第三方对各个认证层次的认证结果的可信性进行持续度量,并将度量结果发送给鉴别策略服务模块和安全策略评估模块,从而实现了对于不同等级重要信息系统支撑平台的可信性评估。

具体认证流程描述如下:

为了保证计算节点的可信性,每个计算节点所在的终端必须是一个经过可信认证的终端,可信第三方中提供的服务、平台、软件等也必须通过相应的可信认证,计算节点通过经过认证的平台、服务、软件等进行相关操作。当位于可信的计算环境中的某个用户发出了网络连接请求,由于该连接请求是跨域的,因此首先连接请求自身的状态信息将被验证,验证成功后,将进行信任关系的下一级认证及用户身份认证。

用户的身份鉴别是整个信任链中非常关键的一环,如果用户的身份经证明合法、可信,那么就进行下一级认证;如果用户身份的状态信息认证失败,那么整个认证就失败。

在用户身份成功认证之后,访问请求所针对的网络互联对象,即处于另一个平台的客体进行完整性信息度量,对客体信息资源的验证成功后,用户和其想要访问的客体信息资源之间建立了信任关系,可信验证的控制权将传递给下一级进行平台认证。

采集两个平台的状态信息,通过对这些状态信息进行分析验证,评估两个平台自身的可信性,如果评估结果不可信,则整个认证过程失败;如果两个平台认证成功,那么平台之间就建立一种可信关系,平台之间的可信互联的安全性就得到了有效的保障。

最终,为了验证网络互联整个过程的可信及完整性,将收集网络互联操作过程的完整性信息。完整性验证信息将储存在安全策略服务器中,该服务器将验证结果报告给对访问行为进行控制的位于网络接入位置的相关控制组件,这些控制组件依据验证结果采取相应的策略措施。

目前,交通运输行业重要信息系统经过交通运输部统一业务调研及各个单位自查定级,重要信息系统定级均为二级或者三级,没有一级和四级以及五级系统。因此,交通运输行业重要信息系统之间的可信互联是发生在同等级或者跨二级、三级信息系统之间的,同等级信息系统由于相关安全要求一致,较容易实现安全可信的网络互联,而二级和三级信息系统本身的安全要求不一致,因此在跨域互联时面临一些困难。本章中重点解决交通运输行业中跨二级、三级信息系统的网络可信互联问题。

本章是以一个二级重要信息系统和一个三级重要信息系统之间的网络可信互联架构为研究对象,通过上述一系列的层层认证操作,建立信任链,从而构建一个跨二级和三级重要信息系统之间的网络可信互联架构,具体如图 11-7 所示。

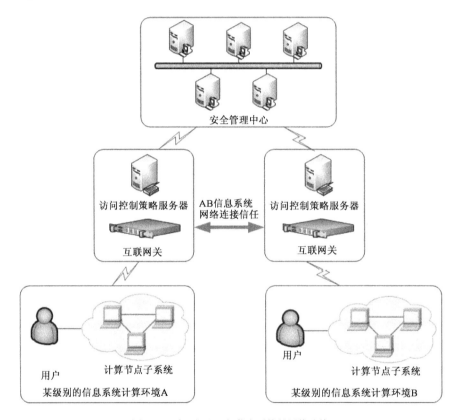

图 11-7　跨二级和三级信息系统的网络连接

图 11-7 中,交通运输行业某两个分属不同等级的信息系统分别位于计算环境 A 和计算环境 B 中,计算环境 A 中的用户发起网络访问请求,想要访问位于计算环境 B 中的客体信息资源时,需要经过一系列的可信认证流程。

首先安全管理中心经过跨级多级认证并进行相应的权限控制操作,从而生成相应的安全访问控制策略,这些策略将发送给网络互联的位置,例如互联多级网关等设备,通过这些设备执行相关的安全访问控制策略。其中安全管理中心的主要功能是进行一系列的认证操作,建立一条可靠的信任链。这些多级的认证操作包括对用户身份状态的信息验证、对各个实体以及平台等状态信息的验证以及对采集的各个类别的完整性信息进行认证和度量。

具体过程如下:

①计算环境 A 中的已经定级的信息系统发出访问请求,要求访问计算环境 B 中的另外一个已经定级的信息系统中的客体信息资源时,用户身份是否合法可信首先要进行鉴别操作,当用户的身份可信性经过证实之后,才能进行后续的相关操作。

②用户身份一旦经过验证时真实、合法、可信的,还需要对用户请求访问的对象实体即客体信息资源进行认证。需要检验用户请求对象在所处计算环境中的是否可信,并采用相关算法对其可信程度进行衡量,分析其相关的安全属性。经过验证操作之后,用户就可以与资源建立一种可以信赖的关系,客体信息资源认证成功。

③对两个已经定级的信息系统所处的计算环境进行认证,即 A 和 B 之间的一种互相认证,即所谓的双向认证。如果两个不同等级的信息系统所处的计算环境的相关状态信息经过完整性度量和评估操作之后被认定是可信的,那么对于系统所处的两个平台认证操作成功完成。

④对网络互联中涉及的各类完整性信息进行认证和度量操作,以检验整个网络互联的过程是否安全可信。

经过上述 4 个步骤之后,完成了相互关联的四级认证过程。在认证的过程中,当存在任何一个级别的认证没有通过的现象,那么整个认证将失败,无法建立可信的网络互联,只能产生隔离策略或者禁止策略,这些策略在访问控制器后,访问控制器将执行隔离或者禁止网络访问的操作。只有当所有的认证都成功之后,将产生相关的安全访问控制策略,这些策略将传送给访问控制器,而访问控制器都位于各自平台的边界位置上。收到相应策略的访问控制器将这些策略发给网络互联网关,网关将实现网络的互联。

为了有效保障网络的可信互联,还需要分析各个等级化信息系统互联的可信性。主要有两个方面会对整体可信性产生影响:

(1)网络接入可信度量

当不同等级的信息系统平台在互联过程中,通常网络连接的控制点分布在边界的网关位置,跨域网络安全管理中心即引入的可信第三方主要进行一系列的认证操作以及进行安全策略授权服务。当一个用户发出的网络访问请求被接收到之后,可信第三方将对采集各个信息系统中的状态信息,主要包括完整性状态信息以及安全状态信息两类,在经过了对用户身份鉴别操作、对被请求的客体信息资源进行验证操作、平台互相之间的可信认证操作以及网络连接的完整性信息验证操作之后,网络访问请求中若有不安全的或者恶意的访问行为以及不可靠的状态信息将被及时发现,控制管理器还会做出相应的应对措施,包括隔离或者禁止。上述过程能有效保障发出访问请求的用户、相关实体、各个平台在进行网络互联时都是安全可信的,从而确保整个网络可信以及安全。

(2)网络连接可信度量

网络中相应位置设置的网关能有效控制网络连接的可信性。同时在网络区域边界位置通常会布设访问控制器,这些控制器能对网络中的安全策略进行调整,还能对网关的网络互联行为进行控制。网络连接时,安全管理中心首先要度量完整性信息,从而生成相应的安全控制策略。当完整度量未通过时,则意味着有可不信的网络互联行为发生,出现这种情况时,将生成相应的安全策略,该策略在发送给访问控制器之后,访问控制器将采取相关的操作,对网关的状态进行控制,并建立访问控制机制。

因此,本章提出的这种基于可信思想的网络互联方法,在网络互联时进行可信验证,同时在连接之后也对网络的可信状态进行动态的监督和管理。

11.1.2 可信环境技术体系

建立交通行业可信安全技术体系的目标是建立一个经过明确定义的形式化模型,该模型通过相关安全策略及安全技术,对用户的访问要求进行有效控制,将整个行业信息系统安全环境的构建转化为关键和非关键的保护元素,从而使得系统抵抗安全风险能力大为提高,安全防护能力获得有效增强。

通过对行业现有信息系统安全情况进行大量实地调研,同时结合行业安全具体要求,将行业安全技术体系构建转化为以下几个关键因素:

1)安全计算环境组件

该组件的主要功能是保障信息系统所处环境的安全性,即对信息系统内部数据的安全存储以及安全处理等。

2)区域边界安全组件

该组件的主要功能是保障信息系统的计算环境组件边界的安全性,同时,当安全计算环境组件和网络通信安全组件之间互联时,需要提供保障二者之间网络互联的可信性和安全性的相关措施。

3) 网络通信安全组件

该组件的主要功能是保障安全的通信环境,在信息系统安全计算环境之间传输信息及实施安全策略。

4) 安全管理中心

该部分是一个统一的控制组件,该中心主要是实现在上述涉及的组件之间构建可信安全互联的机制,同时对于相关安全策略进行统一管理。

在交通运输行业信息化建设中,通常一个重要信息系统涉及的业务流程包含三个层级,即部级、省级和地市级,在个别信息系统中,业务流程还延伸到县级。因此,在构建统一的信息系统安全架构时,至少要考虑部级、省级、地市级三个级别的信息系统的安全性。每一层之间虽然业务流程彼此相对较为独立,但是各层之间又可以通过可信的网络连接进行数据信息的共享和处理。

在每一个层次中都包含了上文中描述的四个部分的组件,其中每一层的安全计算环境组件是指重要信息系统所处的终端,每一层的区域边界安全组件是指跨域的边界部分;每一层的网络通信安全组件是指该层中内网或者外网网络。

依据综合运用IATF信息保障体系框架模型及相关行业标准,从通信网络、区域边界、计算环境、支撑基础设施四个方面的内容,进行交通运输行业信息安全技术框架研究,构建多层次、立体式安全防护体系,形成集纵深防护、身份联合、提前预警、数据安全流转、应急响应、灾难恢复、统一审计和违规取证于一体的,适用于行业内单一信息系统、纵向核心业务类系统群集、横向综合管理系统群集的,多层次、纵深的安全防护体系,完成满足交通运输行业重要业务系统特点的信息安全技术体系框架指南的编制,从而实现并覆盖等级保护基本要求中对网络安全、主机安全、应用安全、数据安全和物理安全的防护要求,以满足交通运输行业信息系统全方位的安全保护需求。

信息安全保障技术框架(Information Assurance Technical Framework,IATF)的核心思想是纵深防御战略(Defense in Depth)。所谓深层防御战略就是采用多维度、纵向和横向三方面的安全策略,并通过该安全策略保障行业重要信息系统的安全可信。

交通运输行业可信安全环境技术体系框架从网络、主机、应用、数据、物理、基础设施等几个方面进行设计,结合对交通运输行业网络通信、系统应用、交通运输数据等几个层面环境现状及风险分析,完成适用于交通运输行业重要业务系统的,以IATF纵深防御思想为基础的信息安全技术体系框架的设计,如图11-8和图11-9所示。

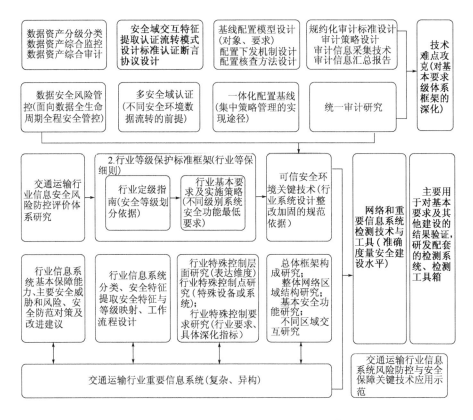

图 11-8 交通运输行业可信安全环境关键因素

11.1.3 关键技术

构建一个交通行业可信安全环境,通常要包括各类安全技术要求。通过大量行业调研和反复论证,结合交通运输行业信息系统复杂、异构的现状,确定了构建可信、安全的行业信息系统环境急需解决的薄弱环节作为突破点。本小节重点内容是确定以下几个构建行业可信安全环境的关键技术。

1)跨域身份认证交互技术

目前,交通运输行业存在各业务系统处于分散、异构的应用环境中,业务种类多样、业务流程复杂并且关联度较高,系统的用户对象多样,应用访问控制涉及面广和系统之间接口复杂并缺乏可信的验证手段等安全相关问题。为了解决相关问题,我们需要对在交通行业中进行跨域身份认证技术的研究。

图 11-9 交通运输行业可信安全环境技术体系框架

通过对安全声明标记语言(SAML)、Web服务联盟语言(WS. Federation)以及自由联盟(Liberty Alliance)计划等几种跨不同安全域建立身份认证技术进行研究和分析,在交通行业不同安全域采用何种身份鉴别方式是我们主要研究的内容。因此要结合交通行业特点,研究跨域身份认证交互技术的具体应用。

跨域身份认证交互技术主要是为了解决应用安全体系中的身份鉴别的问题,尤其是在基于不同安全域进行业务交互时,允许多个不同级别的信息系统共享身份验证信息,即在不同信息系统中管理用户身份的服务器之间进行身份信息的信任传递,免除用户身份多次认证的过程,在保障系统安全性的同时,提高了业务处理效率。当某个用户在一个信息系统中成功登录后,当该用户再次访问彼此之间拥有信息关系的其他信息系统时,用户的身份信息不需要要再次认证就可以访问相关信息资源。

根据交通行业复杂异构环境下信息系统认证多样化、兼容性差、缺少互信体系的实际情况,研究建立行业跨域的单点登录身份鉴别、身份互信技术,在重要业务系统所属的多个不同域之间形成可信、安全的信任关系,从而用户实现了不同域之间的访问交互。跨域认证业务模型图如图11-10所示。

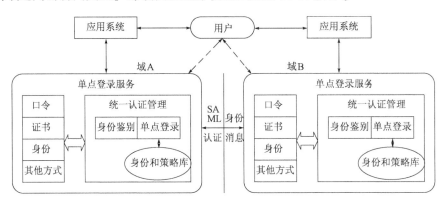

图11-10 跨域认证业务模型图

依据交通运输行业的重要业务系统间的跨域身份认证交互模型,研究交通运输行业认证断言信息定义,建立适用于全行业的身份认证信息协议库,明确不同安全等级系统用户身份的级别、权限范围、跨域协同模式,监理重要业务系统间身份认证交互流程、协议传输标准。

通过建立跨域认证技术,可以将目前交通运输行业重要业务系统中现存的用户身份识别机制进行汇聚整合,从而满足用户跨域的信息系统访问需求。

2) 一体化配置基线模型

一体化基线配置模型主要研究针对交通行业信息系统复杂异构环境下对网络中种类、数量繁多的设备和软件进行统一的配置基线模型及配套技术体系。

通过建立信息系统所属设备或软件的一体化配置基线模型,实现交通运输行业重要业务系统的统一配置管理,可以有效地提高日常运维人员的工作效率,降低操作中的人为失误导致的安全风险;行业内重要业务系统不合规的策略配置可依据配置基线进行配置修改;用配置基线模型的基础,可实现配置采集、配置校验、配置下发等功能。本小节主要研究以下内容:

配置基线建模结合行业应用的特殊性、复杂性,参考国家、国际或行业信息安全标准和规范,对网络、应用、数据层面的设备配置按不同等级安全要求建立配置基线模型,配置基线模型建立最终形成配置基线知识库。配置基线研究内容包括如下:

(1) 操作系统

操作系统的基线配置包含多个影响因素:用户账户信息、访问控制、文件访问存储等属性信息、登录参数、网络完整性、系统补丁、对象完整性、口令强壮度、启动文件、系统审计、自定义脚本执行、账户信息、AD 检查、磁盘配额、加密文件系统、组策略、注册表、系统邮件、系统队列、用户配置文件等具体合规性配置基线设计模型。

(2) 数据库

数据库包括 DBA 组权限用户、数据库补丁、登录参数、数据库密码、磁盘状态、数据库角色、数据、对象权限、其他关键配置等具体合规性配置。

(3) 网络设备

网络设备包括结构与网段划分、访问控制列表、拨号访问控制、边界完整性、口令强壮性、其他关键配置等具体合规性配置。

(4) 应用系统

应用系统包括应用账户权限、日志文件权限、ISAPI 调用、应用账户密码、登录参数、其他关键配置等具体合规性配置。

(5) 其他设备

其他设备包括对特殊设备根据其具体实际情况定制具体的配置模型。

3) 安全功能符合性检测

交通运输行业信息系统数量庞大、横纵向部署涉及领域多而广,信息资产众多,在系统规模和资产数量上表现出复杂和异构的特点,导致单一检测技术在交通运输行业信息系统不能有效地进行安全检测和功能性检验；另一方面，目前交通运输行业缺少统一符合行业实际应用需求的检测标准、规范及配套技术规范，在这种复杂异构的行业背景下，行业信息安全检测工作的执行和落实缺乏有效的规范性管理。

信息安全检测技术是对信息安全建设水平及实现效果的有效度量，是检验信息安全建设的重要手段，也是落实信息安全等级保护制度的重要环节，但目前对信息资产、信息系统进行安全检测的工具和手段众多，并且层次复杂，采用不同的工具、流程和手段检测同一系统可能得出的不同评价结论。

鉴于上述问题，本书将对安全功能符合性检测技术进行研究，形成适用于交通运输行业的信息安全符合性检测标准、检测流程、检测工具接入要求及覆盖检测内容等。

以 GB/T 22239—2008 等级保护基本要求为基础，建立安全等级保护工作的符合性检测体系。本关键技术重点解决的是如何保障安全等级保护工作的符合性检测体系的有序、长效运作。通过对安全等级保护安全检测从标准、流程、评价依据三个方面对安全功能符合性检测进行体系研究，保证安全功能符合性检测的流程化、自动化、标准化等。对异构条件下交通运输行业重要业务系统的检测标准、检测流程和检测评价，形成科学、系统、全面的功能符合性检测体系。主要研究内容包括以下几部分：

（1）检测标准

依照交通运输行业信息系统的特点研制相关检测标准，从行业网络状态、系统支撑应用平台、行业信息数据等层面的共性特点入手，立足测试原则，分析安全检测力度，研究面向交通运输行业重要信息系统的安全功能符合性检测标准。

（2）检测流程

交通运输行业信息系统存在复杂异构的特点，安全符合性检测的开展是面向复杂系统的综合评估工作。符合性检测流程主要从检测准备、方案编制、现场检测、分析及报告编制四个基本检测过程出发，研究面向交通运输行业重要信息系统的具体检测流程，细化流程每个步骤输入输出信息。在符合性检测系统中，将每一个流程完整的体现出来，并对每一个流程涉及的信息和数据进行完整的记录，可实现对信息数据的复用和统计分析。

（3）符合性检测评价

符合性检测评价通过对评价结论、评价报告模板的研究，实现交通运输行业统一的符合性检测报告模板，便于检测报告统计及分析，从相同的标准下，增强行业重要信息系统及安全环境的可信程度。

11.2 跨域身份认证技术

在实际应用中,"域"的概念是指一个身份认证机制与若干个不同的网络应用的有机结合。"域"在交通运输行业中,各级重要信息系统之间的各类业务流程关联强度大,各类业务信息之间需要进行交互,存在需要跨域访问的应用需求,因此建立跨域的身份认证机制十分必要。

跨域认证的相关技术可以解决用户访问不同域的服务器信息需要多次身份认证识别的问题,只需将身份信息输入并成功登录一个信息系统,当用户想访问建立了信息关系的其他信息系统时,不再需要重新进行身份认证,有效地提高了用户对信息系统进行访问的效率。

目前,在我国交通行业各个业务领域中存在大量信息系统,并且相关企业和机构都已经建立了自己的认证系统,防止非法用户登录访问。这些信息系统分散异构、环境复杂、应用用户对象多样化、应用相互关联度大、应用访问控制涉及面广、系统之间接口复杂以及缺乏可信验证手段。随着行业业务的不断发展以及信息系统安全等级的确定,用户在多个安全域间进行数据交换及业务协同的需求日益增强,然而合法用户在访问不同信息系统时,需要重复输入身份信息,进行身份合法性的鉴别,整个操作费时烦琐,导致访问效率低下。交通运输行业信息业务正面临跨多安全域对信息安全构成的威胁。如何在目前交通行业系统现有身份认证基础之上,建立一种可信的跨域身份认证技术,解决多次身份认证带来的不便,成为目前的研究重点关注的问题。

本节内容主要研究面向交通运输行业重要业务系统跨安全域身份认证交互技术,实现交通运输行业重要业务系统在多个等级的信息系统与多性质网络中进行合理安全、规范的访问,保证信息系统在用户跨域访问和系统跨域服务的信息安全。

11.2.1 身份认证相关技术

身份认证技术基本思想是通过对被鉴别对象提供的相关属性信息进行评估和度量,从而最终确定被鉴别对象是否合法有效的过程。

跨域身份认证实际就是在不同域内登录的客户和服务器之间的认证流程,主要包括身份认证和跨不同域的相关技术。

身份认证技术是能够针对信息的发送方和接收方的所属身份状态信息进行识别,具有对身份的合法性、有效性、真实性等多重特性进行鉴别功能的一种技术。

证实被鉴别对象是否真实有效的方法主要有以下三种：第一种方法，依据需要进行身份鉴别的实体所知道的信息进行鉴别；第二种方法，是依照进行身份鉴别的实体自身属性信息进行鉴别；第三种方法，是根据被鉴别对象独特的特点或特征证明其身份。在具体应用中，三种方法既可以单独使用，也可以依据具体需求综合利用。

身份认证技术的发展经历了以下多个不同的阶段：第一阶段是从单纯的软件认证过渡到通过向硬件等相关部件进行认证的过程；第二阶段是从依照单个影响因素进行认证的技术过渡到双重或者多重影响因素进行认证的技术；第三阶段是从静态身份认证技术过渡到动态身份认证技术。

目前，常见的身份认证方法有：①基于口令的鉴别方法，包括静态口令和动态口令两种方式；②基于智能卡、令牌的鉴别方法，该方法利用内置集成电路的芯片存储用户身份信息；③基于 PKI 数字证书的鉴别方法，该方法可以利用可信第三方证明用户的合法身份；④基于生物特征的鉴别方法，该方法利用人体的独特、唯一的生物特征，例如人的面部特征、指纹特征、手掌纹特征、视网膜特征、虹膜、语言等，依靠计算机图像处理、模式识别等相关技术进行用户身份的鉴别，如视网膜、面容、语音、签名等；⑤基于组合因子的鉴别方法，该方法是依据实际应用的特点，将若干种认证方法进行有机结合，以期获得更好的认证效果。

目前，随着相关技术的不断发展，新的认证方法不断涌现。

1）基于量子密码的认证技术

密码学是信息安全研究的一个重要内容，量子密码技术是一门交叉学科的产物，是密码学与量子力学相关技术原理的结合，量子力学的基本原理有效保障了量子密码的安全性。在基于量子密码的身份认证技术中，量子态成为信息载体，合法用户之间通过量子通道传递密钥。其中"海森堡测不准"原理是指在同一时刻以相同精度只能单独测量量子的所处位置或者单独测量其动量，同时获得量子的位置和动量信息是不可能的。而"海森堡（Heisenberg）测不准"原理的推论是"单量子不可复制"定理，该推论指出如果要复制单个量子，必须要知道量子状态，否则复制单个量子是不可能的。对单个量子进行测量，必然引起量子的状态的改变。因此，在不改变状态的前提下，量子是无法复制的。量子密码技术具有经典密码学算法无法具有的两个功能特点：一是合法用户双方在通信室，采用量子密码技术可以察觉潜在的窃听者，以便及时采取相应的措施；二是量子密码无法破解。由于量子密码技术具有"不可窃听性"和"不可复制性"，将该技术用于身份认证应用中，原则上可以建立难破解、不可窃听的保密通信机制，有效保障了用户通信安全。

2) IBE 技术

1984 年 Adi Shamir 等人提出了一种基于用户信息的加密方法。该方法利用用户公开的信息，例如用户个人身份证号、邮件地址、手机号码等，将这些用户个人信息作为加密时的公钥。在 2001 年，美国加利福尼亚大学和斯坦福大学的研究人员共同提出了基于标识的 IBE 算法，该算法的创建具有开创性意义的。在此前基于证书的 PKI 的方法中，证书的各种操作例如撤销、保存、发布和验证等管理复杂，耗费资源多，在实际应用中，由于实时性需求及低带宽的现实，造成该方法具有一定的局限性，而在基于 IBE 技术的方法中，可以从用户的相关信息中直接获取公钥，不需要可信第三方的授权，同时不需要保留大量用户数据只需保留少量相关参数信息，管理简易，耗费资源相对较少，认证复杂度显著降低。

3) 思维认证技术

研究人员以大脑—机器接口技术（Brain-Computer Interface，BCI）为理论基础，提出了一种全新的有望替代传统的身份认证方式即思维认证方法。该方法对用户大脑的脑电波的波形图进行扫描、存储、处理、解读等一系列操作，从而在一定程度上理解用户的想法。基本原理如下：当用户受到某种外界刺激之后，用户大脑会针对该刺激做出某种反应，这种反应体现在大脑的神经系统活动也会随之发生相应的变化。通过一定的技术手段将人脑神经系统活动的变化检测出来，就可以及时了解人的思维变化。研究人员据此进行了大量试验，试验结果表明被测实体不同，其大脑对于同样的外部刺激所产生的大脑变化也是不同的。也就是说不同人在面对同一外部刺激时，其大脑产生的思维的信号具有独一无二的特性。基于此，可以采用探测人脑思维变化信号进行用户身份的识别。

在目前的身份认证面临的安全威胁中，社会工程因素由于其自身的特点，是所有安全中最难以防范的。而思维认证方法能够利用用户自身特点对合法用户进行鉴别，即使非法人员通过社会工程学方法获得了合法口令，但是却无法模拟合法用户的独特的思维信号。因此该方法可以有效抵御利用社会工程学原理的各种攻击方法。

4) 基于用户行为的认证技术

该项技术的最大特点是对用户的行为进行采集和分析处理，从而寻找挖掘用户自身的访问行为特征，发现用户行为的规律性。一旦用户的某次行为偏离了一贯遵循的某种规律性，那么就判断进行该次行为的用户为不合法用户，存在用户身份的假冒行为。

行为认证技术需要依据用户行为进行身份判断,必须长期跟踪并采集记录用户的历时行为,应用相关算法,分析和挖掘用户固有的行为特征,建立用户行为特征库,此后用户的行为都会与行为特征库中的特征进行比对,一旦发生偏离和违背,这种异常行为会被及时监测出来。因此,该方法可以有效抵御各种对合法用户身份的假冒行为,保证身份识别的准确性。

5) 自动认证技术

自动认证技术被称为是"下一代认证技术",代表着认证技术将来的发展趋势。该项技术最大的特点是融合现有的多种认证技术,例如上述的利用人脑思维识别认证的技术、分析行为方式的认证技术、结合密码学理论的量子学认证技术等,建立一种混合模式的认证方式,该认证方式能同时应用用户口令、身份证书、人体生物学特征等,从而建立多元化的智能认证架构体系。

其基本原理如下:采集各类别的辅助认证信息,将这些辅助信息作为输入,建立专家知识系统对输入信息进行判断,从而识别合法用户身份。专家知识系统中的专家知识库可以通过各种学习方法进行更新,并通过数据挖掘技术识别专家知识库中的威胁和风险,并及时摒除。

由于采用单一的身份认证技术,很容易被非法用户假冒,而自动认证技术可以将多种认证手段的无缝接入,从而使各个认证技术的优势最大化,有效提高认证系统的安全性,同时正好可以提高系统的安全性,这种混合的认证方式与单一的认证技术相比,具有极大的优势。

11.2.2 多安全域特征分析

针对交通行业信息系统分散异构,应用环境复杂、关联度大,用户对象多样化等安全相关问题,依据信息系统定级级别、系统承载具体业务以及系统网络性质,分析提取交通运输行业信息系统所涉及安全域的交互特征。由于交通行业信息系统异构分散,呈点状、条状乃至块状分布,应用环境复杂,横向系统间关联度较大,系统服务对象多样化,分布范围较广。针对跨多安全域身份认证交互的业务需求,信息系统安全级别、承载业务情况、承载信息情况、网络性质及连接情况、信息系统用户类型及存储模式是安全域的交互的主要要素特征。

交通行业多安全与交互特征主要包括以下几个方面:

1) 信息系统安全级别特征研究

交通运输行业重要信息系统其等级保护级别,根据系统受到损害后影响到的客体及对客体侵害的程度综合判定,根据本书重要的研究成果——交通运输行业信息系统安全等级保护定级指南,交通运输行业信息系统的安全等级,在实际跨安全域身份认证的场景中,主要是定级为信息安全等级保护第二级的系统以及定级为信息安全等级保护第三级的系统,大部分的跨安全域身份认证交互发生在二级系统间、三级系统间以及二级三级系统间。不同安全域交互必须严格遵循 GB 17859—1999 对各级系统的安全保护要求,以各定级系统的计算环境安全、区域边界安全和通信网络安全为基础,通过安全管理中心增加相应的安全互联策略,保持用户身份、主/客体标记、访问控制策略的一致性,对互联系统之间的互操作和数据交换进行安全保护。不同层级安全域间不同信息系统间交互,根据信息系统网络特点、工作层级、系统安全级别等层面提取交互特征,如图 11-11 所示。

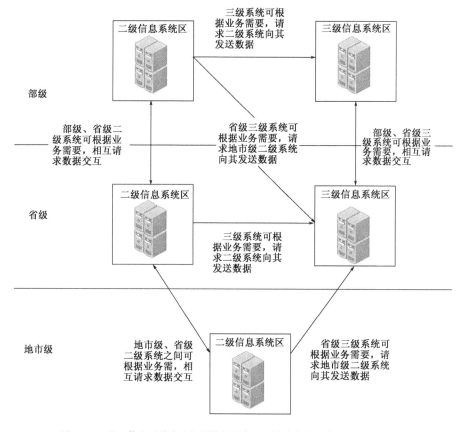

图 11-11 基于信息系统安全级别特征的交通运输跨安全域身份认证交互模式

2) 信息系统承载业务及信息情况特征研究

交通运输行业信息系统承载业务情况特征主要是从行业信息系统所服务的业务职能入手,参考行业信息系统分类体系,从公路管理、道路运输管理、水路管理、海事救捞管理、政务管理、综合服务、基础支撑等几个维度进行特征研究。

系统承载信息特征是多安全域间数据安全交互流转的前提,根据交通运输行业重要信息系统所支撑的行业业务以及管理、使用和运维单位,系统提供服务所需的支撑信息、系统提供服务所产生的信息等几个维度,提取交通运输行业各信息系统所承载的具体信息特征。

根据不同维度提取的信息系统承载信息根据自身特点,可以归类为6种,包括基础设施数据、行业管理基础数据、运行信息数据、应急数据、政务信息数据、其他类型数据。通过分析,交通行业信息系统承载的具体信息如表11-1所示。

交通运输行业各信息系统所承载的具体信息　　　表11-1

交通行业主要网络	承 载 信 息
互联网	公开电子政务信息/行业管理业务数据
高速公路收费专网	高速通行费信息/高速交通量信息/高速收费站信息
交通行业专网	部署在互联网上的行业管理业务数据
海事专网	海事管理相关业务数据
移动网络	需要移动开展的行业管理业务数据
高速公路光纤通信网	高速公路监控信息等

3) 网络性质及连接情况特征研究

系统所属的网络规模以及网络性质隶属于业务网络范围范畴。经过分析,交通运输行业信息系统的网络规模经过特征提取主要涉及全国联网、区域联网、省域联网以及部门内部的局域网络。网络性质经过特征提取主要包括互联网、移动网络、各种行业专用网等。

根据信息系统部署位置和服务对象,依据各交通运输行业信息系统的网络性质,提取相应网络间的连接状况特征如表11-2所示。

交通运输行业各信息系统网络的连接状况　　　表11-2

交通行业主要网络	连 接 状 况
互联网	互联互通
高速公路收费专网	物理隔离
交通行业专网	通过网闸、VPN等实现与其他网络的连接

续上表

交通行业主要网络	连 接 状 况
海事专网	物理隔离
移动网络	互联互通
高速公路光纤通信网	物理隔离、与交通专网连接
打捞救助专网	通过网闸、VPN等实现与其他网络的连接
国家交通骨干网	物理隔离
国家高速公路网络	物理隔离

依据表11-2,跨安全域身份认证交互模式的基本规则如下:相同性质间网络可以进行数据交换和业务协同;不同性质间网络必须采用离线方式或其他手工方式进行数据的同步。

4)信息系统用户类型及管理模式特征研究

跨安全域身份认证交互技术的基础是对系统用户进行识别、认证与管理。目前交通运输行业各业务系统的应用各不相同,用户数量庞大、类型和权限等各不相同,加之各个系统需要协调工作,所以用户现有属性和数字身份标识已经不能满足跨域应用的要求。本书旨在建立全行业统一的数字身份管理体系,其建设基础即提取当前行业信息系统用户类型及存储模式特征。

交通运输行业信息系统用户类型特征:交通行业管理人员、从业人员、经营业户、法人和社会公众5个维度提取用户的基本信息、所属的组织机构、用户角色信息、用户权限范围、用户变更情况、用户关键属性等特征。

交通运输行业信息系统存储模式特征:通过对现有交通应用系统的用户进行梳理,抽取不同用户类型的存储情况以及数据属性记录特征,掌握当前行业信息系统采用的用户信息存储方式。目前,交通运输行业信息系统的存储类型是主流的DAS、SAN、NAS三种。

11.2.3 跨域身份认证模型

目前交通行业的信息系统处在大规模分布式网络环境中,在这种异构网络环境中,域间的信任关系随着发生动态变化,由于跨不同信任域的访问频繁发生,因此如何在大规模异构网络环境下实现跨域的动态认证是亟待解决的问题。本节中的跨域认证是指某个信任域内的身份认证机构能够对其他信任域的用户进行身份验证的机制。

在本节中,为了适应大规模网络环境下异构域认证机制不一致,域间信任关系动态变化的特点,我们尝试性地引入"信任管理"来建立域间信任关系,从而实现行业内的跨域身份认证。

1) 跨域流程

跨域认证在实际应用中解决的是跨越不同信任域的用户身份认证问题。基于信任度计算的跨域认证方法是通过计算和评估不同域之间的信任程度,从而建立域之间的信任关系。

这里的信任度是不同域之间信任程度的度量。在每个域中,设置一个认证服务器,该服务器主要是对本域内想要访问外域的用户进行认证,评估该用户是否满足访问外域应该具有的最低信任度,如果该用户能够满足信任度要求,那么该服务器就可以针对用户的网络访问请求向外域的用户认证服务器提供信息,外域的认证服务器收到该信息后根据推荐信任状况决定该用户是否是合法用户,是否满足其访问要求。

例如,域 A 中的用户想要访问域 B,必须向经过域 A 中的认证服务器进行信任评估,确定该用户满足最低信任度的要求,然后将其推荐给域 B 中认证服务器,一旦域 B 中认证服务器确定该用户是可以信任的,将允许其访问。但是这种信任关系是一种单向信任关系,并不具有双向特性。如果域 B 中的认证服务器信任某个经过认证的用户,该用户想要获得域 A 中的认证服务器的信任,还需要通过反向计算和评估,从而才能确定域 A 对域 B 的信任程度。

在本节中,假设每一个域都有各自的计算信任度的机构 TC。同时为了完善信任度的评估,还引入了结果反馈过程。当域 A 中的用户获得了域 B 中认证服务器的信任,成功访问域 B 之后,域 B 对针对用户的访问行为进行测评,并交给域 B 中的 TC 计算信任度,从而使得用户的信任度是随着其访问行为表现而动态变化。当该用户的访问行为多次测评结果良好,其用户的可信程度就会提升;当其多次访问行为测评较差,将依据一定的规则将其可信程度降低。用户在域 B 中可信程度的变化会解释反馈给用户所在的域 A,用户的行为及其可信程度的变化将直接影响其所在域的认证服务器是否信任用户,是否在用户想要访问外域时对其进行信任推荐。这种基于用户信任度的跨域认证方法在一定程度上可以遏制恶意访问的发生,同时有效鉴别域中被黑客攻击的节点,及时剔除域中的不可信用户,在一定程度上防范了网络安全风险。

2) 信任度计算

M. Blaze 等人于 20 世纪 90 年代后期提出了信任管理(Trust Management)的概念,其意义在于为具有开放、分布和动态特性的网络提供了安全决策框架。同时，A. Abdu 等人对信任的概念进行了细化，并划分了信任内容和信任程度，并将数学模型应用于信任的评价中。D. Gambetta 等人认为信任是经验的一种体现，并据此提出了一系列的信任模型，其中具有代表性的是 Beth 模型。该模型对经验的概念进行了描述，对信任关系进行了度量。此外，Josang 等研究人员在原有信任模型的基础上，引入事实空间（Evidence space）和观念空间（Opinion Space）概念对模型进行细致分析，并将主观逻辑（Subjective Logic）运算子用于信任模型的推导。

在本章中，将建立信任模型，首先对信任相关概念进行定义。由于信任概念在目前各类信任模型中没有统一的定义，首先需要对信任进行定义。在本书中，结合交通领域实际应用的现状，对信任的定义如下：

定义1：信任是对用户可信程度的描述，与用户自身的可靠性、安全性相关。

定义2：信任关系是用户与域的认证服务器之间的相互信任途径的描述。划分为两类：一类是直接信任关系，指用户和用户或者认证服务器之间直接产生联系，通过历史经验建立的信任关系；另一类是间接信任关系，是指用户和认证服务器之间并未直接产生联系，通过间接联系建立的信任关系。

定义3：信任度是对用户可信程度的量化表达，信任度的取值描述了可信程度的高低，信任度取值伴随用户访问行为发生动态变化。

在本章提出的信任模型中，研究对象之间的信任关系具有以下特性：

（1）任何信任关系存在于网络互联的两个对象之间。

（2）信任具有主观特性，即不同的对象对于同一个评估对象，其评估的信任值不尽相同。

（3）信任具有非对称性的特点，即两个对象之间的信任程度并不一定对等，互相评估的信任值也不一定相同。

（4）信任关系通常是建立在两个对象之间，如果有第三个对象介入该信任关系，必须存在信任关系传递的有效条件。

（5）对象之间的信任关系是一种动态变化的关系，随着对象的不同行为和操作而发生变化，信任值也随着发生升高或者降低的变化。

上述特性贯穿整个信任关系的生命周期中，并影响着信任关系的建立和变化。本节在研究信任关系的过程中，充分考虑了信任关系特性产生的影响作用。

依据等级保护的相关规定，通过分析调研交通运输行业重要业务系统的类型、业务流程以及各级用户访问特点，将整个行业的信息系统划分到若干个不同的域中。每一个域都是相互独立的，有符合本域需求的访问策略及安全策略。域和域之间可以根据业务流程的需要，建立相应的信任关系，从而简化用户对不同域的访问流程。

本章研究了交通运输行业域的类别和特点,将存在的信任关系进行了梳理分析,总体上存在以下两种信任关系:

(1) 每个域内自身存在的信任关系

位于同一域内中的实体之间的信任关系属于域内的信任关系。当域内的一个实体需要和本域中的另外一个实体建立信任关系时,首先要判断两者以前是否存在信任关系,如果存在,直接使用以前的信任值,如果不存在,需要进行信任关系查找,利用信任关系的传递特定,根据本域中的信任推荐表确定推荐关系,从而采用权值计算的方法确定这两个实体之间的信任值。若并不存在直接信任关系,也并未根据传递特性查到推荐关系,则表明两个实体之间不存在信任关系,信任度为0。

每一个域中需要维护一张实体信任关系表,记录本域中各个实体之间存在的直接的或者推荐产生的各种信任关系以及信任值。推荐产生的信任关系依据前提条件的差异,建立不同的优先级别,并体现在不同的权值取值上,对推荐信任关系进行差别化区分。

(2) 行业内不同的域之间存在的信任关系

当一个域中的用户需要对另外一个域中的信息资源发出访问请求的时候,那么就存在域间信任关系。该信任关系实际是表示和衡量位于不同域的实体之间的信任程度。

本书为了清楚表述、明确计算这类信任关系,对每个域都建立了信任表,该表记录本域与其他域的交互情况,主要记录域中哪些节点发生了哪些访问行为,该行为是否可信。如果两个域之间存在交互信息即直接发生了访问关系,那么这两个域中的各个节点的访问行为都会对两个域的信任关系产生影响。例如某个域中的节点访问了另外一个域中的信息资源,但是该访问存在欺诈或者其他不可信行为,那么该节点的这种行为会直接对两个域之间的信任关系产生影响,会使得两个域之间的信任值降低;反之,如果两个域之间发生了多次访问行为,并且这些行为都是可信的操作,那么这些访问行为的诚信累计会动态改变两个域之间的信任值,使得信任值不断升高。如果节点的访问行为长期可信,那么该节点将被赋予较高的权值,在进行同一个域的信任关系推荐时也将具有较高的优先级别。

具体的计算步骤如下:

① 首先,需要分析并计算不同域之间的信任值。实体 a 属于域 M,实体 b 属于域 N。$TM(N)$ 表示域 M 对域 N 的信任值。

M 的认证服务器查询其域间信任关系表,若查到,表明 M 和 N 的关系已经得到了验证,可以直接量化信任关系,进行赋值操作,若无直接信任关系,则对其直接信任关系赋值为 0。

M 的认证服务器向除了 N 之外的其他域的认证服务器发出评估请求,收到请求信息的认证服务器进行查表操作,如果信任关系存在,则肯定在表中可以查到,就可以将信任值赋给 dir_{x_i},若无直接信任关系,则 $\mathrm{dir}_{x_i}(N)$ 的值为 0。将 $\mathrm{dir}_{x_i}(N)$ 发送给域 M 的认证服务器。X 表示除了 M、N 以外的其他域。

根据各个域服务器的应答计算信息可以得到下式:

$$T_M(N) = l \cdot \mathrm{dir}_M(N) + p \cdot \frac{\sum_i^z \mathrm{dir}_{x_i}(N)}{z} \tag{11-1}$$

式中:l、p——域间直接信任关系和间接信任关系的权值;

z——除了域 M、N 以外的域的数目。

②再计算实体 a 对 b 的信任值。

查找 N 的权值表找到 a 的权值,则可以得到:

$$T_a(b) = w_b \cdot \left[l \cdot \mathrm{dir}_M(N) + p \cdot \frac{\sum_i^z \mathrm{dir}_{x_i}(N)}{z} \right] \tag{11-2}$$

当用户完成了本次访问之后,需要对访问情况进行评估,根据评估结果更新相关的信任值。实体之间的信任程度随着用户的访问行为而发生动态的变化,用户的操作是否诚信直接影响了信任值的高低变化。通过这种反馈评估操作,使得信任值能实时体现网络访问的可信性。

3) 认证协议描述

不同安全域间身份互信的基础是不同安全域的用户身份信息采用统一的标准认证断言协议,在跨域身份认证时,被访问域能够解析来自访问域的用户身份信息。因此交通运输行业标准认证断言设计是跨域身份认证交互技术的核心。

标准认证断言协议需要能够兼容不同的身份鉴别方式。为保证标准认证断言协议具备较强的行业适用性,交通运输行业信息系统必须遵循同体的身份认证鉴别方式。根据调研当前行业信息系统主要采用的身份鉴别方式及应用的范围和规模,以及中间运行时存在的安全问题,交通运输行业将采用双因素的认证方式,如用户名口令加动态口令或者用户名口令加 USBKEY 认证的方式进行统一身份界别。用户名口令加指纹识别既协调二级、三级系统对安全性的需要,又保证安全部署的具体实施。

交通运输行业信息系统交互特征和认证需求,进行适用于交通运输行业的标准认证断言协议的设计。主要从协议格式、协议包含字段、协议不同字段对应内容进行研究。

在完成对两个国际标准 SAML 2.0 断言和 OpenID 的研究后,本书研究了面向交通运输系统现状的认证断言协议如下:

认证申明:表明用户是否已经认证,通常用于单点登录。

属性申明:表明某个 Subject 的属性。

授权申明:表明某个资源的权限。

用户通过 LDAP 登录到 IDP 域后,IDP 给已经登录的用户生成一个 SAML Asseration,包括员工的身份信息,这个信息通过 SSL 加密传递到 SP 后,SP 先验证签名(Sign),解析出这是一个来自某个交通运输系统的请求,要访问它的某个应用程序(Relaystat),SP 会继续把这个要求传递给自己的应用程序,由它来决定授权。

下面代码是以 SAML 实现的标准示例:

< Response　　　　　　　　　Destination = " < http_protocol > : // sp:9031/sp/ACS. saml2"
IssueInstant = "2013-09-20T18:45:05. 541Z" ID = " mlFj46Z1ac5. Og0XRUQng9I9PZA" Version = "2.0"
xmlns = "urn:oasis:names:tc:SAML:2.0:protocol"
xmlns:saml = "urn:oasis:names:tc:SAML:2.0:assertion"
xmlns:ds = " < http_protocol > : // org/2000/09/xmldsig#" >
　　< saml:Issuer > idp:cloud:saml2 < /saml:Issuer >
　　< ds:Signature >
　　< ds:SignedInfo >
　　< ds:CanonicalizationMethod Algorithm = " < http_protocol > : // org/2001/10/xml-exc-c14n#"/ >
　　< ds:SignatureMethod Algorithm = " < http_protocol > : // org/2000/09/xmldsig#rsa-sha1"/ >
　　< ds:Reference URI = "#mlFj46Z1ac5. Og0XRUQng9I9PZA" >
　　< ds:Transforms >
　　< ds:Transform Algorithm = " < http_protocol > : // org/2000/09/xmldsig#enveloped-signature"/ >
　　< ds:Transform Algorithm = " < http_protocol > : // org/2001/10/xml-exc-c14n

```
#"/>
    </ds:Transforms>
    <ds:DigestMethod Algorithm = "<http_protocol>://org/2000/09/xmldsig#sha1"/>
    <ds:DigestValue>lhx/bdl8SDvYFlTORdnkMGSn9IE = </ds:DigestValue>
    </ds:Reference>
    </ds:SignedInfo>
    <ds:SignatureValue> ko2nIwlZN4vjtSWWDHwL + eF + uZKyFENdBP7f97jALUIAoWo37hc03ko
aKo2Q2Dbq7thv + BXVuEPr
    FYjhaS8rKUXPhETx4k4GMCEqMCGHuPAX1WanBHp4Pj1AV + WJdlijIal-rGQaxRPhxlBGD5i
R1i2fm
    ca + Kd5eHfuXZOav3lf0 = </ds:SignatureValue>
    </ds:Signature>
    <Status>
    <StatusCode Value = "urn:oasis:names:tc:SAML:2.0:status:Success"/>
    </Status>
    <saml:Assertion Version = "2.0" IssueInstant = "2011-06-21T18:45:05.619Z" ID = "IbDavCE__pPV99SnSP5aFX8ZVtZ">
    <saml:Issuer>idp:cloud:saml2</saml:Issuer>
    <saml:Subject>
    <saml:NameID
Format = "urn:oasis:names:tc:SAML:1.1:nameid-format:unspecified">joe</saml:NameID>
    <saml:SubjectConfirmation Method = "urn:oasis:names:tc:SAML:2.0:cm:bearer">
    <saml:SubjectConfirmationData NotOnOrAfter = "2011-06-21T18:50:05.619Z" Recipient = "<http_protocol>s://sp:9031/sp/ACS.saml2"/>
    </saml:SubjectConfirmation>
    </saml:Subject>
    <saml:Conditions NotOnOrAfter = "2011-06-21T18:50:05.619Z"
```

NotBefore = "2011-06-21T18:40:05.619Z" >

    < saml:AudienceRestriction >

    < saml:Audience > sp:cloud:saml2 </saml:Audience >

    </saml:AudienceRestriction >

    </saml:Conditions >

    < saml:AuthnStatement   AuthnInstant = "2011-06-21T18:45:05.604Z"

SessionIndex = "IbDavCE__pPV99SnSP5aFX8ZVtZ" >

    < saml:AuthnContext >

    < saml:AuthnContextClassRef > urn:oasis:names:tc:SAML:2.0:ac:classes:Password </saml:Authn

ContextClassRef >

    </saml:AuthnContext >

    </saml:AuthnStatement >

    </saml:Assertion >

    </Response >

4) 认证流转模式研究

认证流转是因业务需要协同而起,处理模式的设计需要根据系统承载业务、承载数据、所在网络性质及链接情况以及协同模式的特征等内容进行数据认证流转过程分析,并参考单点登录技术的实现模式和分布式认证技术,实现跨域鉴别流程设计,从而制定面向交通运输行业信息系统的认证流转模式。

(1)交通运输行业单点登录流转模式研究

跨域鉴别技术的主要功能是当用户需要访问位于不同域中的信息资源时,不再需要多次登录,即完成一个单点登录过程。目前,符合交通运输行业信息系统多安全域身份认证的构建联盟技术主要是自由联盟方案(Liberty Alliance Project)。本书是围绕自由联盟方案进行跨域单点登录技术的实现。根据交通运输信息系统的业务构成,基于自由联盟计划的交通跨域身份认证交互技术的管理结构如下:

主体(Principals):交通运输行业信息系统中的使用者,包括管理者、普通用户以及运行维护人员。

服务提供者(Service Providers):交通运输行业信息系统中的管理者,为用户提供交通运输信息系统的相关服务。

身份提供者(Identity Providers)：也是交通运输行业信息系统的管理者，它为其他的主体(系统使用者)提供身份认证、信息访问控制等服务。

基于上述研究基础，基于自由联盟协议的交通运输行业信息系统登录流程设计如图11-12所示。

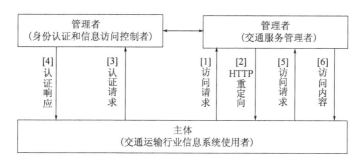

图11-12　基于自由联盟的交通运输行业信息系统登录流程设计

（2）分布式的跨域鉴别流转模式设计

在交通运输行业不同的安全域内分别部署服务于本域的用户认证系统，并采用数据分布式同步的模式，在跨安全域身份鉴别时，将用户身份断言信息在不同域的用户认证系统间流转并解析，以此完成跨域身份鉴别过程。

分布式的跨域鉴别的核心是实现在每个域内用户只需单点登录，当有跨不同域的访问需求时，采用基于SAML或其他标准认证断言协议的传输方式，可以安全方便地传输用户的身份断言，解决用户身份信息安全传输及统一解析的问题。系统将采取SAML标准语言实现，为保证数据的进一步安全，身份认证断言数据的传输可以采用加密SSL信道传输，身份认证断言数据可以用CA进行签名加密；分布式跨域鉴别流程设计如图11-13所示，分布式鉴别模式基本流程设计如下描述。

步骤1：用户身份鉴别

当用户要求访问域A中的相关资源时，首先需要登录到域中的身份鉴别服务器进行用户身份合法性鉴别。通过鉴别操作，判定用户身份合法有效，域中的身份鉴别服务器建立一个该用户的身份报告，声明该用户身份合法，该身份报告在被本地保存。同时身份鉴别服务器将合法用户的访问请求重定向域中的管理资源的应用服务器上。

步骤2：建立身份声明

用户在访问域A中管理资源的应用服务器时，首先需要建立一个基于SAML的身份声明，该声明发送给验证服务器进行验证操作，证明声明本身的有效性，在验证通过之后,访问时创建身份声明,并发送给域 A 验证服务器,请求验证用户的声明。域 A 验证服务器验证用户建立的声明之后,会将该声明返回给应用服务器,应用服务器根据该声明进行判断,决定是否允许用户访问该域中的资源。

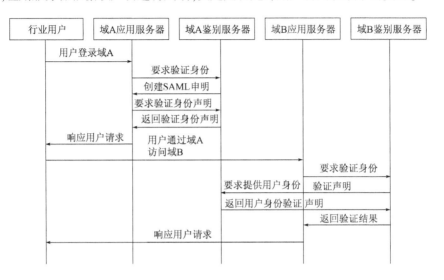

图 11-13　分布式跨域鉴别流程设计

步骤 3:跨域访问

用户发起跨域访问请求。用户想要访问域 B 中的资源信息,不需要直接登录域 B 中的资源,只需要域 A 中应用服务器将用户的访问请求转发给域 B 中的应用服务器。域 B 中的鉴别用户身份的服务器发现用户已经通过域 A 中的身份鉴别,则不再重新鉴别用户身份,通过联系域 A 中的服务器,要求其发送用户的相关身份鉴别信息即可。

一旦当域 B 中的鉴别身份的服务器收到了身份证明,并验证了该身份证明的合法可信性之后,验证结果发送给同一域中的应用服务器,该服务器根据验证结果,决定是否允许用户访问本域中的信息资源。

11.3　一体化安全基线技术

为了保护重要信息系统信息安全,国家颁布了系列信息安全等级保护标准。信息安全等级保护是我国信息安全的基本制度、基本政策和基本方法,是指导信息系统安全建设的重要保障。其中《信息安全技术　信息系统安全等级保护基本要求》(GB/T 22239—2008)(以下简称"基本要求")是等级保护建设的基线要求,是等级保护标准体系中的核心标准,也是信息系统安全建设和等级测评依据的最主要标准。

终端安全是保障信息系统安全的重要内容,美国 NIST 最早发布了标准联邦桌面核心配置和美国政府配置基线引起了国内很多学者研究。国家信息中心制定的《中国政务终端安全核心配置》(CGDCC),是对终端操作系统、办公软件、浏览器等常用软件中与安全有关的可选项进行参数设置。

针对交通行业信息系统异构复杂,缺乏统一管理的特点,以 CGDCC 和《基本要求》为基础,提出了面向交通行业重要信息系统的核心基线配置包结构,建立了一体化配置基线模型,提出了重要信息系统主机和桌面终端基线配置策略库。

11.3.1 核心配置基线包结构

核心配置基线包是一种嵌套式结构的数据文件,采用 XML 格式对核心配置基线中各配置项的属性进行规范性标记,以实现核心配置部署及监测的自动化。核心配置基线包由格式版本标记、主体标记及产品标记三部分组成。其中,主体标记包括基线版本标记、配置组标记、配置项标记及检查项标记。核心配置基线包组成结构如图 11-14 所示。

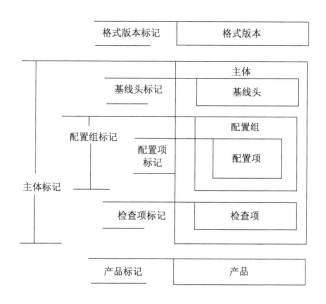

图 11-14 核心配置基线包组成结构

1) 主标记

核心配置基线包采用"CGDCC-Package"作为主标记,字段包括格式版本信息、基线信息和产品信息,结构如表11-3所示。

主 标 记　　　　　　　　　　　表11-3

字　段	名　称	解 释 说 明
CGDCC-FormatInfo	格式版本信息	描述核心配置基线包格式的基本信息
CGDCC-Baseline	基线信息	描述核心配置基线的完成信息,可以描述多条基线
CGDCC-Product	产品信息	描述软件产品基本信息,可以描述多个产品信息

2) 格式版本标记

格式版本采用"CGDCC-FormatInfo"作为标记,字段包括版本编号和版本介绍两部分,用来描述核心配置基线包格式版本的基本信息,其结构如表11-4所示。

格 式 版 本 标 记　　　　　　　　表11-4

字　段	名　称	解 释 说 明
Version	版本编号	核心配置基线包规则版本的唯一标识
Description	概要介绍	对版本规则进行简要说明

3) 基线标记

基线主标记采用"CGDCC-Baseline"作为标记,子标记包括基线名称、基线标识、基线版本、基线状态、版本控制、配置组信息、检查信息及基线所属产品标识,用以描述核心配置基线的基本信息,其结构如表11-5所示。

基 线 标 记　　　　　　　　　　表11-5

字　段	名　称	解 释 说 明
Name	基线名称	描述核心配置基线名称
ID	基线标识	描述核心配置基线唯一标识。此标识按照唯一标识(GUID)生成规则自动生成
RevisionNumber	基线修订版本次数	描述核心配置基线的修订版本号,并与ID一起可用来追溯基线的修订过程
Version	基线版本	描述所生成核心配置基线的版本
Mode	基线状态	包括可编辑状态和已发布状态两种
VersionControl	版本控制	描述核心配置基线版本相关信息

续上表

字 段	名 称	解 释 说 明
SettingGroup	配置组信息	描述核心配置基线所包含的每个策略组的基本信息,可包括多个基线组
Check	检查信息	描述策略组所包含的核心配置项的检查信息,每个配置项都有一条相应的检查信息
ProductID	基线所属产品标识	描述该核心配置基线所属的软件产品标识,用于基线适用性检查

4）配置项组别标记

配置项组别采用"SettingGroup"作为标记,对应字段包括配置项组别名称、组别标识、组别描述、组别版本及配置项信息,用以描述配置项分类的基本信息,其结构如表11-6所示。

配置项组别标记　　　　　　　　　　表11-6

字 段	名 称	解 释 说 明
Name	配置项组别名称	描述配置项组别的名称
ID	配置项组别标识	描述配置项组别的唯一标识（GUID）
Description	配置项组别描述	描述配置项组别的功能介绍
Version	配置项组别版本	描述配置项组别的版本序号
SettingItem	配置项信息	描述配置项基本信息,可以包含多个配置项
VersionControl	版本控制	描述核心配置基线版本相关信息
SettingGroup	配置组信息	描述核心配置基线所包含的每个策略组的基本信息,可包括多个基线组

5）配置项标记

配置项采用"SettingItem"作为标记,字段包括配置项名称、标识、内容、取值及赋值,用以描述各核心配置项的基本信息,结构如表11-7所示。

配置项标记　　　　　　　　　　表11-7

字 段	名 称	解 释 说 明
Name	配置项名称	描述配置项的名称
ID	配置项标识	描述配置项的唯一标识（GUID）
Content	配置项内容	描述配置项内容,包括赋值路径、脆弱性、应对措施、潜在影响等

续上表

字　段	名　称	解 释 说 明
DiscoveryInfo	配置项取值	描述配置项取值类型,包括作用范围、取值方式、取值数据类型等
ExportInfo	配置项赋值	描述配置项赋值的过程,包括组策略导出文件类型、导出文件中配置项的名称等

6) 配置项内容标记

配置项内容采用"Content"作为标记,字段包括配置项描述、赋值路径、脆弱性、应对措施、潜在影响、取值范围、计量单位和取值映射表,用以描述各核心配置项内容的主要信息,结构如表 11-8 所示。

配置项内容标记　　　　　　　表 11-8

字　段	名　称	解 释 说 明
Description	介绍	描述配置项功能及相关参数
UIPath	赋值路径	描述配置项的赋值具体路径
Vulnerability	脆弱性	描述该配置项所对应的系统脆弱性
CounterMeasure	应对措施	解决如何对配置项参数正确赋值
PotentialImpact	潜在影响	说明启用配置项后可能会造成不确定的影响
ValueRange	取值范围	允许配置项赋值的范围
Unit	计量单位	配置项参数的计量单位
ValueMappingTable	取值映射表	如果配置项的参数是几个可枚举值,比如是代表颜色的红($0 \times FF0000$)、绿($0 \times 00FF00$)和蓝($0 \times 0000FF$),括号内为真正取值,此表描述取值与代表此值的显示名称的映射关系,可帮助用户在界面上对取值进行指定

7) 取值映射标记

配置项取值映射表采用"ValueMappingTable"作为标记,包括映射名称、显示名称和值,用以描述核心配置项取值映射表的主要信息,结构如表 11-9 所示。

取值映射表标记　　　　　　　表 11-9

字　段	名　称	解 释 说 明
Mapping	映射名称	描述一个取值和与之对应的显示名称的对应关系
DisplayName	显示名称	取值相对应的显示名称
Value	值	配置项真正取值

8) 配置项取值标记

配置项取值采用"DiscoveryInfo"作为标记,字段包括配置项作用范围、取值方式、取值数据类型、WMI 取值信息、注册表取值信息和脚本取值信息。用以描述核心配置项取值方法,结构如表 11-10 所示。

配置项取值标记 表 11-10

字 段	名 称	解 释 说 明
Scope	作用范围	指配置项作用范围:本机或当前账户
DiscoveryType	取值方式	描述配置项的取值方式,包括 WMI、注册表等
DataType	取值数据类型	描述配置项取值的数据类型,比如整型、字符串
WMIDiscoveryInfo	WMI 取值信息	描述值在 WMI 中的位置
RegistryDiscoveryInfo	注册表取值信息	描述值在注册表中的位置
ScriptDiscoveryInfo	脚本取值信息	描述用来取值的脚本

9) 配置项赋值标记

配置项赋值采用"ExportInfo"作为标记,字段包括组策略导出文件类型、导出文件中配置项名称以及导出文件的段名称。用以描述核心配置项赋值方法,结果如表 11-11 所示。在组策略工具中,通过加载组策略导出文件(GPO Backup)进行赋值。

配置项赋值标记 表 11-11

字 段	名 称	解 释 说 明
GPOGenerateFormat	组策略导出文件类型	描述组策略导出文件的类型,包括 INF、CSV、POL 三种类型
Inf Name	导出文件中配置项的名称	组策略导出文件中描述配置项的名称
SectionName	导出文件中的段名称	组策略导出文件中描述配置项所在的段的名称

10) 配置项检查标记

配置项检查采用"Check"作为标记,字段包括配置项标识引用、配置项存在规则和配置项有效规制。用以描述判断配置项是否存在,以及实际值是否达到基值的规则,结构如表 11-12 所示。

配置项检查标记　　　　　　　　表 11-12

字　段	名　称	解　释　说　明
SettingRef	配置项标识引用	描述所要检查配置项的标识
ExistentialRule	配置项存在规则	检查配置项是否存在
ValidationRules	配置项有效规则	检查配置项参数是否符合规定

11) 产品标记

配置基线的产品采用"CGDCC-Product"作为标记,字段包括产品标识、产品名称、操作系统版本、产品安装信息、产品所属家族以及适用环境信息。用以描述配置基线适用产品的主要信息,结构如表 11-13 所示。

产　品　标　记　　　　　　　　表 11-13

字　段	名　称	解　释　说　明
ID	产品标识	描述软件产品的唯一标识(GUID)
DisplayName	产品名称	描述软件产品的名称
OperatingSystemInfo	操作系统版本	描述操作系统的版本号。此项与 MsiInfo 项、PlatformApplicabilityCondition 项为三选一
MsiInfo	产品安装信息	描述软件产品的安装信息
PlatformApplicabilityCondition	适用环境信息	描述软件产品适用的操作系统
ProductFamilyRef	产品所属家族	描述软件产品所属的产品系列的总称,如 Windows。用 GUID 标识表示

11.3.2　基线配置中的重要数据结构

基线配置中针对不同类型对象的配置信息不相同,需要采用不同的数据结构组织描述这些配置信息,主要的数据结构包括用户身份信息列表、主体安全标记列表、客体安全标记列表、自主访问控制列表、级别调整策略列表、审计策略列表和审计记录格式,如表 11-14 所示。

重　要　数　据　结　构　　　　　　　　表 11-14

编　号	数据结构名称	用　途
1	用户身份信息列表	用户身份、密钥等信息列表
2	主体安全标记列表	以此表为依据,可以利用用户身份查询其标记信息
3	客体安全标记列表	以此表为依据,可以利用客体名查询其标记信息

续上表

编号	数据结构名称	用途
4	自主访问控制列表	确定了主体能自主访问的客体
5	级别调整策略列表	确定了主体能特权操作的客体
6	审计策略列表	确定了系统的审计策略,即需要对哪些安全事件进行审计
7	审计记录格式	审计日志

1) 用户身份信息列表

用户身份信息列表字段包括系统根证书、根证书长度、用户证书及长度、用户签名私钥及长度、加密算法标识、系统对称加密密钥及长度、用户对称加密密钥及长度以及保留字段等。用户身份信息列表字段类型和解释详见表 11-15。

用户身份信息列表　　　　　　表 11-15

字段名	字段类型	解释
RootCert	BYTE*	系统根证书
RootCertLen	UINT32	系统根证书长度
UserCert	BYTE*	用户证书
UserCertLen	UINT32	用户证书长度
UserSigKey	BYTE*	用户签名私钥
UserSigKeyLen	UINT32	用户签名私钥长度
EncAlgID	BYTE	对称加密算法标识
WorkKey	BYTE*	全系统统一对称加密密钥
WorkKeyLen	UINT32	全系统统一对称加密密钥长度
UserEncKey	BYTE*	用户私有对称加密密钥
UserEncKeyLen	UINT32	用户私钥对称加密密钥长度
Reserved	BYTE Reserved [256]	保留字段

2) 主体安全标记列表

主体安全标记列表字段包括主体名及主体名长度、主体所属组名称及长度、主体保密性级别、主体完整性级别、标识主体所属的范畴、主体类型等。主体安全标记列表字段类型和解释如表 11-16 所示。

主体安全标记列表　　　　　　　　　　　　　表 11-16

字 段 名	字 段 类 型	解　　　释
SubNameLength	UINT32	主体名长度
sSubName	BYTE*	主体名
GroupNameLenth	UINT32	主体所属组名称长度
sGroupName	BYTE*	主体所属组名称
ConfLevel	BYTE	用于表示主体的保密性级别
InteLevel	BYTE	用于表示主体的完整性级别
SecClass	BYTE SecClass[8]	标识主体所属的范畴,共64位,8位标识一个范畴,总共可以表示8个范畴,从高位到低位范畴级别依次降低
SubType	BYTE SubType	表示主体类型,即主体是否为安全管理员、系统管理员、安全审计员、普通操作员、进程或设备

3) 客体安全标记列表

客体安全标记列表字段包括客体名及其长度、客体保密性级别、客体的完整性级别、标识客体所属的范畴、客体类型。客体安全标记列表字段类型和解释详见表 11-17。

客体安全标记列表　　　　　　　　　　　　　表 11-17

字 段 名	字 段 类 型	解　　　释
ObjNameLength	UINT32	客体名长度
sObjName	BYTE*	客体名
ConfLevel	BYTE	用于表示客体的保密性级别
InteLevel	BYTE	用于表示客体的完整性级别
SecClass	BYTE	标识客体所属的范畴,共64位,8位标识一个范畴,总共可以表示8个范畴,从高位到低位范畴级别依次降低
ObjType	BYTE	表示客体类型,即主体是否为安全管理员、系统管理员、安全审计员、普通操作员、进程或设备

4) 自主访问控制列表

自主访问控制列表字段包括主体名或主体组名、主体名长度、客体名及其长度、操作类型等。自主访问控制列表字段类型和解释详见表11-18。

自主访问控制列表 表11-18

字 段 名	字 段 类 型	解　　释
SubNameLength	UINT32	主体名长度
sSubName	BYTE*	主体名或主体组名
ObjNameLength	UINT32	客体名长度
sObjName	BYTE*	客体名
OperateType	BYTE	操作类型,包括创建、打开、读、写、执行、更名和删除等

5) 级别调整策略列表

级别调整策略字段包括主体名或主体组名、主体名长度、客体名及其长度、操作类型、授权者用户名及其长度。级别调整策略列表字段类型和解释详见表11-19。

级别调整策略列表 表11-19

字 段 名	字 段 类 型	解　　释
SubNameLength	UINT32	主体名长度
sSubName	BYTE*	主体名或主体组名
ObjNameLength	UINT32	客体名长度
sObjName	BYTE*	客体名
OperateType	BYTE	操作类型,包括创建、打开、读、写、执行、更名和删除等
AuthOwnerNameLenthy	UINT32	授权者用户名长度
AuthOwnerName	BYTE*	授权者用户名

6) 审计策略列表

审计策略列表字段包括节点ID号、审计事件类型、类别、审计开始时间、审计结束时间、保留字段等。审计策略列表字段类型和解释详见表11-20。

审 计 策 略 列 表 表11-20

字 段 名	字 段 类 型	解　　释
NodeID	UINT16	节点ID号
iType	UINT16	审计事件类型、类别

续上表

字 段 名	字 段 类 型	解 释
Bret	UINT16	共2字节,第一个字节表示动作行为,第二个字节表示动作结果及其原因
IsOn	SHORT	审计开个 0:off;1:on
BeginTime	APTIME	审计开始时间
EndTime	APTIME	审计结束时间
Reserved	UINT32	保留字段

7) 审计记录格式

审计记录格式中的字段包括事件节点编号、事件类型、事件发生时间、事件发起主体安全标记、事件对应客体安全标记、事件的操作行为、结果及其原因、保留字段等。审计记录列表字段类型和解释详见表 11-21。

审 计 记 录 格 式　　　　　　表 11-21

字 段 名	字 段 类 型	解 释
NodeID	UINT16	事件节点编号
iType	UINT16	事件类型,包括身份鉴别、客体访问或用户行为等
Time	UINT32	事件发生时间
SubLabel	ALABEL	事件发起主体安全标记
ObjLabel	ALABEL	事件对应客体安全标记
Bret	UINT16	事件的操作行为、结果及其原因
Reserved	Byte Reserved[6]	保留字段

11.3.3 信息系统主机和桌面终端配置基线模型

主机和桌面终端的配置基线包括操作系统安全基线、办公软件安全基线、浏览器安全基线、邮件系统安全基线以及 BIOS 系统安全基线等配置信息,其配置模型图如图 11-15 所示。

1) 操作系统安全基线

包括用户身份鉴别(账户登录、口令管理)、访问控制(账户限制、文件访问授权等)、数据保密(磁盘加密系统等数据保密配置)、剩余信息保护(系统关闭以及会话中断时的剩余信息处理)、安全审计(安全日志和系统日志、审计范围)、网络通信安全(端口、协议和共享的访问控制)以及系统组件安全(设备基础安全配置、访问控制策略、安全事件审计响应策略等)。

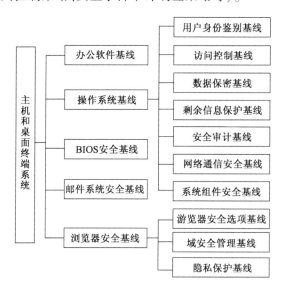

图 11-15　主机和桌面终端系统配置基线模型

2)办公软件安全基线

包括 ActiveX 控件的使用,未经验证的加载项,未数字签名的宏,在线自动更新升级、网上下载剪贴画和模板等资源和访问超级链接。

3)浏览器安全基线

包括浏览器安全选项基线要求(java 小程序脚本、下载和安装未签名的 ActiveX 控件、浏览器的保护模式)、域安全管理基线(访问以太网的安全级别、访问企业专网的安全级别、受信站点的安全级别、限制访问受限站点,禁止从受限站点下载或保存文件)、隐私保护基线(Cookie 文件、下载记录、访问网站历史记录和临时文件夹、输入框自动关联功能)。

4)邮件系统安全基线

包括邮箱登录口令、本地存储的邮件加密、收发邮件数字签名与加密技术、加密协议收发邮件、附件中存在安全隐患的文件类型、邮件中的超链接、垃圾邮件过滤功能。

5) BIOS 系统安全基线

包括开机时启动身份认证机制、限制硬件资源使用、限制开机模式、限制由外部设备引导启动计算机终端。

11.3.4　重要信息系统主机和桌面设备基线配置策略库

主机基线配置策略库是对配置基线模型规定的各项配置信息按照信息系统不同级别进行量化的结果。1999 年,国家发布了《计算机信息系统 安全保护等级划分准则》(GB 17859—1999),明确把信息系统划分为 5 个等级。分别是:第一级:用户自主保护级;第二级:系统审计保护级;第三级:安全标记保护级;第四级:结构化保护级;第五级:访问验证保护级。GB 17859 及其配套系列标准中的 5 级安全保护是按照信息安全保护能力进行的等级划分,是等级保护的基础性标准。

各单位对信息系统进行定级应以《信息安全技术 信息系统等级保护定级指南》(GB/T 22240—2008)为指导,结合信息系统在国家安全、经济建设和社会生活中的重要程度,以及遭到破坏后对国家安全、社会秩序、公共利益以及公民、法人和其他组织的合法权益的危害程度,由低到高按 5 个等级进行划分,具体划分标准参见表 11-22。

信息系统分级标准　　　　　　　　　表 11-22

等级	对象	侵害客体	侵害程度	监管强度
第一级	一般系统	合法权益	损害	自主保护
第二级		合法权益	严重损害	指导
		社会秩序和公共利益	损害	
第三级	重要系统	社会秩序和公共利益	严重损害	监督检查
		国家安全	损害	
第四级		社会秩序和公共利益	特别严重损害	强制监督检查
		国家安全	严重损害	
第五级	极端重要系统	国家安全	特别严重损害	专门监督检查

依照表11-22的划分标准,交通行业绝大多数信息系统属于重要信息系统,对应 GB 17859 中的第二级或第三级,因此依照图 13-18 的模型,针对交通行业重要信息系统的主机和桌面终端配置基线进行了深入研究,设计了相应的基线配置策略库。

1) 操作系统安全基线策略库

依据 GB/T 22239—2008 中关于重要信息系统主机和桌面终端的安全要求,结合《信息安全技术信息系统等级保护安全建设技术方案设计要求》(征求意见稿)、《政务终端安全核心配置规范》,针对交通行业信息系统中的国内外主流操作系统,在身份鉴别、访问控制、数据保密、剩余信息保护、安全审计、网络通信安全、系统组件安全等方面提出核心配置基本要求。具体参见表 11-23。

重要信息系统操作系统安全基线策略库　　　　　表 11-23

配置对象	二级信息系统配置要求	三级信息系统配置要求
安全审计	(1)启用安全日志,记录账户的创建、更改、删除、启用、禁用和重命名等操作,记录账户登录和注销、开关机、配置变更等操作; (2)启用系统日志,记录对文件、文件夹、注册表和系统资源的访问操作; (3)审计范围应覆盖到服务器上的每个操作系统用户和数据库用户,审计内容应包括重要用户行为、系统资源的异常使用和重要系统命令的使用等系统内重要的安全相关事件,保护审计记录,避免受到未预期的删除、修改或覆盖等	(1)启用安全日志,记录账户的创建、更改、删除、启用、禁用和重命名等操作,记录账户登录和注销、开关机、配置变更等操作; (2)启用系统日志,记录对文件、文件夹、注册表和系统资源的访问操作; (3)审计范围应覆盖到服务器和重要客户端上的每个操作系统用户和数据库用户,审计内容应包括重要用户行为、系统资源的异常使用和重要系统命令的使用等系统内重要的安全相关事件; (4)能够根据记录数据进行分析,并生成审计报表,保护审计进程,避免受到未预期的中断,保护审计记录,避免受到未预期的删除、修改或覆盖等

续上表

配置对象		二级信息系统配置要求	三级信息系统配置要求
数据保密		应启用磁盘加密系统等数据保密配置	应启用磁盘加密系统等数据保密配置
访问控制		(1)禁用匿名账户、来宾账户、产品支持账户； (2)限用管理员账户，限制默认用户的访问权限； (3)实现操作系统和数据库系统特权用户的权限分离； (4)限制对文件、硬件、驱动、内存和进程等重要资源的访问权限； (5)限制权限提升和授权访问等操作，禁止介质自动运行（Auto run）	(1)禁用匿名账户、来宾账户、产品支持账户； (2)限用管理员账户，限制默认用户和普通用户的访问权限，禁止所有账户或未登录账户远程访问； (3)根据管理用户的角色分配权限，实现管理用户的权限分离，仅授予管理用户所需的最小权限； (4)限制对文件、硬件、驱动、内存和进程等重要资源的访问权限； (5)禁用信息共享、动态数据交换、互联网信息服务、FTP 和 Telnet 等网络连接、远程网络访问等服务，限制蓝牙等无线连接； (6)限制权限提升和授权访问等操作，禁止介质自动运行，限制软件下载、安装和升级操作； (7)对重要信息资源设置敏感标记，依据安全策略严格控制用户对有敏感标记重要信息资源的操作
身份鉴别	用户登录	(1)用户连续登录失败 5 次后锁定用户账户至少 60min； (2)不显示上次登录到计算机的用户名； (3)用户登录时应按 CTRL + ALT + DEL 进入安全登录界面； (4)应设置用户登录安全警告提示； (5)可使用智能卡登录本地，但智能卡移除时，应锁定计算机； (6)禁止无口令账户登录； (7)限制批处理账户登录	(1)用户连续登录失败 3 次后锁定用户账户至少 60min； (2)不显示上次登录到计算机的用户名； (3)用户登录时应按 CTRL + ALT + DEL 进入安全登录界面； (4)应设置用户登录安全警告提示； (5)可使用智能卡登录本地，但智能卡移除时，应锁定计算机； (6)禁止无口令账户登录； (7)限制批处理账户登录

续上表

配置对象		二级信息系统配置要求	三级信息系统配置要求
身份鉴别	口令管理	(1)账户口令至少包含8个字符； (2)口令最长有效期不能超过90天,最短有效期不低于1天； (3)口令过期前7天提示用户修改口令； (4)更换口令时,新口令必须与先前历史记载的8个口令不匹配； (5)口令复杂度必须符合下列最低要求:不能包含用户账户名中超过三个连续字符的部分	(1)账户口令至少包含12个字符； (2)口令最长有效期不能超过60天,最短有效期不低于1天； (3)口令过期前5天提示用户修改口令； (4)更换口令时,新口令必须与先前历史记载的10个口令不匹配； (5)口令复杂度必须符合下列最低要求:不能包含用户账户名中超过两个连续字符的部分
网络通信安全		(1)关闭FTP、HTTP、RPC、UPNP(通用即插即用)、远程桌面服务、远程控制类软件服务端监听、木马软件等对应开放的端口； (2)设置SYN(同步字符)的传输次数和发送时间,防范DOS攻击； (3)禁止IPC(进程间通信)管道连接； (4)应采用校验码技术保证通信过程中数据的完整性； (5)在通信双方建立连接之前,应用系统应利用密码技术进行会话初始化验证； (6)应对通信过程中的敏感信息字段进行加密	(1)关闭FTP、HTTP、RPC、UPNP(通用即插即用)、远程桌面服务、远程控制类软件服务端监听、木马软件等对应开放的端口； (2)设置SYN(同步字符)的传输次数和发送时间,防范DOS攻击； (3)禁止IPC(进程间通信)管道连接； (4)采用密码技术保证通信过程中数据的完整性； (5)在通信双方建立连接之前,应用系统应利用密码技术进行会话初始化验证； (6)应对通信过程中的整个报文或会话过程进行加密
剩余信息保护		(1)关闭系统时应清除虚拟内存页面文件； (2)断开会话时应清除临时文件夹	(1)关闭系统时应清除虚拟内存页面文件； (2)断开会话时应清除临时文件夹； (3)禁止剪贴板存储信息与远程计算机共享
系统组件安全		(1)启用资源管理器数据执行保护(DEP)模式和Shell协议保护模式； (2)打开邮件的附件时,应启用杀毒软件进行扫描； (3)开启系统定期备份功能	(1)启用资源管理器数据执行保护(DEP)模式和Shell协议保护模式； (2)打开邮件的附件时,应启用杀毒软件进行扫描； (3)启动屏幕保护和休眠功能,设置唤醒口令； (4)开启系统定期备份功能

2) 办公软件安全基线策略库

依据 GB/T 22239—2008 中关于第二级、第三级的应用安全要求,针对国内外主流办公软件提出如表 11-24 所示核心配置要求。

重要信息系统办公软件基线策略库　　　　　　　　　表 11-24

配置对象	二级信息系统	三级信息系统
办公软件	(1) 禁止 ActiveX 控件的使用; (2) 禁用所有未经验证的加载项; (3) 限制在线自动更新升级、网上下载剪贴画和模板等资源,和访问超级链接	(1) 禁止 ActiveX 控件的使用; (2) 禁用所有未经验证的加载项; (3) 限制未数字签名的宏; (4) 限制在线自动更新升级、网上下载剪贴画和模板等资源,和访问超级链接

3) 浏览器安全基线策略库

依据 GB/T 22239—2008 中关于重要信息系统主机和桌面终端的应用安全要求,针对国内外主流浏览器,在浏览器安全选项、域安全管理和隐私保护等方面提出核心配置基本要求,具体见表 11-25。

重要信息系统浏览器基线策略库　　　　　　　　　表 11-25

配置对象		二级信息系统	三级信息系统
浏览器	浏览器安全选项	(1) 严格禁止运行 java 小程序脚本; (2) 限制下载和安装未签名的 Active X 控件	(1) 严格禁止运行 java 小程序脚本; (2) 限制下载和安装未签名的 Active X 控件; (3) 开启浏览器的保护模式
	域安全管理	(1) 访问以太网的安全级别应设为中; (2) 访问企业专网的安全级别可设为中; (3) 受信站点的安全级别可设为低	(1) 访问以太网的安全级别应设为中或高; (2) 访问企业专网的安全级别可设为中; (3) 受信站点的安全级别可设为低; (4) 限制访问受限站点,禁止从受限站点下载或保存文件
	隐私保护	退出网页时,删除 Cookie 文件、下载记录、访问网站历史记录和临时文件夹	(1) 退出网页时,删除 Cookie 文件、下载记录、访问网站历史记录和临时文件夹; (2) 限制输入框自动关联功能

4) 邮件系统安全基线策略库

依据 GB/T 22239—2008 中关于重要信息系统主机和桌面终端的应用安全

要求,针对国内外主流邮件系统软件提出如下配置要求,见表 11-26。

重要信息系统邮件系统基线策略库　　　　　表 11-26

配置对象	二级信息系统	三级信息系统
邮件系统	(1)应配置安全的邮箱登录口令的长度和复杂度; (2)发送邮件应使用数字签名和数字加密技术,接收邮件应对数字签名进行验证; (3)禁止直接运行附件中存在安全隐患的文件类型; (4)启用垃圾邮件过滤功能	(1)应配置安全的邮箱登录口令的长度和复杂度; (2)对本地存储的邮件应开启加密功能; (3)发送邮件应使用数字签名和数字加密技术,接收邮件应对数字签名进行验证; (4)应开启加密协议收发邮件; (5)禁止直接运行附件中存在安全隐患的文件类型; (6)禁止运行邮件中的超链接; (7)启用垃圾邮件过滤功能

5) BIOS 系统安全基线策略库

依据 GB/T 22239—2008 中关于重要信息系统主机和桌面终端的应用安全要求,对 BIOS 系统提出如下配置要求,见表 11-27。

重要信息系统 BIOS 基线策略库　　　　　表 11-27

配置对象	二级信息系统	三级信息系统
BIOS	(1)开机时应启动身份认证机制,并设置安全的口令长度和复杂度; (2)限制硬件资源使用,包括软驱、硬盘、内存、USB 设备、网卡和 CPU 等; (3)限制使用定时开机、远程模式控制开机、键盘鼠标开机等开机模式	(1)开机时应启动身份认证机制,并设置安全的口令长度和复杂度; (2)限制硬件资源使用,包括软驱、硬盘、内存、USB 设备、网卡和 CPU 等; (3)启用硬盘写保护; (4)限制使用定时开机、远程模式控制开机、键盘鼠标开机等开机模式; (5)操作系统操作关机后,计算机应立即关闭计算机
BIOS	限制由外部设备,如 U 盘、光驱等引导启动计算机终端	限制由外部设备,如 U 盘、光驱等引导启动计算机终端

11.4　安全功能符合性检测技术

交通运输行业信息系统数量庞大、横纵向部署的信息系统涉及领域多而广,常规的系统安全检测手段无法全面开展交通运输行业安全检测,而重复部署不同安全检测系统势必会造成资源浪费,另一方面,交通运输行业缺少统一的检测标准、规范及配套技术规范,在信息系统复杂异构的行业背景下,行业信息安全检测工作的执行和落实缺乏有效的规范性管理。通过定制研发交通运输行业信息系统安全功能符合性检测系统和检测工具,可以对交通运输信息安全建设水平及实现效果进行有效度量。

以 GB 17859 为依据,本节对不同等级信息系统应具备的安全功能属性进行了总结。以行业基本要求为依据,针对交通运输行业安全要求特点,提出了面向交通行业重要信息系统的安全功能符合性检测标准、检测流程和评价依据。研发了面向交通运输行业重要信息系统的等级保护符合性检测系统和检测工具箱。

11.4.1 信息系统等级保护特征

信息安全等级保护是指对国家秘密信息、法人和其他组织和公民的专有信息以及公开信息和存储、传输、处理这些信息的信息系统分等级实行安全保护,对信息系统中使用的安全产品实行按等级管理,对信息系统中发生的信息安全事件按等级响应、处置。这里所指的信息系统,是指由计算机及其相关和配套的设备、设施构成的,按照一定的应用目标和规则对信息进行存储、传输、处理的系统或者网络。信息是指在信息系统中存储、传输、处理的数字化信息。

《基本要求》是等级保护标准体系中的核心标准,也是信息系统安全建设和等级测评依据的最主要的标准,核心思想是从信息系统的安全需求出发对信息系统进行保护。下面给出了 4 个等级信息系统所应具有的安全保护能力:

第一级安全保护能力:信息系统具有抵御一般性攻击的能力,防范常见计算机病毒和恶意代码危害的能力;系统遭到损害后,具有恢复系统主要功能的能力。

第二级安全保护能力:信息系统具有抵御小规模、较弱强度恶意攻击的能力,抵抗一般的自然灾害的能力,防范一般性计算机病毒和恶意代码危害的能力;具有检测常见的攻击行为,并对安全事件进行记录的能力;系统遭到损害后,具有恢复系统正常运行状态的能力。

第三级安全保护能力:信息系统在统一的安全保护策略下具有抵御大规模、较强恶意攻击的能力,抵抗较为严重的自然灾害的能力,防范计算机病毒和恶意代码危害的能力;具有检测、发现、报警、记录入侵行为的能力;具有对安全事件进行响应处置,并能够追踪安全责任的能力;在系统遭到损害后,具有能够较快恢复正常运行状态的能力;对于服务保障性要求高的系统,应能快速恢复正常运行状态;具有对系统资源、用户、安全机制等进行集中控管的能力。

第四级安全保护能力:信息系统在统一的安全保护策略下具有抵御敌对势力有组织的大规模攻击的能力,抵抗严重的自然灾害的能力,防范计算机病毒和恶意代码危害的能力;具有检测、发现、报警、记录入侵行为的能力;具有对安全事件进行快速响应处置,并能够追踪安全责任的能力;在系统遭到损害后,具有能够较快恢复正常运行状态的能力;对于服务保障性要求高的系统,应能立即恢复正常运行状态;具有对系统资源、用户、安全机制等进行集中控管的能力。

综上所述,信息系统等级保护技术要求和管理要求方面具有逐级增强的保护特点。不同等级的信息系统安全保护能力不同,总体上看安全要求随级别增加逐级增强,具体表现在两个方面:控制点增加、同一控制点的要求项强度增强,而要求项增强也可以表现为项数增加、要求范围扩大和要求细化。

11.4.2 安全功能属性

GB 17859 对信息系统安全功能属性的定义是:指 GB 17859 各等级所包含的安全内容组成成分。GB 17859 规定了 10 个安全功能属性:自主控制、客体重用、数据完整性、身份鉴别、隐蔽信道分析、标记、可信路径及可信恢复。对于不同安全等级的信息系统对应安全功能属性不同,具体详见表11-28。

GB 17859 安全功能属性等级对应表 表 11-28

	安全功能属性	对应等级				
		第一级	第二级	第三级	第四级	第五级
1	自主访问控制	√	√	√	√	√
2	强制访问控制			√	√	√
3	标记				√	√
4	身份鉴别	√	√	√	√	√
5	客体重用		√	√	√	√
6	审计		√	√	√	√
7	数据完整性	√	√	√	√	√
8	隐蔽信道分析				√	√
9	可信路径				√	√
10	可信恢复					√

注:√表示包含该属性。

11.4.3 安全功能符合性检测

依照《基本要求》确定了信息系统的等级后,还需要对信息系统安全保护能力是否满足相应等级规定的要求进行检测验证。目前,关于信息系统安全性的研究主要侧重于信息系统风险评估、安全保障和等级测评,等级测评和符合性检测不同。安全功能符合性检测过程为:按照行业信息系统安全标准要求对系统安全功能实现进行检测,对检测结果进行分析评价,给出系统安全功能是否与行业标准要求相一致的判定结果及安全建设实施方案。

1) 检测标准

符合性检测标准由检测对象、检测内容、检测方法、检测预期基线构成。

(1) 检测对象

依据行业等级保护基本要求,从物理安全、主机安全、网络安全、应用安全、数据安全、安全管理制度、安全管理机构、人员安全管理、系统建设管理、系统运维管理和基础设施安全控制层面中选取需要检测的对象。

① 检测对象选取原则

由于行业被检测单位信息资产种类、数量较多,采用聚类方法确定检测的重点对象和目标。对信息系统资产聚类时应遵循下列原则:

恰当性原则:选择的设备、软件系统等能满足安全等级保护相应级别的测评强度要求。

重要性原则:选择重要的网络设备、服务器和数据库。

安全性原则:选择对外暴露的网络边界。

共享性原则:选择共享设备和数据交换平台/设备。

代表性原则:尽量覆盖系统各种设备类型、操作系统类型、数据库系统类型和应用系统的类型。

典型性原则:对同一应用中软件配置完全相同的资产选取。

全面性原则:信息系统中每一类资产都要选取。

② 检测对象记录信息

通过对检测对象设计统一的信息记录,保证检测工作规范化,便于信息数据汇总分析。主要检测对象及记录内容详见表11-29。

检测对象及记录信息 表11-29

检测对象	记录信息
机房	机房名称、物理位置、负责人、联系方式
主机操作系统	设备名称、设备型号、操作系统、数据库管理系统、IP地址、MAC地址、用途、重要程度
网络互联设备	设备名称、设备型号、IP地址、MAC地址、用途、重要程度

续上表

检测对象	记录信息
安全设备	设备名称、设备型号、IP地址、MAC地址、用途、重要程度
业务应用软件	软件名称、主要功能、管理人员
数据库	软件名称、类型、用途、管理人员
访谈人员	姓名、岗位/职责、联系方式
安全管理	文档名称、主要内容、管理人员

(2) 检测内容

检测内容研究涉及物理安全、网络全局、网络安全、主机安全、应用安全、安全管理制度、系统运维管理等12个方面的内容,其中,基础设施安全是根据交通运输行业特点新增的控制层面,包括主要行业密钥管理中心建设及使用检测,行业容灾备份中心建设及使用检测,行业数据中心建设及使用要求等检测,内容如下:

物理安全增加户外终端设施的物理安全检测;网络安全增加无线网络的安全检测,主机安全增加终端设施的安全检测;应用安全增加持续服务能力及无故障运行时间的检测;数据安全增加交通运输行业特殊数据存储的检测。

检测的具体内容如表11-30、表11-31所示。

检 测 内 容　　　　　　　　　　表11-30

安全分类	安全检测子类	安全分类	安全检测子类
物理安全	物理位置的选择	网络全局	入侵防范
	物理访问控制		恶意代码防范
	防盗窃和防破坏	网络安全	安全审计
	防雷击		访问控制
	防火		网络设备防护
	防水和防潮		无线网络安全
	防静电	主机安全	身份鉴别
	温湿度控制		访问控制
	电力供应		安全审计
	电磁防护		剩余信息保护
	户外终端设施		资源控制
网络全局	结构安全		入侵防范
	边界完整性检查		恶意代码防范

续上表

安 全 分 类	安全检测子类	安 全 分 类	安全检测子类
主机安全	终端设施安全	系统建设管理	系统定级
应用安全	身份鉴别		安全方案设计
	访问控制		产品采购
	安全审计		自行软件开发
	剩余信息保护		外包软件开发
	通信完整性		工程实施
	通信保密性		测试验收
	抗抵赖		系统交付
	软件容错		系统备案
	资源控制		等级测评
	持续服务能力		服务商选择
安全管理制度	管理制度	系统运维管理	环境管理
	制定和发布		资产管理
	评审与修订		介质管理
安全管理机构	岗位设置		设备管理
	人员配备		监控管理和安全管理中心
	授权和审批		网络安全管理
	沟通和合作		系统安全管理
	审核和检查		恶意代码防范管理
人员安全管理	人员录用		密码管理
	人员离岗		变更管理
	人员考核		备份与恢复管理
	安全意识教育和培训		安全事件处置
	外部人员访问管理		应急预案管理
数据安全及备份恢复	数据完整性	基础设施安全	行业容灾备份中心建设及使用
	数据保密性		行业数据中心建设及使用要求等
	备份与恢复		其他行业基础设施安全要求等
	特殊数据存储		

(3)检测方法

综合采用访谈、检查和测试等测评方法。

①访谈

访谈是指测评人员通过与被测系统有关人员(个人/群体)进行交流、询问等活动,获取证据以证明信息系统安全保护措施是否有效的一类方法。在本次测评过程中,访谈方法主要应用于安全管理机构测评、人员安全管理测评、系统建设管理测评和系统运维管理测评等安全管理类测评任务中。

在安全管理类测评任务中,测评人员依据定制的测评指导书(访谈问题列表)对相关人员进行访谈,获取与安全管理有关的评估证据,用于判断特定的安全管理措施是否符合国家相关标准以及委托方的实际需求。

②检查

检查是指测评人员通过对评估对象进行观察、查验、分析等活动,获取证据以证明信息系统安全保护措施是否有效的一类方法。在本次测评过程中,检查方法的应用范围覆盖了物理安全测评、主机安全测评、网络安全测评、应用安全测评和数据安全及备份恢复等技术类测评任务,以及安全管理类测评任务。

在物理安全测评任务中,测评人员采用文档查阅与分析和现场观察等检查方法来获取测评证据(如机房的温湿度情况)、用于判断目标系统在机房安全方面采用的特定安全技术措施是否符合国家相关标准以及委托方的实际需求。

在主机安全测评、网络安全测评、应用安全测评和数据安全及备份恢复等测评任务中,测评人员综合采用文档查阅与分析、安全配置核查和网络监听与分析等检查方法来获取测评证据(如相关措施的部署和配置情况、特定设备的端口开放情况等),用于判断目标系统在主机、网络和应用层面采用的特定安全技术措施是否符合国家相关标准以及委托方的实际需求。

在安全管理类测评任务中,测评人员主要采用文档查阅与分析的检查方法来获取测评证据(如制度文件的编制情况、管理制度的落实情况),用于判断特定的安全管理措施是否符合国家、行业相关标准的要求以及委托方的实际需求。

③测试

测试是指评估人员使用预定的方法/工具使评估对象产生特定的行为,通过查看、分析这些行为的结果,获取证据以证明信息系统安全保护措施是否有效的一类方法。在测评过程中,测试方法主要应用在手工验证、漏洞扫描、渗透测试等测评任务中。

在网络安全、主机安全和应用安全等测评任务中,测评人员将综合采用手工验证和工具测试(如漏洞扫描、渗透测试等)方法对特定安全技术措施的有效性进行测试,测试结果用于判断目标系统在网络、主机或应用层面采用的特定技术措施是否符合国家相关标准以及委托方的实际需求,并进一步应用于对目标系统进行安全性整体分析。

④风险分析方法

本项目采用的风险分析过程包括:

a. 判断信息系统安全保护能力缺失(测评结果中的部分符合项和不符合项)被威胁利用导致安全事件发生的可能性,可能性的取值范围为高、中和低。

b. 判断安全事件对信息系统业务信息安全和系统服务安全造成的影响程度,影响程度取值范围为高、中和低。

c. 综合 a、b 的结果对信息系统面临的风险进行汇总和分等级,风险等级的取值范围为高、中和低。

d. 结合信息系统的安全保护等级对风险分析结果进行评价,即对国家安全、社会秩序、公共利益以及公民、法人和其他组织的合法权益造成的风险。

(4)检测预期达标基线设计

通过检测对象、检测对象内容和检测方法的设计,研究出每一项具体检测指标的检测预期符合基线标准。涵盖技术和管理两个体系内的控制层面,包括物理安全、网络安全、主机安全、应用安全、数据安全及备份恢复、安全管理制度、安全管理机构、人员安全管理、系统建设管理、系统运维管理和增加的基础设施安全层面。例如:整体安全检测过程中对检测指标预期基线进行具体的描述,协助检测人员统一规范的检测工作。检测预期达标基线成果将作为检测技术平台原型系统的知识库,支撑信息安全自查工作。

2) 检测流程

符合性检测流程分为检测准备、方案编制、现场检测、分析及报告编制四个阶段。在安全检测系统平台中,将每一个阶段完整的体现出来,并对每一个阶段涉及的信息和数据进行完整的记录,实现对信息数据的复用和统计分析,具体流程如图 11-16 所示。

图 11-16 符合性检测流程

(1)检测准备

检测准备是开展检测工作的前提和基础,是整个检测过程有效性的保证。检测准备过程的目标是顺利启动检测项目,准备检测所需的相关资料,为顺利实施现场检测工作打下良好的基础。准备工作是否充分直接关系到后续工作能否顺利开展。明确检测准备工作主要任务是掌握被检测系统的详细情况,准备检测工具,为编制检测方案做好准备。检测准备阶段工作流程如图 11-17 所示。

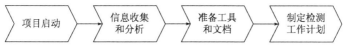

图 11-17　检测准备阶段工作流程

（2）方案编制

方案编制是开展检测工作的关键,为现场检测提供最基本的文档和指导方案,确定与被测信息系统相适应的检测对象、检测指标及检测内容等,并根据需要重用或开发检测指导书,形成检测方案。方案编制阶段工作流程如图 11-18 所示。

图 11-18　方案编制阶段工作流程

（3）现场检测

现场检测是开展检测工作的核心工作。检测人员依据现场自查计划和自查方案前往被测设备的运行环境现场进行实地检测,明确现场检测的主要任务是按照检测方案的总体要求,严格执行检测指导书,分步实施所有检测项目。检测包括静态符合性检测和动态符合性检测两个方面,静态符合性检测包括安全配置、网络设计拓扑等方面,动态符合性检测包括安全事件行为、功能实现等方面。测试所使用的方法包括:收集资产信息、查验文档资料、人员访谈、工具及渗透测试。现场检测开始前后要召开现场项目启动会议和现场末次交流会议,对检测情况进行总结。现场检测阶段工作流程如图 11-19 所示。

图 11-19　现场检测阶段工作流程

（4）分析与报告编制

分析与报告编制是给出检测结果的工作。分析与报告编制的主要任务是根据现场检测结果,综合安全功能要素检测结果判定、整体安全功能检测结果判定等方法,判断系统安全功能实现是否与相应行业标准要求相一致,给出符合性检测结论,形成检测报告文档。分析分报告编制工作流程如图 11-20 所示。

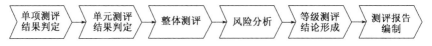

图 11-20 分析分报告编制工作流程

3) 检测结论

根据检测内容设计普通安全检测子类每个检查项的权值为中等权值,交通运输行业 F 类检查项为较高权值。将不符合项和部分符合项总数分别设置为分子,分母为检查项总数。由此算出安全检测的符合率和不符合率分别取值内容,自动生成检测评价结果。

根据交通运输行业重要信息系统统一的安全检测评价指标,最终检测结果分为符合、基本符合与不符合。具体判别依据参见表 11-31。

检 测 评 价 依 据　　　　　　　　　　　　　表 11-31

结 论	判 别 依 据
符合	根据统计分析得出检测结果中不存在部分符合与不符合项,信息系统运行环境相对安全
基本符合	根据统计分析得出大部分检测项基本符合检测指标,虽然存在部分符合与不符合项,但不会导致信息系统面临高等级安全风险
不符合	根据统计分析得出大部分检测项不符合检测指标,会导致信息系统面临高等级安全风险

11.4.4 检测系统开发

围绕交通运输行业安全功能符合性检测需求,通过系统技术路线设计、系统分析设计、系统编码、系统测试、系统试运行等几个阶段,采用迭代式、组件化、框架化的研发办法,完成信息系统安全功能符合性检验系统的研制及开发。

1) 系统设计

(1) 设计原则

安全功能符合性检测原型系统从检测基线和检测手段两个层面,为交通运输行业各相关单位顺利地进行等级保护符合性检测提供有效信息化工具支持。

原型系统以知识库的形式集成信息安全等级保护国家检测标准,交通运输行业检测指标,以及安全建设实施整改的相关知识、安全政策及标准等内容,实现检测结果的自动分析与判别,知识库支持知识的更新和升级。

原型系统基于B/S架构设计,并支持分布式部署,支持多角色用户使用。将与交通运输行业等级保护工作开展相关的资料、文档、工作流程进行聚合,提供给行业内相关责任人员完成等级保护自测评、整改、行业统计分析以及行业基线维护等工作,支持可视化呈现、展示行业等级保护工作的进展和程度。通过使用信息化管理工具,可以降低信息安全主管人员的工作压力,落实明确任务职责,提高信息安全管理工作效率。

(2)框架设计

系统实现以安全等级保护国家标准和安全等级保护交通运输行业标准为基础,包括展现层、功能层、数据层和基础设施多个层面,具体结构如图11-21所示。

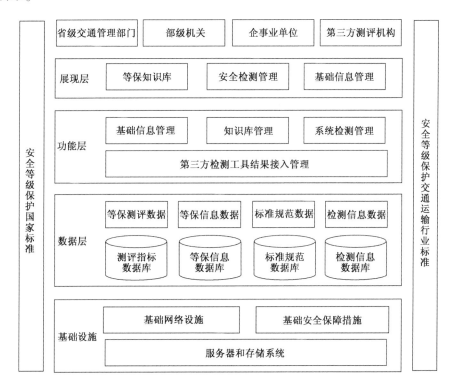

图11-21 原型系统总体框架结构

(3)功能设计

系统包括基础信息管理、符合性检测管理及第三方工具接口管理三个主功能模块,主功能模块分别包含多个子功能模块,具体详如图11-22所示。

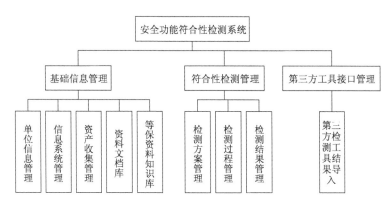

图 11-22　原型系统功能模块设计

①基础信息管理功能设计

基础信息管理主要记录被检测信息系统的相关信息,该功能从单位信息管理、信息系统管理、资产收集管理、资料文档库、等级保护知识库等几个功能进行设计,具体每项功能设计如下:

a.单位信息管理:记录系统的主管单位信息,包括所属负责人信息、行业类别、隶属关系、
单位类型、责任部门、所拥有的信息系统总数等功能。

b.信息系统管理:记录信息系统的基本信息,包括系统名称、系统服务情况、系统承载业务情况、系统拓扑结构图。

c.资产收集管理:按照主机存储设备、业务应用软件等七大类采集管理系统资产信息,支持信息批量导入。

d.资料文档库:管理维护等级保护工作相关的资料文档,包括政策文件库、相关标准、上级通知、本单位制度等。

e.等保资料知识库:提供等级保护相关的政策法规、国家标准等。

②检测管理功能设计

检测管理功能主要对被检测信息系统检测的过程进行管理,该功能从检测方案管理、检测过程管理、检测结果管理等几个功能进行设计,具体每项功能设计如下:

a.检测方案管理:根据信息系统的安全等级和保护基线,制定检测方案。

b.检测过程管理:根据检测方案中的人员分工,相关责任人员登录到系统内,按照控制域—控制点—控制项的要求,实现在线逐项评估。系统内部知识库提供理解控制项的具体要求,包括具体参考实例。

c. 检测结果管理：系统自动生成检测报告，报告包括各种形式的图形和报表，包括各个层面符合度情况统计、差距项列表等。

③第三方检测工具结果接入管理设计

第三方检测工具结果接入管理主要是将导入第三方工具的检测结果，并将检测结果整理汇总，集成到系统差距检测的结论中。第三方检测结果导入功能针对第三方设备、系统的报告文档或数据信息，支持采用直接读取结果报告文件（CVS 等格式）、报告日志数据库、Syslog 日志或其他第三方工具预定义的接口。将第三方工具的数据信息导入原型系统中，以资产为信息数据的唯一匹配值，整合第三方导入的数据信息，将各个厂家设备的分析报告、漏扫记录统一呈现。

（4）应用系统安全控制设计

对应用系统的输入数据做相应的检查，保证输入数据的正确性。采用人员检查或程序控制，包括：超范围值；数据字段中的无效字符；遗漏或残缺的数据；超过数据量的上限和下限；非法或不一致的控制数据；每月审查关键字段或数据文件的内容，确认其有效性和完整性；对合法性输入错误应有相关提示，发现错误及时通知开发人员；如数据无法确定是否可行，不应去进行尝试，而应与开发人员联系。

确保输入的数据不因处理错误或故意人为因素遭到破坏，并能检查出此类破坏；建立应用系统模块，通过添加或删除这些模块，对数据进行变更；建立程序的备件，以免程序出错，能及时恢复，确保正确处理数据。

确保应用系统正确处理输出数据。系统建立时，定期对输出数据做验证。验证包括：正反检查输出数据是否合理；控制计数，对所有数据能进行处理；建立足够的信息。

确保账号信息真实有效；可信用户可以在其权限内访问资源；需要有效保护用户的账户信息；必要的口令强度格式约束；身份认证或登录失败，仅返回最少信息，并限制登录次数。

确保会话过程安全，会话使用 SSL 进行加密保护，限制会话生存时间，对认证 cookie 实施加密；未经安全处理的私密数据不能存放于配置文件中，确保配置文件安全。

2）开发技术

（1）技术路线

选择最具适应性与发展性的开发技术，采用 B/S 三层架构开发，原型系统采用的具体技术路线如表 11-32 所示。

采 用 技 术 路 线　　　　　　　表 11-32

前端开发	采用 AJAX + JQuery 进行前端开发。
后台开发	采用 J2EE 技术路线
底层硬件通信	采用 C++ 进行消息通信开发
数据库	采用 My SQL 作为系统数据库
操作系统	支持 Linux、Unix、Windows 操作系统

(2)运行环境

服务器运行环境要求见表 11-33。

服务器运行环境基本要求　　　　表 11-33

资 源 名 称		配 置 要 求
硬件	CPU	Intel 双核至强 2.0G+
	内存	8G+
	硬盘	300G+
软件	操作系统	Microsoft Windows Server 2003+
	Web 服务器	IIS 6.0+ &Tomcat6.0
	数据库	MySQl5.1+

客户端运行环境要求见表 11-34。

客户端运行环境基本要求　　　　表 11-34

资 源 名 称		配 置 要 求
硬件	CPU	Intel 酷睿 2.0G+
	内存	1G+
软件	操作系统	Microsoft Windows XP/2000/2003/Vista/7
	浏览器	支持 IE7/8/9，Firefox 3.5 及以上版本，Chrome 等主流浏览器

3) 系统测试

系统开发测试是对系统在开发过程中采集系统分项功能模块和集中功能模块运行状态、流量、用户日志信息的汇总，通过这些信息了解系统运行、使用情况，从信息中获取系统潜在的 BUG，完善检测系统平台功能，保障系统良好运行和使用。测试包括：

(1)系统功能及 BUG 测试：主要是针对系统功能的流程性、易用性和 BUG 进行测试和记录。

(2)系统运行状态测试：系统具备运行监控功能，实时记录平台运行状况数据,统计并提取系统资源变化情况,包括内存、CPU 使用率变化,硬盘占用情况,数据库存储量变化等信息。

(3)系统流量统计测试:系统具备流量记录功能,实时记录系统平台的流量数据,统计并提取系统平台的流量平均值和峰值信息,了解用户访问量变化情况。

(4)用户日志情况测试:系统具备用户日志记录功能,实时记录用户的访问记录,统计所有用户登录情况和行为记录,对用户行为进行分析,确保及时发现问题。在日常测试过程中,采用标准表单,记录每次测试的情况,并对测试内容审核、归档、保存。

11.4.5 检测工具箱开发

交通运输行业网络和信息系统安全检测专用工具箱(以下简称工具箱)是专为交通行业关键网络和重要信息系统安全检测研制开发的全自动的安全检测专用工具,具有规范检查、工具调用、结果展示等功能,集成定制有专用的安全检查工具,为安全检测提供专业检查知识和检查方法,并实现对获取数据的关联分析、统计比对、处理流转等功能,提高对行业信息安全检测的常态化、标准化和规范化水平。适用于行业部门开展监督检查、风险评估、等级保护测评、安全自检自查等工作。研制过程如下:

1) 设计原则

工具箱集成对物理安全、主机安全、网络安全、应用安全、数据库等工具和汇总分析平台,采用在线及离线检查工具对检查目标进行检查,通过数据汇总功能对检查结果进行汇总,汇总结果与检查指标库进行比对,可以实现自动匹配知识库,结合部分人工验证、判断的结果,快速形成检查结论和报告。

2) 总体设计

工具箱总体架构如图 11-23 所示。由图可知,工具箱功能在逻辑上分为三层:

(1)检测工具集:包括 Windows 主机配置检查工具、Linux 主机配置检查工具、网络设备配置检查工具、网站恶意代码检查工具、主机病毒检查工具、主机木马检查工具、弱口令检查工具和 SQL 注入验证检查工具 8 个 U 盘检查工具。

(2)统计分析平台:是整体解决方案的分析层,将工具集的检查结果输入到该平台,可以实现自动匹配知识库,结合部分人工判断的结果快速形成检查结论和报告。

（3）检测管理：作为整体方案的管理层，对网络和重要信息系统安全检测任务进行指导和管理，规范检测流程，统一管理检测对象及检测报告。

图 11-23　网络和信息系统安全检测专业工具箱总体架构

3）功能设计

工具箱主要功能模块由"平台管理模块""任务执行模块""结果展示模块""工具检查模块""取证模块"五个模块组成，如图 11-24 所示。

（1）平台管理模块

平台管理模块是整个工具箱的基础数据支撑模块，主要实现了整个工具箱管理平台的资源管理，包括检查任务的创建、导入、编辑、删除、上报任务等，检查工具类型的管理，检查工具升级的管理，等级保护监察相关文档管理，监察指标管理以及平台系统用户及平台升级的管理等。

（2）任务执行模块

任务执行模块是整个工具箱的任务流程管理模块，是行业网络和重要信息系统安全检测工作主要的操作模块，首先录入或导入检测任务、资产信息等，通过技术检测、人工检查和人员访谈等手段，关联知识库完成对被测单位重要信息系统安全检测的全过程管理。

（3）结果展示模块

结果展示模块是对检测成果的汇总、分析和展示模块。系统内置多种检查任务模板,并且也可以根据被测单位的特殊性,对检测工作内容个性化修改,自定义检查内容。

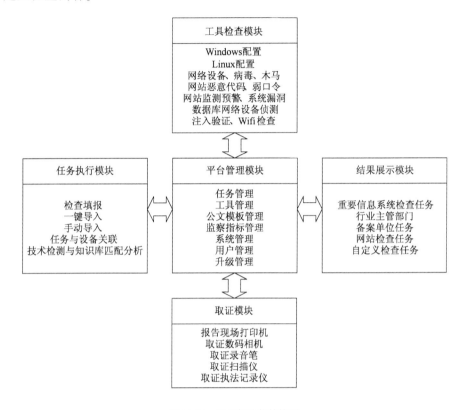

图 11-24　工具箱功能结构图

(4) 工具检查模块

工具检查模块是安全检测中的技术检测模块,该模块提供了 U 口检查工具(Windows 主机配置检查工具、主机病毒检查工具、主机木马检查工具、网站恶意代码检查工具)、在线检查工具(Linux 主机配置检查工具、网络及安全设备配置检查工具、弱口令检查工具、数据库安全检查工具、网站安全检查工具和系统漏洞检查工具)和其他检查工具(协同工作处理机、网络设备信息侦测工具、无线 WIFI 检查工具和网站监测预警工具)。

(5) 取证模块

为了保证对网络和重要信息系统安全检测的客观、真实及不可抵赖,取证模块配备了多维度、多方法取证设备,使得检测人员在现场检查过程有据可依,规范检测过程,保障检测结果的真实性和有效性。

4) 系统实例

交通运输行业网络及信息系统安全检测专用工具箱为行业网络和信息系统提供全自动的安全检测工具支持。工具箱集成对网络和信息系统的物理安全、主机安全、网络安全、应用安全、数据库等工具和汇总分析平台,可以实现自动匹配知识库,结合部分人工验证、判断的结果,快速形成检查结论和报告。

11.4.6 示范应用

2012年11月以来,检测系统和检测工具箱在交通运输部机关及多家部属单位、多个省市交通主管部门行业大企业开展了多年的应用示范,累计对近600个行业信息系统开展了安全评价及检测工作。通过对几十家部属单位近600个行业重要信息系统的安全检测,累计发现各类安全漏洞2500余个,发现存在安全问题的系统超过被抽查网站总数的90%。

系统在示范应用中能够支持多种类型系统安全检查,针对各种典型的应用漏洞进行检测,支持对各种挂马方式的网页木马进行全面检查;支持远程方式扫描数据库的配置信息、安全策略、参数、账号口令安全、远程服务、端口和漏洞等信息;支持Windows和Linux主机配置检查、病毒以及木马的检查;支持检查目标网络设备安全策略状况的检查,具备检查任务管理、数据汇总、报表输出等管理功能。

示范情况表明,检测工具箱运行可靠,使用方便,检测结果准确性高,极大地提高了工作效率,有效降低了信息系统信息安全事件风险,具有很好的推广前景。

参 考 文 献

[1] 惠志斌,覃庆玲.中国网络空间安全发展报告[M].北京:社会科学文献出版社,2016.

[2] 惠志斌,唐涛.中国网络空间安全发展报告[M].北京:社会科学文献出版社,2015.

[3] 中国信息安全测评中心.2012年度国家信息安全态势评估[M].时事出版社,2012.

[4] 中国信息安全测评中心.2013年度国家信息安全态势评估[M].时事出版社,2013.

[5] 殷伟东,等.医疗卫生行业信息安全等级保护[M].东南大学出版社,2012.

[6] Dai MING. Research on the Overall Technical Framework of the Ship Networking System in the Yangtze River Delta[A]. ADVANCED SCIENCE AND INDUSTRY RESEARCH CENTER. Proceedings of 2017 2nd International Conference on Information Technology and Management Engineering(ITME 2017)[C]. ADVANCED SCIENCE AND INDUSTRY RESEARCH CENTER:Science and Engineering Research Center,2017:7.

[7] 戴明.长三角地区船舶适航预警数据的预处理研究[J].计算机应用,2017,02.

[8] 李璐瑶,王静,戴明,樊娜.基于超图染色的网络编码重传方案研究[J].计算机应用与软件,2015,32(08):106-109.

[9] 戴明,樊娜,王青龙,李璐瑶.车联网环境下数据安全信任模型研究[J].计算机工程与设计,2014,35(12):4149-4152.

[10] 戴明,任帅,李璐瑶. Risk Assessment Model of Information Security for Transportation Industry System Based on Risk Matrix[J]. Applied Mathematics & Information Sciences,2014.10.

[11] 戴明,王青龙.可证明安全k-out-of-n不经意传输方案的安全分析与改进[J].计算机应用,2014,34(05):1296-1299.

[12] Ming Dai, Na Fan, Zong Tao. Duan, et al. A Trusted Model in the Internet of Water Transport[J]. Advanced Materials Research, 2013, 2708(1633):479-483. DOI:10.4028/www.scientific.net/AMR.816-817.479.

[13] Dai Ming, et al. Integration of the Baseline Configuration in Transportation [C].//Guangzhou University, China% IEEE Beijing Section, China. Proceedings of 2013 IEEE International Conference on Computer Science and Automation Engineering VOL02. 2013.

[14] 戴明,雷旭.物联网技术在交通运输领域应用战略的思考[J].交通信息与安全,2012,30(4):142-144. DOI:10.3963/j.issn.1674-4861.2012.04.032.

[15] 樊娜,赵祥模,戴明,等.短时交通流预测模型[J].交通运输工程学报,2012,12(4):114-119.

[16] 戴明,钟南.我国内河"船联网"通信及网络融合技术分析与思考[J].交通建设与管理,2012,(007):96-97.

[17] 戴明.交通运输行业信息安全等级保护工作现状分析研究[J].交通通信信息,2012,02.

[18] 中国交通通信信息中心.异构条件下交通运输行业可信安全环境和安全检测关键技术研究[J].2013.12.

[19] 国家信息技术安全研究中心.信息安全专题研究(2015年合订本).2015.

[20] 国家信息技术安全研究中心.信息安全专题研究(2016年合订本).2016.

[21] 惠志斌,覃庆玲.中国网络空间安全发展报告(2016)[M].北京:社会科学文献出版社,2016.

[22] 杨义先,钮心忻.安全简史:从隐私保护到量子密码[M].北京:电子工业出版社,2017.

[23] 洪京一.世界网络安全发展报告[M].北京:社会科学文献出版社,2016.

[24] 杨合庆.《中华人民共和国网络安全法》释义[M].北京:中国民主法制出版社,2017.

[25] 左晓栋.网络空间安全战略思考[M].北京:电子工业出版社,2017.

[26] 左晓栋.美国网络安全战略与政策二十年[M].北京:电子工业出版社,2017.

[27] 方滨兴.论网络空间主权[M].北京:科学出版社,2017.

[28] 张显龙.全球视野下的中国信息安全战略[M].北京:清华大学出版社,2013.

[29] 蔡晶晶,李炜.网络空间安全导论[M].北京:机械工业出版社,2017.

[30] 周卫国.云计算平台全周期安全风险评估系统[J].电子技术与软件工程,2019(19):187-188.

[31] 于良.世界主要国家和地区网络空间竞争的主要举措与政策建议[J].全球科技经济瞭望,2018,33(Z1):30-34.

[32] 王政坤.中国网络安全管理体制回顾与展望[J].网络空间安全,2018,9(12):41-45.

[33] Pengfei Zhang. Active Learning in Cyberspace Security[A]. Science and Engineering Research Center. Proceedings of 2018 3rd International Conference on Communications, Information Management and Network Security(CIMNS2018)[C]. Science and Engineering Research Center:Science and Engineering Research Center,2018:7.

[34] Zhi Li. A Non-Cooperative Differential Game Approach to the Security Issue of Cyberspace under Internal Attacks[A]. Science and Engineering Research Center. Proceedings of 2017 2nd International Conference on Wireless Communication and Network Engineering(WCNE 2017)[C]. Science and Engineering Research Center:Science and Engineering Research Center,2017:6.

[35] 国家市场监督管理总局,中国国家标准化管理委员会.GB/T 36627—2018 信息安全技术 网络安全等级保护测试评估技术指南[S].北京:中国标准出版社,2018.

[36] 国家市场监督管理总局.GB/T 37027—2018 信息安全技术 网络攻击定义及描述规范[S].北京:中国标准出版社,2018.

[37] 沈昌祥.网络空间安全战略思考与启示[C].//教育部.2017年高等教育信息化创新论坛论文集.2017:1-84.

[38] 李峥,李日波,李磊,等.网络空间安全挑战与应对策略[C].//中国通信学会.第二届全国物联网技术与应用学术会议暨第十一届全国无线电应用与管理学术会议论文集.2016:10-16.

[39] 何慧,张宏莉,王星.网络安全量化评估与趋势预测报告[R].黑龙江,2013.

[40] 段艳丰,蔡东伟.习近平网络主权思想的科学内涵、价值意蕴和实践路径[J].东华理工大学学报(社会科学版),2019,38(2):106-109,126.

[41] 信息安全技术 网络安全等级保护测评过程指南:GB/T 28449—2018[S],2018.

[42] GB/T 36959—2018 信息安全技术 网络安全等级保护测评机构能力要求和评估规范[S].2018.

[43] 国家市场监督管理总局、中国国家标准化管理委员会.GB/T 36643—2018 信息安全技术 网络安全威胁信息格式规范[S].北京:中国标准出版社,2018.

[44] 国家市场监督管理总局,中国国家标准化管理委员会.GB/T 36626—2018 信息安全技术 信息系统安全运维管理指南[S].北京:中国标准出版社,2018.

[45] 孙建军.论信息三级安全等级保护[C].//中国标准化协会.第十三届中国标准化论坛论文集.2016:965-970.

[46] 朱建平,袁静,任卫红,等.等级保护体系模型与测评方法研究[R].上海,2013.

[47] 范红,厉剑,胡志昂,等.信息系统等级保护安全体系结构及关键技术研究[R].北京,2013.

[48] 国家市场监督管理总局.GB/T 37092—2018 信息安全技术 密码模块安全要求[S].北京:中国标准出版社,2018.

[49] 中华人民共和国公安部.GA/T 1390.2—2017 信息安全技术网络安全等级保护基本要求 第2部分:云计算安全扩展要求[S].北京:中国质检出版社,2017.

[50] 段小强,陈卓,阮鸥.网络安全风险评估量化模型的研究[C]//湖北省机械工程学会,武汉市机械设计与传动学会.湖北省机械工程学会机械设计与传动专业委员会暨武汉市机械设计与传动学会第二十二届学术年会论文集.2014:112-113,116.

[51] 张振峰,张伟,王李乐.基于等级保护和风险评估的重大工程网络安全验收工作模型研究[C]//公安部第三研究所.第五届全国信息安全等级保护技术大会论文集.2016:34-36.

[52] 管晓宏,郑庆华,李卫,等.网络安全风险评测与协同防御系统研究[R].陕西,2013.

[53] 网络与信息安全风险评估服务能力评估方法:YD/T 2252—2011[S].2011.

[54] 冉博文.计算机网络安全与对策[J].数字化用户,2018,24(51):129.DOI:10.3969/j.issn.1009-0843.2018.51.121.

[55] 陈丽琼.基于网络安全维护的计算机网络安全技术应用[J].中国新通信,

2018,20(19):172.DOI:10.3969/j.issn.1673-4866.2018.19.149.
- [56] 王忠亮.大数据时代的网络安全[J].现代农业研究,2018,(12):114,98. DOI:10.3969/j.issn.1674-0653.2018.12.052.
- [57] 张栖瑜.安防大数据系统网络安全态势与应对之道[C]//中国安防展览网.2018中国安防大数据发展高峰论坛论文集.2018:35-39.
- [58] 于会秋.信息网络安全问题与防范[C]//辽宁省通信学会.辽宁省通信学会2017年通信网络与信息技术年会论文集.2017:649-652.
- [59] 任志刚,任国梁.互联网及网络安全[C]//云南省机械工程学会.2015年第五届全国地方机械工程学会学术年会暨中国制造2025发展论坛论文集.2015:1-8.
- [60] 张平.网络安全评估技术研究[C]//辽宁省通信学会.辽宁省通信学会2015年信息网络与信息技术年会论文集.2015:104-108.
- [61] 龚俭,王卓然,苏琪,等.面向网络安全事件的入侵检测与取证分析[C]//中国教育和科研计算机网.中国教育和科研计算机网CERNET第二十三届学术年会论文集.2016:30-33.
- [62] 中华人民共和国国家质量监督检验检疫总局、中国国家标准化管理委员会.信息安全技术网络安全预警指南:GB/T 32924—2016[S].2016.
- [63] 中华人民共和国公安部.GA/T 1389—2017 信息安全技术 网络安全等级保护定级指南[S].2017.
- [64] 中华人民共和国国家质量监督检验检疫总局,中国国家标准化管理委员会.GB/T 26333—2010 工业控制网络安全风险评估规范[S].2011.
- [65] 林鹏,殷丽华,郭云川,等.信息安全属性计算模型及其关键技术研究[R].黑龙江,2013.
- [66] 中华人民共和国国家质量监督检验检疫总局,中国国家标准化管理委员会.GB/T 22081—2016 信息技术 安全技术 信息安全控制实践指南[S].2016.
- [67] 国家市场监督管理总局,中国国家标准化管理委员会.GB/T 36635—2018 信息安全技术 网络安全监测基本要求与实施指南[S].2018.
- [68] 冯建华.网络信息安全的辩证观[J].现代传播,2018,40(10):151-154.DOI:10.3969/j.issn.1007-8770.2018.10.028.
- [69] 沈逸,杨杨.2016年世界网络安全态势盘点[J].汕头大学学报:人文社会科学版,2017,33(1).
- [70] 任琳.世界互联网大会:共塑网络安全环境[J].信息安全研究,2016,2(3).
- [71] 李欲晓,谢永江.世界各国网络安全战略分析与启示[J].网络与信息安全学报,2016,2(1):00017-1-00017-5.DOI:10.11959/j.issn.2096-109x.2016.00017.
[72] 王舒毅.世界主要国家网络安全建设经验及启示[J].当代世界与社会主义,2015,(4):184-190.
[73] 世界各国掀起网络安全保卫战[J].信息系统工程,2014,(11):7.
[74] 360互联网安全中心.互联网安全的40个智慧洞见:2015年互联网安全大会文集[M].北京:人民邮电出版社,2016.6.